江苏省社科基金后期重点项目
（批准号：22HQA5）资助

审计预期论

On Audit Expectations

江世银　著

上海人民出版社

目　　录

第1章 导　　论

1.1　引　　言

审计是一种独立的经济监督,是一种制度安排和体制机制设计。它不仅是国家监督体系的重要组成部分,而且是推进国家治理体系和治理能力现代化的重要力量。审计作为一种重要的经济监督活动,不仅存在着一般心理因素作用和影响,而且充满预期作用和影响。现代审计表明,审计的过程也是一个预期形成和改变的过程。预期是预期者在掌握现有信息的基础上,依照一定的方法与规律对未来的经济社会变量进行的判断与估计,事先预知这些变量将要变化的判断与估计的结果。审计预期就是预期者对有关审计的主观判断与估计。做好审计,需要重视审计预期心理的作用和影响。是否注重审计预期引导与调节和是否做好审计预期管理,对于审计监督的作用和效果理想与否起着至关重要的作用。

1.1.1　审计是一种重要的经济监督

审计(audit)是由专门审计机关及审计者,对被审计者的财政、财务收支和其他经济活动的真实性、合法性和效益性,以及政策实施跟踪、经济责任履行进行审查与评价的独立性经济监督活动。它表明了审计主体是专门的审计机关及审计者(auditor),审计客体是被审计者(auditee)。前者是专门的审计机关和审计人员,是独立的第三者,如国家审计机关、审计师事务所、会计师事务所及其专门人员。后者是被审计的事项、单位或个人。审计的内容是财政、财务收支及其他经济活动的真实性、合法性和效益性,政策实施跟踪、经济责任履行情况等。也就是说,审计负责对国家有关财政收支和法律法规规定属于审计监督范围内的财务收支情况的真实、合法和效益进行监督,包括检查资金来源和资金运用是否违纪,各种财务核算是否弄虚作假,资金使用是否铺张浪费、随意开支,甚至出现贪污、挪用或盗窃等现象。因此,由于种种利益关系,公众会不同程度地关注审计并形成期望或预期。

经济监督体系包括审计监督、统计监督和舆论监督等。审计监督是促进国家治理体系完善和治理能力现代化的重要途径,也是检查监督隐含问题的重要手段。审计监督主要是为了维护财政经济秩序,提高财政资金使用效益,保障国民经济和社会健康发展。它监督被监督者,发挥"经济体检"作用。审计如同看病,看了病并做了诊断,整改就是吃药打针,严重的甚至要开刀。审计监督(audit supervision)是对各单位的财务收支及其经营活动进行专门的监督。它对一般审计、专项审计调查和核查社会审计机构相关审计报告的结果承担责任,并负有督促被审计单位和被审计者整改的责任。美国的审计机构认为,审计是一种监督制约机制,只有增强公开性,才能更好地发挥审计监督与立法监督、舆论监督和社会监督等协同作用(张庆龙等,2010)。因此,审计监督是监督体系中一种重要的监督。

1.1.2 审计是一种存在心理因素作用和影响的经济监督过程

审计是一种存在心理因素作用和影响的经济监督过程,也就是说,心理因素一直伴随着审计监督全过程。审计心理包括审计职业心理、审计个体心理、审计组织与群体心理和审计关系心理等。在审计过程中,审计心理分为审计准备阶段心理、审计实施阶段心理和审计终结阶段心理等。此外,审计心理还包括宏观调控心理、审计法规心理和审计质量心理等。审计的中心环节就是收集充分、必要的审计证据。在此过程中,各种心理因素影响着审计活动的开展。审计人员需要掌握一定的心理学知识,并运用它去研究经济活动中存在的人际关系的种种心理行为倾向。只有这样,才能更好地处理自身与他人的关系,为实施审计打下基础。被审计人员的心理和审计人员的心理都会不同程度地影响审计对经济活动的监督效能。

审计心理广泛地存在于审计过程中。审计人员有职业心理。如果党风和社会风气不正,可能会削弱甚至改变审计人员的客观公正的职业心理。如果政治清明,社会风气好,那么,审计人员的职业心理也会趋向良好。动机(motive)对形成印象、决定人的信念与态度、评价证据和采取行动的推理过程产生影响。动机依靠获取、构建和评价信念等一系列有偏的认知过程进行推理,进而影响审计。被审计人员也有心理活动。如果党风和社会风气不正,被审计人员胡作非为,违规违纪违法,那么,他们会形成审计也审查不出问题的心理或不希望被发现或审出问题的心理。即使党和国家注重社会生态、营造风清气正的环境,被审计者也不希望发现或查出他们的问题。在收集审计证据时,由于涉及某些责任人的利益,即使存在种种违规违纪现象,他们也会通过编制借口、伪造证据进行狡辩,企图推卸应承担的责任。除此之外,审计还存在社会大众心理。这种心理对审计的作用和影响比审计中的个体心理对审计的作用和影响更大。审计心理无不作用和影响着审计监督。

1.1.3 审计的过程是一个预期形成和改变的过程

审计的产生,无一不是与被审计者有各种利益关系的第三方的预期和预期的变动相关的,面对预期者新的期望和需求,审计预期必须得到重新审视。审计预期与审计同步产生,在审计开展的过程中发生变化。这些变化给审计监督带来了新的问题。进行审计监督,有关部门需要制定并组织实施审计工作发展规划和专业领域审计工作规划,制定并组织实施年度审计计划,给出各种具体的审计方案,这样才能有目的地进行审计监督。"凡事预则立,不预则废",说的是规划、计划或方案的重要性。没有这样的审计规划、计划或方案,就难以开展审计,进行经济监督。规划、计划或方案都是预期的最终表现形式,即预期最终表现为规划、计划或方案。预期是一种提高工作效率的重要手段。在审计进行前,既有审计者对于审计开展的规划、计划或方案,即审计者的预期,又有被审计者形成的自身无问题、问题不大或可能审计不出问题的预期,还有公众所形成的对审计结果的过高预期。在审计进行中,既有审计者随着信息掌握情况、审计新技术与新方法的运用而改变原有的预期,又有被审计者相应地调整自己的问题有无、问题严重程度或被发现可能性的预期,还有公众形成审计后会立即曝光的预期。在审计后,既有审计者定型的预期,又有被审计者接受审计结果的预期,还有公众形成的审计失职或"走过场"的预期。审计的基本监督方式是审查和评价,即搜集证据,查明事实,对照标准,做出优劣与否的判断和估计,审计者形成相应的审计预期。审计的主要目标,不仅要审查评价会计资料及其反映的财政、财务收支的真实性和合法性,而且还要审查评价有关经济活动的效益性。这一过程都或多或少地伴有预期因素的作用和影响。

预期(expectation)原来是一个心理学术语,叫作心理预期(psychological expectation)。后来,预期被引进经济学领域,成为经济预期(economic expectation)。现在,又有学者将之引入社会管理,称之为社会预期(social expectation)(江世银,2017)。本书根据研究的需要,所研究的预期主要指经济学领域的预期。预期是人们对未来的经济变化趋势所做出的主观判断和估计。它可以与不同的经济活动变量相结合,从而形成不同的预期。例如,通货膨胀预期、投资预期、收支预期、就业预期和审计预期等。进行审计,就会有审计预期的形成和影响。在作者看来,审计预期是指一种与审计相关的,预期者基于审计专业知识对审计监督活动变化产生的主观判断和估计(江世银,2017)。这种预期以信息为基础,与审计监督活动及其变化趋势密切相关。不仅如此,它还是一种对审计相关活动变化的主观判断和估计。信息掌握的变化导致审计者、被审计者、公众和政府对审计预期的变化,所以,审计的过程也是一个预期形成和改变的过程。从来就没有一成不变的预期。预期由静态预期、外推型预期、适应性预期、理性预期到孔明预期(江世银,2005)的变化和发展,也说明了预期是一个由低级向高级、由简单到复杂、由不全面不系统到理论化的过程。审计预期从无到有,从全社会主导性的预期逐步消失等都体现了审计预期的过程。

1.1.4 审计是一种充满预期作用和影响的经济监督

毋庸置疑,预期已广泛存在于经济社会活动中并产生着十分重要的影响。"预期对经济的影响不仅仅在物价领域,政策的有效性、金融风险等都会受到预期的影响。"①审计作为一种重要的经济监督活动,同样会受到预期的影响。审计的本质是国家治理这个大系统中一个内生的具有预防、揭示和抵御功能的"免疫系统",能够发挥常态化的"经济体检"作用,是政治制度的重要组成部分。其预防、揭示和抵御的过程也是伴随相关预期者预期的过程。预期与实践构成了审计的全部内容,预期贯穿于审计的全过程。

可以说,从某种意义上没有预期,就没有审计。审计就是在不停地验证预期,然后又在新预期的基础上进行进一步的审计,如此循环往复,永无止境。对于审计者来说,审计预期是在长期审计实践过程中的经验积累和理论沉淀,是一种升华了的意识形态。对于被审计者来说,审计预期是被审计者回应审计预期的过程,或者说是对审计预期做出反应的过程。对于公众来说,审计预期就是公众对社会关注审计的预期。对于政府来说,审计预期就是政府对审计监督的期望、判断和估计。审计预期源于审计实践,又反作用于审计实践,所以,审计是一种充满预期作用和影响的经济监督活动。

1.2　国内外文献综述

伴随审计的进行,人们形成了审计的预期。国内外就审计预期或审计期望进行了广泛研究,特别是进行了审计预期差距与审计期望差距研究,包括审计期望差距的概念界定、原因分析、所产生的影响、实证分析和对策建议等。为了避免重复,有关审计期望差距的调查研究、模型构建和实证分析的相关文献放在第 10 章 10.1 中详细阐述。总的来看,这些研究既有合理性的一面,也有局限性的一面。前人的研究为本书的研究提供了方向、基本思路与研究空间。本书沿着前人的研究成果,从不同的视角研究审计预期,以期获得新的认识,为更好地开展审计工作提供参考。

---

① 刘瑞主编.2020.国民经济管理学概论[M].北京:中国人民大学出版社,129.

1.2.1　国外研究梳理与述评

从国外来看,仅研究预期理论与预期问题获得诺贝尔奖的经济学家就有两位,分别为罗伯特·卢卡斯(Robert Lucas)和托马斯·萨金特(Thomas Sargent)。一些学者研究审计而涉及预期、期望或研究预期而涉及审计,而大部分学者研究审计期望差距或审计预期差距,主要集中于从审计判断领域或视角进行研究。国外的审计期望差距研究主要集中在概念界定、经验调查证据、原因分析、积极作用与危害和对策建议等方面,对于审计主体预期,审计客体预期,审计时间预期与审计结果预期涉及的非常少。

国外一些学者首先对审计期望差距的概念进行了界定。对审计期望差距的定义,国外不同的学者持有不同的观点。首次在审计文献中引入审计期望差距概念的是 Liggio(1974),认为审计期望差距是指财务报表使用者和独立会计师所预期的预期绩效水平之间的差异。Liggio(1974)和 Gray(2003)认为,审计预期差距是信赖审计报告的人对审计的期望与审计人员认为所应当执行的行为标准之间的差距。可以看出,它是审计报告制定者与使用者对财务报表的不同预期而形成的差距。美国扩展了审计期望差距的概念,将其定义为公众的期望或需要与审计人员实际完成的水准之间的差距(AICPA,1978)。Mansour N.和 Mathkur M.(2015)的研究表明,预期差距在审计业务中相当普遍。他们对审计预期差距进行界定并指出了进行审计预期差距研究的意义。Asare I.,Williams,Atuilik A.等(2006)在界定概念中指出了审计预期差距的含义,即期望者的期望高于实际情况的状况。国外多数用的是 audit expectation gap,翻译为中文为审计期望差距。事实上,严格来说,audit expectation gap 应翻译为审计预期差距更准确,更接近其本意。Jennings(1993)认为,它是公众对于审计行业期望的业绩以及职业实际提供的业绩之间的差异,公众期望的审计业绩大。Portor(1993)和 Duff(2004)认为,它是公众对审计的需求与公众对目前审计执业认识之间的差距。这些认识无非就是利益双方(公众与审计者)的意识差距、期望与实际水平的差距、需求方自身的期望与感知意识的落差。Albert M.(2019)认为,审计期望差距(AEG)是指公众对审计职能的期望与审计行业接受的审计目标之间的差异,也就是公众期望审计师做的工作与公众认为审计师实际所做的工作之间的差异(ACCA,2019)。在 Olojede P. 等(2020)看来,它是由于信息使用者对审计师角色的理解不足而产生的不合理期望。

对于审计期望差距或审计预期差距形成的原因,国外学者有不同的看法。除了期望过高外,国外也有部分专家认为,审计期望差距是公众对审计的误解而产生的结果。Humphrey C.(1997)认为,审计的主观性、抽象性导致审计期望差距,如因真实与公允等在审计报告中并没有进行详细解释而导致了信息使用者的误解。Sikka P. 等(1998)认为,审计期望差距是政府对会计行业最低管制和行业自律的结果,特别是职业界对自我利益的过度保护,更加扩大了期望差距。Duff(2004)在对中国的实证研究中得出审计者和利益相关者对审计期望的差距是由不同的期望所致。Fossung M. F.,Fotoh L. E. 和 Lorentzon J.(2020)分析了审计预期差距存在的决定因素与产生的原因。这些学者对审计预期差距的原因进行的研究为缩小差距找到了依据。

对审计预期差距积极作用的研究也有一些学者涉及。Sakeus E. N.(2017)研究了审计师在预防和治理腐败中的作用后认为,可以通过寻找审计预期差距大的原因而发现一些腐败。良好的审计预期有助于使经济责任者遵守经济规则。人们的审计预期差距保持在合理的范围,更有利于发挥审计的监督作用。只要审计预期差距可控,这无论对审计者、被审计者还是对公众、政府都有利,不会因此影响审计监督。Bektasevic A.(2019)研究了公司对审计师角色的看法以及他们认为审计师的角色包括什么样的任务并对审计师的工作感到满意。Astolfil CA P(2021)也分析了这种差距的作用。

还有一部分研究聚焦于审计预期差距的影响与危害。Akinbuli S. F.(2010)研究了审计者与信息使用者对审计预期差距的影响。Paul N. 等(2017)分析了审计期望差距对审计职业等的影响。Abiola J.(2015)的看法是审计预期差距导致了持续的角色冲突(role conflict)。如果任其冲突存在,那么,从长远来看,这十分不利于审计监督作用的发挥。审计期望差距的存在可能会损害审计的价值和审计行业的福祉,因为审计的贡献可能没有被社会充分认识(Albert M.,2019)。Ellul L.等(2022)强调了对审计师的角色和责任进行更多教育和认识的重要性以消除用户可能存在的任何过度期望。否则,其过大的期望差距会对审计带来不良的影响。

对于审计期望差距解决的对策研究,即如何缩小审计预期差距,不少学者从多视角进行了研究,提出了相关的对策建议并且具有一定的可操作性。Epstein 等(1994)证实了美国的公众对审计的期望过高,而且发现通过加强公众教育能够弥合部分审计预期差距。Ojo M.(2006)从神话还是现实方面回答了消除审计预期差距的办法。Dana G.(2011)分析了罗马尼亚公共部门中的审计预期差距并提出了对策。Mansur H.和 Tangl A.(2018)提出了通过教育与培训来缩小审计预期差距的观点。除此之外,他们还提出了缩小审计预期差距也可以通过各方的沟通来实现。Fulop M. T.,Tiron-Tudor A.和 Cordos G. S.(2019)认为,缩小审计预期差距也需要加强审计教育。公众对注册会计师的期望值很高,独立审计存在的价值就在于消除会计报表的错误和不确定性,缩小或消除公众合理的期望差距(Tom Lee,1993)。Fulop M. T.,Tiron-Tudor A.,Cordos G. S.(2019)提出了在减少审计期望差距中发挥审计教育作用的对策。Masood A.等和 Olojede P.等(2020)对审计期望差距也提出了相应的对策。这些建议都是服务于西方利益集团的。

1.2.2　国内研究梳理与述评

国内对预期的研究晚于国外,并且所获得的认识滞后于实践,更加缺乏对审计预期的研究。总的来看,国内对审计预期的研究主要集中于审计期望差距,包括概念界定、经验调查、原因分析、研究视角、影响与危害和对策建议等。与国外一样,有关审计主体预期的研究较少。较早开展审计预期与审计期望研究的有毕秀玲(1999)、何敬与章争鸣(2011)和江世银(2016)等。事实上,对审计期望差距与审计预期的研究应当是相伴进行的。

国内对审计预期差距的研究主要集中于对审计期望及审计期望差距领域。对于审计期望研究,郑小荣(2014)认为,公告期望是公告利益相关者基于审计公告对自身的利益影响而对审计结果公告的质量特征或者公告与否的心理期待。其实,国内的审计期望就是指审计预期。江世银(2016)认为,审计预期是预期者对审计监督变化趋势的看法与估计。

对于什么是审计期望差距,即如何界定这一概念,有不少学者都提出了自己的见解。国内外各学者对审计期望差距持有不同的观点,没有形成一致的定义。加之这个概念本身就较为模糊,在研究审计期望差距时,各学者都依自己的看法对此进行界定,在审计期望差距的内涵与外延都存在理解上的差异。正是由于没有统一的定义,因此,对审计期望差距的研究也众说纷纭。对于审计期望差距的定义,国内主要有三种不同的看法。第一种是审计人员和公众对审计业绩的期望水平之间的差异,往往公众与审计人员的看法不同。第二种是公众对审计的期望与审计业绩之间的差异,往往公众期望较高,审计业绩达不到期望。第三种是公众对审计的期望与公众对审计认识之间存在的差异,往往公众期望对审计的认识处于应达到而未达到的程度。刘力云(1999)和李若山(2003)认为,审计预期差距是审计者与公众对审计作用的认识差距。事实上,这是两种群体意识落差。毕秀玲(1999)和赵丽芳(2007)认为,它是公众对审计的期望与实际行为作用之间的距离。事实上,这是期望与实际水平之间的差距。胡继荣(2001)、郭晓梅(2004)、刘圻(2008)和刘明辉(2010)等认为,它是公众对审计的需求与公众对目前审计认识之间的差距。事实上,这是需求方自身的期望与感知意识的落差。这些认识同国外一样,公众、期望、审计师是与审计期望差距密切相关的三个关键词。缩小审计期望差距需要准确合理地界定公众的审计期望(侯娜,2016)。钱路加(2020)认为,各群体的期望以自身信息需求为出发点,对审计业务特性、审计方法等缺乏深入了解而导致现有综合环境下达到的审计效果与群体的期望,由此产生差距。

为什么会存在审计预期差距? 即它的原因是什么? 众多的学者进行了研究。对审计期望差距产生的原因,国内有的专家认为是公众对审计的误解而产生的结果。刘生瑶(1998)、骆文斌(2000)研究了审计期望差距,得出其有多方面的原因或影响因素。有的学者认为,审计预期差距来自审计供给对用户需求的偏离(董佳,2009)。它由两部分组成,其一是公众期望审计者完成的和公众合理预期审计者完成的之间的差距,其二是公众合理预期审计者能完成的与公众所见到的审计者完成的之间的差距。正是因为审计供给满足不了公众的信息需求而导致了审计预期偏差。也有从哲学视角研究审计预期差距的,如卫泽魁(2005)从哲学角度研究审计期望的差距,得出它是不同的认识导致的结果。谢荣(1994)将它确定为公众与审计者在审计质量期望值上所表现出的不同。因审计者的工作能力有限,当它不能满足社会的全部期望时,社会与审计人员对审计的职责要求就会不一致,进而就会导致审计期望差距。

针对其原因,国内也有学者从不同视角对审计预期差距进行了广泛深入的研究。刘明辉(2010)认为,审计师和公众对审计的不同认识是审计期望差距存在的重要原因。尹琪璐(2016)和侯娜(2016)从审计师、公众与政府三方面进行了分析,认为审计者在缺乏胜任能力和第三方监督下的审计结果,与公众的过高期望与误解以及法律诉讼与审计准则的缺陷导致了审计期望差距。蒋晓浩(2016)论证了产生差距的原因并提出了缩小审计期望差距的一些解决途径。李烂等(2017)认为,审计期望差距产生的原因是多方面的,既有审计师的原因、公众的原因,又有审计制度的原因。黄世忠(2021)分析了因审计需求方对审计供给方存在认知偏差而形成的认知差距、因审计供给存在质量缺陷而形成的执行偏差、因审计供给滞后审计需求而形成的演进差距等原因。

对于审计期望差距,邱丽君(2005)比较了国内外理论与实践的不同,认为国外更多理解的就是一种预期,而国内则是一种期望。张轶(2006)基于预期审计意见的审计师变更决策研究表明,审计者有不同的预期。这种预期导致了审计报告上的偏差。刘怀(2006)、刘录敬和陈晓明(2007)分析了审计期望差距的多方面的成因。侯娜(2016)认为,公众对审计职能的高度预期,对审计期望过高是出现审计期望差距的主要原因,公众希望审计单位能毫无遗漏地揭示被审计单位存在的问题。Mengyan Gao(2020)从绩效差距、标准差距和合理性差距等多方面分析了审计期望差距存在的原因。马新月(2021)认为,这种差距是公众与业界对审计质量期望的差距。

卢相君(2003)认为,审计期望差距的产生与注册会计师独立性的强弱有直接关系。刘怀(2007)从制度方面对审计期望差距进行了研究,审计期望差距就是因制度不同所带来的差距。陈文挺(2009)从国家视角进行了审计期望差距研究,张晓曼(2009)基于审计重要性对审计期望差距进行了研究。尹健(2012)基于经济学视角对审计期望差距进行了研究,而马泽(2014)实证分析了不同群体对于审计质量属性的认知差异、期望差距及其关系。钱路加(2020)从群体视角对此进行了研究,认为存在于财务报告使用群体中的不合理的审计预期是审计期望差距产生的重要原因。

审计预期对整个审计过程都有不同的作用与影响。一方面,审计预期对后续审计行为有极其重要的影响。前期的预期越理性越客观,后期的审计过程中所产生的幻觉或错觉就会越少,走弯路或错路的可能性就越小,审计工作的效率也就越高(章争鸣,2011)。另一方面,审计预期对审计结果也有着重要的影响。不少学者对审计预期差距的影响与危害进行了研究。吕穗(2007)进行了审计期望差距的若干问题分析,如影响审计监督的效率。郭犇(2009)探析了我国审计期望差距问题及不良影响。李娜(2011)对审计预期和欺诈进行的实证研究证明了阿尔及利亚在此方面存在的问题并建议给予控制。审计期望差距的产生会导致审计监督关口前移,如不及时进行缩减,会使企业经济事项的准确性、合理性及财经纪律受到损害(侯娜,2016)。朱围光(2018)分析了审计报告模式重构对审计期望差距的影响。曹瑀(2018)分析了审计期望差距的业绩评价标准。钱路加(2020)认为,审计期望差距客观存在于审计过程中,差距过大势必影响信息对各群体的决策支持能力。当然,与此对应,审计结果公告的信息对预期也有不同的影响。公众出于对政府审计查错纠弊功能的朴素预期,会选择关注审计结果公告中的负面信息,忽略甚至排斥其中的中性信息、正面信息,因此在审计结果公告中披露的正面信息通常会被公众过滤掉,发挥作用的可能性极小。

针对其危害性,国内许多学者对缩小审计预期差距提出了对策建议。他们分别从公众、政府、审计机构和制度、技术等方面各自提出了他们的看法(章立军,2005;李碧波、吴勤瑞,2009;国君、李雪和张帆,2011;朱伟,2012;赵立山和刘伯英,2014;黄聪,2016;杨莹、张强光,2017;吴汇莹,2020;马新月,2021)。对于其对策建议,章立军(2005)从博弈论视角提出了通过

制度安排缩小审计期望差距,使得个人理性与社会理性趋于一致。刘圻
(2008)从程序理性视角出发提出了分类治理办法。侯娜(2016)在导致审计
期望差距形成的原因分析的基础上发现可以缩小审计期望差距的途径及解
决对策。李碧波(2009)与国君(2011)都对审计期望差距及其控制进行了研
究并建议注意缩小差距。吴瑞勤(2009)采用调查的方式分析了审计期望差
距,提出需要采用不同的方法消除不同类型的审计期望差距。李雪和张帆
(2011)从行为动机视角构建了审计期望差距分析框架,探讨了缩小审计期
望差距的路径与对策。赵立三和刘伯英(2014)认为,缩小审计期望差距的
核心是实现审计的独立性。黄聪(2016)提出了通过改善审计环境来缩小审
计期望差距。杨莹(2017)基于审计期望差距的视角对内部控制所固有局限
的审计策略进行了研究。张强光(2017)提出了加强公众对审计期望观念的
理解。吴汇莹等(2020)提出了缩小审计期望差距需要形成对审计结果的理
性看法。马新月(2021)建议,让公众能够更加理解审计人员的工作,理解审
计行业本身的局限性,消除对其的错误理解,从而使公众有一个合理的期
望。除此之外,众多研究审计期望差距的学者几乎都提出了各自的看法与
建议。

审计预期离不开审计信息,没有审计信息就没有审计预期,并且审计信
息的真实性会对审计风险的预期产生影响。受信息的不对称和不确定因素
的影响,确保审计信息的真实性是很困难的(孙铮、姜秀华,1997)。审计信
息的不真实带来审计预期的不准确。拥有充分与完全信息的一方的审计预
期总是比拥有不充分与不完全的一方的审计预期更接近实际。于是,不少
学者从信息视角提出了缩小审计预期差距的对策。朱伟(2012)阐述了我国
审计期望差距的构成要素并提出了以披露信息缩小差距的对策建议。黄世
忠(2021)提出了弥合认知差距、执行差距和演进差距的相关建议。

章争鸣(2011)探索了审计中的预期,提出了需要加强预期引导。①江世
银(2016)分析了审计中的预期,包括审计者、被审计者、公众与政府的不同
的审计预期。他建议加强审计预期管理。审计者需要树立良好的审计预

---

① 章争鸣.2011-09-29.论审计预期[P].审计署网(www.audit.gov.cn).

期,被审计者需要改变不正确的审计预期,公众需要形成理性的审计预期,政府自身也要形成恰当的审计预期①。总之,搞好审计需要重视审计预期管理。

1.2.3　简要的评论

以上文献综述主要回顾了目前学术界关于审计预期研究的相关文献,国外开展得较早,认识也较全面;而国内学术界关于审计预期的研究处于起步阶段。不管国内还是国外,已有的审计预期研究主要集中于审计期望差距方面。国内外学者从不同的方面进行了不同程度的研究,有的研究较为深入。各国的经济市场化程度不同,审计发挥的作用不同,对审计预期的认识也不同。受实践欠缺与认识的局限,综合研究审计预期与审计业绩之间关系的文献较少,对它们的动态关系的研究就更少。因此,本书从理论出发,建立与修正审计业绩与审计预期之间的 VAR 模型,由此对它们之间的动态关系进行研究。

西方国家的审计预期理论研究是为私有制经济服务的。由于我国现实国情,中国的审计在世界上独具特色。中国特色的审计既审机构又审市场,既审被监管者又审监管者,既审事又审人,既进行常规审计又进行跟踪审计,既进行事后审计又进行事中事前审计。这就是有中国特色的审计,审计的面广、参与人员多、延伸时间长、涉及全部的相关利益方。审计是一种全面的监督审计,无数次的审计逐步形成了中国特色的审计。中国的审计预期也具有鲜明的中国特色,表现为非理性预期多,其对审计的影响越来越大。

尽管审计对经济活动已经发挥了越来越大的监督作用,审计预期得到越来越多人的关注,但是,关于审计预期的研究可谓寥寥无几,本书正是基于此而对审计预期特别是审计预期差距进行研究。其目的是更好地掌握审计预期,顺利地解决审计预期问题而开展审计服务。从更好地发挥国家治理的作用来看,也非常需要缩小审计预期差距,特别是缩小审计者与被审计

①　江世银.2016.论审计预期[J].现代经济探讨,(9):25—29.

者之间的预期差距,公众与审计者之间的预期差距,公众与政府之间的预期差距。进行审计预期研究,只有将理论与实际问题结合起来作为出发点,才能提出可行的对策。

1.3　研究价值和意义

研究审计预期既有其理论价值与意义,又有其应用价值与意义。它不仅可以丰富和完善审计理论与预期理论,而且可以应用于指导审计实践。缩小审计预期差距,充分发挥审计预期的积极作用,克服其消极影响,提高审计监督效率都离不开审计预期研究。

1.3.1　研　究　价　值

审计者、被审计者、公众与政府在审计过程中都会产生不同的预期心理,影响审计者对审计方法的选择和审计流程的观察,而审计方法选择的恰当与否与审计流程观察仔细与否密切相关,决定了审计最终的成果质量。现阶段,审计预期已日渐成为宏观经济学、审计理论研究中的重要课题。伴随审计实践的推进,审计预期发挥的作用也越来越大。为了更好地做好审计工作和充分发挥审计监督的效率,我们需要高度重视审计预期的作用与影响,让审计预期为审计治理乃至国家治理服务。

(1) 理论价值

预期是人类大脑的一种意识活动,它源于物质生产活动并反作用于人类的物质生产活动。预期同其他意识活动一样具有很强的主观能动性(subjective initiative),正确的预期指导人们沿着正确的方向不断前进,错误的预期则不仅使人朝着不正确的方向努力,并可能给人一种误以为自身正确的错觉或幻觉(illusion)。对于社会中的特定主体来说,预期与错觉是呈反方向变化的,即当主体所掌握的信息越充分,其所形成的预期越理性,出现错觉的概率也就越小。

预期自古以来就是人们经济社会活动的重要内容。到了近代,预期更一跃成为西方经济学中重要的理论基础之一。所谓预期,就是从事经济活动的主体在决定其当前的行动以前,对未来的经济形势或经济变动所做的一种估计或预测或预期者对经济变量变化趋势的主观判断与估计。预期有不同阶段的预期,比较高级的预期是理性预期。所谓理性预期(rational expectation),就是在信息充分的条件下,人们的预期符合实际上发生的事实的情形。理性预期是新古典宏观经济学的重要理论基础,因在经济分析中假定经济行为的主体对未来事件的预期是合乎理性的而得名。理性预期指针对某个经济现象(如收入、价格)进行预期的表现。如果人们是理性的(rational),那么,他们会最大限度地充分利用所得到的信息以采取行动而不会犯系统性的错误。理性预期是一种在主体掌握足够充分信息情况下进行预期的一种理想状态。所以,研究审计预期可以丰富预期理论。

审计具有很强的预见性和计划性,离不开审计预期,特别是在审计的调查了解阶段,审计者获得的资料信息越充分,预期者形成的预期就越理性和越接近实际。审计中所有具有计划性的活动都会涉及预期。审计规划和实施方案都是实施审计监督的方向和指南。这些计划和方案都是建立在充分预期的基础上的。当然,审计者也会经常有出现幻觉或错觉的时候,如一些审计者经常在前期调查了解不够充分或短期内突然发现孤立的一些可疑线索等情况下,做出一些有违客观的判断,即产生审计幻觉(audit illusion)进而影响预期,误以为发现一些大案要案及重大经济犯罪的线索,以致执拗地坚持朝这个错觉陷阱(illusion trap)的方向下去,并不断投入大量人力物力财力,这是一种得不偿失的不经济行为表现。审计预期对后续审计行为有极其重要的影响。前期的预期越理性越客观,后期的审计过程所产生的幻觉或错觉就会越少,走弯路或错路的可能性就越小,审计监督的效率也就越高。所以,研究审计预期可以丰富审计理论。

随着经济的快速发展、科技的日新月异和人类认识能力的不断提高,我们有必要、有能力对审计进行多学科、多领域的研究。审计预期不仅是从心理角度对审计理论进行纵深拓展的研究领域,而且是从审计监督角度对预期理论进行纵深拓展的研究领域。审计的中心就是要收集充分、足够的审计证据,才能知道被审计者是否违规违纪违法。审计证据不仅是形成客观、公正、全面的审计报告和落实审计决策的基础,而且也是形成各种审计预期的前提和基础。把审计预期纳入审计理论研究的范围,揭示有关审计预期的理论,这是审计理论的重要组成部分。审计越发展,审计预期的作用和影响越明显。

(2)应用价值

预期不仅能够指引审计工作的全局思维和宏观方向,还能够指引审计业务开展的具体方向。预期好比人类行为的心灵灯塔,审计预期也能使审计者在纷繁复杂的表面现象中理出主要矛盾和抓住工作重点,不断优化整合有限的资源,进而达到资源的最优化使用。比如对长期应付款的审计,审计者常常会根据经验就可以产生预期,确定重点关注的方面,如长期应付款的真实性、计价的正确性、租赁合同和经济合同的履约情况、披露的正确性及容易出现舞弊问题的风险点等,这种经验预期对审计的开展无疑是有指导性作用的。对于审计预期来说,预期的阶段性特征特别明显,每一个阶段的审计重点都不同,因此每一段都可能有相应的审计预期,利用预期形成计划,进而指导阶段性工作。

预期还能够影响审计监督效率。"凡事预则立,不预则废",说的就是这个道理。居安思危,在安定的时候需要考虑危机与危险,也是讲要提前预期。预期是一种提高行动效率的重要手段,计划或方案都是预期的最终表现形式。预期为后续行动圈定重点,增强审计的针对性与目的性。所谓"人无远虑,必有近忧",讲的就是"远虑"与"近忧"之间的矛盾关系,前者是人们对未来的推测、研判、计划、谋划和预期,后者就是由于先前没有系统预期今后一段时间的矛盾发展规律,当事者临阵时候就难免会眉毛胡子一把抓,分不清审计的主要和次要,这样"近忧"肯定就会接踵而来了。后续行动本质上是对最初预期的一种验证或微小修正。一个审计者预期是否符合实际,在多大的程度上符合实际也是决定其行动效率的关键因素。审计预期使具体行动紧紧围绕预期厘定的主线不断推进,牢牢扭住方向,紧紧扣住主题,所有的资源都被投入关键的环节上去,审计监督效率也自然而然地大大提高了。

审计预期是一种基于专业知识的审计判断,本身不是抽签算卦,不能凭空产生,而是对审计实践的主观反应。如果审计预期作用于实践,预期者就会根据所掌握的审计专业知识、已有的实践经验和前期所知晓的信息等进行预期,否则预期就会脱离实际,产生审计错觉。特别是通过对审计预期的引导与调节来促进审计活动的开展,这更需要审计预期管理。比如牛顿(1643—1727)看见苹果落地能发现万有引力定律,而其他人看见苹果落地只能想到这是一种自然现象。可见,虽然专业知识与科学的预期方法不能代表预期理性,但它们却是进行理性预期的基础和前提。正确的审计预期可以应用于实践,利用它的积极作用,克服它的消极影响,为审计监督服务。增强审计预期的正确性与可靠性需要增加对审计者的专业培训、业务经验分享以及预期引导与调节等方面的投入。古人说,"秀才不出门,便知天下事",说的就是运用专业知识进行预知的巨大力量。孔明草船借箭、火烧赤壁等都是运用了有科学依据的预测或预期方法。又如,某些经验老到的审计者仅仅依靠几个要件就可以判定整个案件的来龙去脉,进而结合审计特点对将要形成的审计报告进行提炼;而另外一些人却与迎面撞来的重要线索擦肩而过且浑然不觉。显然,这是由于不同的审计业务熟练程度特别是在审计敏感性方面的差异而造成的。当然,向那些拥有丰富经验的审计大师讨教他们能掐善算的审计技巧也是改进自身预期准确性的一种快捷方法。随着审计专业知识的掌握、审计经验的累积和信息化审计手段的完备,审计者的预期也会日臻理性与客观。

1.3.2 研 究 意 义

本书研究具有重要的理论意义和现实意义。目前,国内外鲜有审计预期研究,本书是一个初步的尝试。本书的研究成果对丰富和完善审计预期理论、缩小审计预期差距具有一定的启发意义。

(1) 理论意义

审计预期研究对于丰富和完善审计理论和预期理论具有重要的理论意义。审计学不仅是管理学的一个重要分支,而且也是经济监督过程中非常重要的组成部分。研究审计学,包括研究审计心理预期理论,对于全面掌握审计者、被审计者、公众和政府的心理预期都非常重要。开展审计预期研究可以拓展审计研究领域,促使审计学科体系更加完善,形成有中国特色审计预期理论。

第一,研究审计预期有助于审计理论的丰富和完善。研究审计预期,只有从它本身特定的理论基础所产生的基本问题入手,才能进一步深入、细致、全面地研究相关的内容。审计学是为审计实践服务的学科。审计实践离不开审计者、被审计者、公众和政府等的相关活动。从审计实践中上升的审计理论无不对审计实践产生影响。现代审计理论随着审计实践的发展而得到不断的丰富和完善。"审计理论来源于审计实践,受审计实践的检验,同时又不断在审计实践中修正与完善,因此,审计理论是审计实践的科学总结,是通过实践将客观的、合乎逻辑的、符合事物发展规律的内容加以概括、抽象而形成的一个完整的知识体系。"①审计主体预期、审计客体预期、审计过程预期和审计结果预期等研究丰富了审计预期理论。审计预期差距研究丰富了审计预期影响因素的研究。

第二,研究审计预期有助于预期理论的丰富和完善。审计预期研究对于预期理论的丰富与完善具有重要的影响。到目前为止,预期已有投资预期、消费预期、收入预期、支出预期、就业预期、失业预期、价格预期、政府预期、公众预期、宏观调控预期、政策预期和社会预期等研究领域。审计预期是一个全新的领域。随着实践的发展和认识水平的提高,预期还有新的理论与研究领域。审计预期不同于一般的预期,是审计监督中的预期。这种预期非常复杂。它影响着审计监督的全过程和各方面。审计预期研究拓宽了学术研究领域。它可以引起学术界和审计者的注意,被用以指导审计实践,提高审计监督的效率。

从学术价值来看,通过审计业绩满意度与审计预期调查,建立数学模型来测量审计预期,从而解决审计预期测度的难题也是很有价值的。这为未来研究审计理论与实践提供了新的视角和途径。本书从自向量回归角度对审计预期所进行的实证分析,对于未来的审计治理乃至国家治理不仅提供

---

① 王会金.2010.审计心理学[M].北京:中国财政经济出版,10.

了科学的理论依据,而且提供了合理的解释。此外,书中对审计预期差距的研究为如何管理好审计预期提供了思路和学理依据。

(2) 现实意义

审计预期研究在当前推进完善国家治理进程中具有重要的现实意义。审计是一种重要的经济监督活动,如何提高审计监督的效率对于推进国家治理体系完善和治理现代化具有重要的意义。掌握和利用审计预期,可以更有针对性地开展审计,更好地发挥审计监督的作用。本书对审计预期引导与调节具有很强的现实指导性。

第一,研究审计预期有助于审计预警。掌握全社会的审计预期,发现审计预期对审计的消极影响及潜在的倾向(inclination)和内在问题,以便于及早预警、防范与应对。研究审计预期可以掌握全社会的预期状态,有针对性地进行审计预期引导,转变被审计者的态度,从而有效提高审计质量,充分发挥审计的监督作用。掌握审计预期变化的规律,可以为审计实践服务,减少审计所走的弯路,提高审计监督的效率,充分发挥审计对现代经济的治理作用。如果发现审计预期向不良预期方向变化,这就需要及早采取措施引导向好。如果全社会的审计预期良好,这也需要采取措施保持良好状态,特别是审计后需要采取措施稳定良好的审计预期。

第二,研究审计预期有利于缩小审计偏差。现代经济活动中存在大量的利益冲突。"每一种利益冲突都会潜在地导致审计偏差。"[1]为什么会出现审计偏差(audit deviation)? 审计偏差带来什么样的消极影响? 如何缩小审计偏差? 这些都与审计预期偏差密切相关。除了其他因素影响外,相当程度的审计偏差是由审计预期不当所带来的。审计偏差较小或能够被控制,这对于审计影响不大。如果审计偏差过大,它可能阻碍审计监督作用的发挥。如果全社会的审计预期差距较小,那么,这有利于审计的顺利开展,审计也能充分发挥它独特的监督作用。缩小审计偏差需要注重审计预期心理的引导与调节。

第三,研究审计预期有利于提高审计监督效率。推进国家治理体系完

---

① 弗雷德里克・S.米什金.2020.货币金融学[M].第 5 版.北京:机械工业出版社,302.

善和治理现代化建设,需要充分发挥审计监督的治理作用。审计监督是现代经济活动的一种重要治理手段和措施,国家治理体系内在地包含审计治理。现代经济的治理越来越需要审计治理。审计中的行为既是监督行为,也是预期心理行为,有时预期心理行为比直接监督行为更重要。审计者在了解被审计者的预期后,可以逐步接近相同的预期,消除被审计者的误解与抵触,获得他们的理解、配合,使审计更加顺利。

从应用价值来看,本书所进行的审计预期研究为缩小审计预期差距,充分发挥审计预期的积极作用,克服消极预期的影响提供了理论指导。如果理论不用于实践,这种理论就失去了价值与意义。书中所涉及的审计主体预期、审计客体预期、审计过程预期、审计结果预期和公众审计预期等,都可以在实践中找到其应用价值。加强审计预期管理,无论对于进行审计预警,缩小审计偏差还是提高审计监督的效率,更好地开展新时代的审计监督所应采取的方法、手段和措施都提供了有价值的参考和对策建议。

1.4 研 究 框 架

本书立足于中国审计现实和审计预期现状,分析审计预期在审计中的运动、变化规律,通过调查等研究方法收集审计预期方面的数据和被审计者的审计数据,运用理论分析和实证检验的方法研究审计预期及其效应(effect)。研究表明,审计是一个充满预期因素影响的经济监督活动,审计预期是一种极其复杂的心理现象,审计预期差距客观存在。它们都会影响审计监督治理作用的发挥。

审计预期研究具有丰富的内容。除了审计预期差距外,它涉及审计主体预期、审计客体预期、审计过程预期、审计结果预期、公众审计预期等内容。本书以审计预期为主线,以审计预期问题为核心,以公众审计预期为主要内容,以缩小审计预期差距为主要目的,全面地研究了审计预期理论与审计预期问题。全书共有 11 章内容。其研究框架大致为:

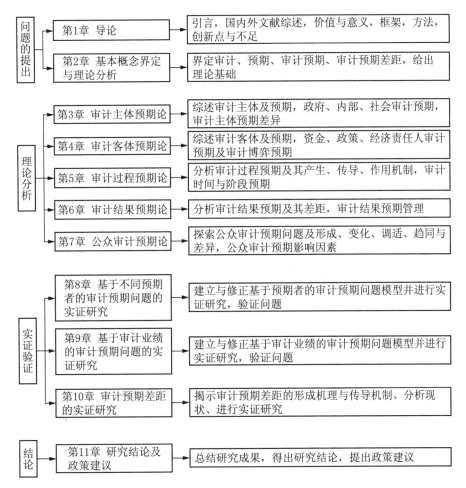

图 1-1　本书研究框架结构

第 1 章是导论,总论本书将审计预期作为研究对象,主要涉及的内容是引言,国内外文献综述,研究价值和意义,研究框架,研究方法,创新点与不足。

第 2 章是基本概念界定与理论分析,清楚地确定基本概念的内涵与外延,主要界定相关基本概念,包括审计的含义,预期的含义,审计预期的含义,审计预期差距与审计期望差距和审计预期的相关理论。

第 3 章是审计主体预期论,体现了谁在进行审计及其相应的预期,主要研究的内容是审计主体,审计主体预期概述,政府审计预期,内部审计预期,社会审计预期,审计主体预期差异和总结。

第 4 章是审计客体预期论,体现了审计谁及对其形成的预期,主要研究的内容是审计客体,审计客体预期概述,资金审计预期,政策审计预期,经济责任人审计预期,审计博弈预期和总结。

第 5 章是审计过程预期论,表明审计会持续一个过程,主要研究的内容是审计过程及其审计过程预期概述,审计预期的产生机制,审计预期的传导机制,审计预期的作用机制,审计时间预期,审计阶段预期和总结。

第 6 章是审计结果预期论,表明审计最终有一个结果并出现结果预期,主要研究的内容是审计结果,审计结果预期概述,审计结果预期差距,审计结果预期管理和总结。

第 7 章是公众审计预期论,透视社会的审计预期现象,主要研究的内容是公众对审计的认知,公众审计预期概述,公众审计预期的形成与变化,公众审计预期调查分析,公众审计预期问题,公众审计预期的调适,公众审计预期的趋同与差异,公众审计预期的影响因素和总结。

第 8 章是基于不同预期者的审计预期问题的实证研究,为解决难以量化的心理预期问题寻找依据,主要包括不同预期者的审计预期问题概述,审计预期实证分析,审计预期数学建模,审计预期数学模型修正与完善,审计预期问题的实证检验,审计预期问题的表现和总结。

第 9 章是基于审计业绩的审计预期问题的实证研究,主要是基于审计业绩的审计预期问题概述,对审计所查出或发现的资金问题的实证分析与检验,研究结论与总结。

第 10 章是审计预期差距的实证研究,主要梳理国内外文献并进行评述,审计预期差距形成机理与传导机制,差距状况分析,实证研究和总结。

第 11 章是研究结论及政策建议,明确审计预期研究所要达到的目的,主要是得出研究结论,解决审计预期问题的对策建议。

总之,审计预期研究具有非常丰富的内容。这并不是说,审计预期研究就只限于这些内容。随着新审计方法和技术的运用,心理预期理论的发展和新方法的产生,未来的国家治理水平提升、治理体系完善与治理现代化,还会有越来越多的审计预期研究领域与方向。

1.5　研　究　方　法

研究审计预期,既不能用化学试剂,也不能用抽象方法。本书采用问卷调查法、田野调查法、观察法、实验法、定性与定量相结合的方法和博弈论的研究方法等进行研究,获得了关于审计预期的一些认识。这些调查研究方法各有其适用范围与条件。

1.5.1　问卷调查法

目前,对审计预期进行实证研究所采取的方法,多数还是问卷调查法。这种方法的基本做法是先选定样本,并对样本进行调查,得出他们对未来审计的预测,然后,再将样本预测数据平均从而获得审计情况的预测值。对于审计预期差距的研究,国外大量地采用调查问卷的方式,以确定是否存在审计预期差距以及如何缩小审计预期差距。国内的研究做的问卷调查较少,主要集中于审计期望与审计期望差距的研究(林志军,2004;王泽霞、周赟,2005;周赟,2007;何敬,2011;郑小荣,2014;郑石桥,2015;钱路加,2020)。总的来看,他们几乎都局限在审计预期差距方面,而对其他审计预期研究得较少。

大家普遍认为,民意和预期调查最早是由美国新闻界发起的,始称模拟投票,用于了解选民对总统候选人的评价和投票意向。1824 年夏,美国《哈里斯堡宾夕法人报》派记者调查、测算选民对当年四位总统竞选者的态度和预期,于 7 月 24 日公布调查结果。这是目前所知最早的有关民意和预期调查的记载。1944 年,在美国农业部调查处中成立了一个社会研究专家小组。1946 年,这个小组的全体成员在安阿伯大学和联邦储备委员会的支持下,创建了调查研究中心。1949 年,他们又建立了社会研究所进行调查研究(保罗·阿尔布,1992)。此后,研究者们开始使用预期调查法。后来,预期调查法主要是进行审计预期调查。审计预期调查法主要是进行问卷调查。在美国,问卷调查法有 3 种不同的测度方法,分别是 Michigan 预测法、Livingston 预测法和 SPF 预测法(survey of professional forecasters)。有的调查问卷采取的是专家调查法,有的调查问卷采取的是家庭调查法。Michigan 预测法主要是一种针对居民为调查对象、以电话向家庭调查为主的研究方法,而 Livingston 预测法和 SPF 预测法采取的是专家问卷调查的方法。专家问卷调查法主要以经济学家为主。问卷调查对现状调查和关系研究均具有较强的适用性。各种调查方法各有适用范围和优劣。问卷调查法最大的优势是不依赖模型的先期设定,因而对其预测的审计预期具有无偏性。这些方法在美国、欧盟和日本得到了广泛的应用。

1.5.2 田 野 调 查 法

本书进行的审计预期研究还采用了田野调查的方法。这种方法是研究者通过与他人个别交谈,采取人际口传信息沟通的途径来研究他人审计预期状况的研究方法。调查作为一种方法而存在,其作用在于使一些未知的信息、数据、资料等得以廓清。田野调查法方式较为灵活,目的明确,内容丰富。通过这种方法,我们可以深入地了解预期者的审计预期状态、变化趋势及原因。它的特点是调查的内容较为集中,信息量很大,对象非常广泛,能够直接掌握审计预期情况。其不足之处在于工作量大,既需要大量的调查,又需要进行综合分析,需要大量的人力、物力和财力。田野调查法已越来越广泛地应用于审计预期研究中。有时,这种方法可能会增加被调查者的心理负担,所获得信息不一定完全真实,所以,进行田野调查需要调查者与被调查者打成一片,成为朋友,这样才能获得最真实的情况。这种调查方法需要打消被调查者的顾虑,由此掌握真实的数据和信息。

1.5.3 观 察 法

由于审计监督的复杂性和预期心理的隐蔽性,观察法是研究审计预期的重要方法。观察(observation)是为执行一定任务而进行的有目的、有计划的知觉过程。人们借助一些工具或手段来深化自己的调查研究。借助一些工具和程序能更好地把握真实情况,能更好地处理所收集的信息,使信息呈现出一种便于利用的形式,具有更大的启迪作用。观察就是察看主动出现的事实(保罗·阿尔布,1992)。观察法就是观察者在日常生活中有计划、有目的地通过被观察者的言行、心理表现,来分析其预期行为规律的研究方法。观察的难度在于有时难以准确地掌握利益各方的审计言行与表现。本书在研究中,通过了解审计者、被审计者、公众和政府官员等对审计监督及审计监督效果满意度等的看法来分析他们的审计预期,特别是注重观察不同阶层,如自由职业者、街道社区普通公众、政府机关工作人员、公司企业员工、事业单位编制员工、农民和其他等方面的审计预期。但由于受时间及观察水平的限制,观察法可能存在观察不到位、观察不准确、观察不全面等情况。

1.5.4　实　验　法

实验(observation)是为了检查某种科学理论或假设而进行某种操作或从事某种活动。实验法是通过有目的地严格控制外部条件来对某种现象进行分析的方法。它是在研究者主动控制条件下对事物的观察,对观察对象做出因果性的说明。对审计预期进行实验研究是一种尝试,其目的在于寻找一种认识预期者对审计看法的有效方法。随着互联网、大数据、云计算、物联网、区块链和人工智能的兴起与运用,这些工具使得复杂的审计预期能通过模拟、实验研究而被我们所掌握并加以利用。虽然利用经济数据难以获得关于审计预期或审计预期差距的真实模型,也难以确定审计预期均衡,但是,用来实验的经济模型是实验者完全了解的,并且也是可控的。本书尝试性地运用实验法研究审计预期,获得一些初步的认识。特别是基于不同预期者、审计业绩的审计预期问题更是通过大量的数量分析揭示其审计预期差距问题,为得出研究结论与提出对策建议提供基础。

1.5.5　定性与定量相结合的方法

为了研究审计预期所进行的调查问卷,主要有定性、定量、定性与定量相结合的三种形式。定性调查一般是询问公众对已有审计及未来审计的看法。定量调查则直接询问公众对未来审计的预期。书中对审计主体预期、审计客体预期、审计过程预期、审计结果预期等的研究主要进行定性分析。而对公众审计预期等的研究主要进行定量分析。全书采用定性分析与定量分析相结合的方法进行研究。Marx K.(1818—1883)曾指出,一种科学只有成功地运用数学时,才能达到真正完善的地步。审计预期研究也不例外。本书经调查收集了审计预期的第一手数据,通过观察与实验,借用现有理论提出相关假设,采取计量经济学的方法,将定性分析与定量分析相结合,并构建模型,运用 Eviews 等软件,深刻揭示审计与预期之间存在的内在联系,从而有充分根据地得出本书的研究结论,由此提出有针对性的、可供操作的对策建议。

1.5.6 博弈论研究方法

本书在研究审计博弈预期时运用了博弈论的研究方法。博弈(game)是指一个或几个拥有绝对理性思维的人或团队,在一定条件下遵守一定的规则,选择各自允许选择的行为或策略并从中各自取得相应结果或收益的过程。这些博弈包括审计者与被审计者的博弈、审计者与政府的博弈、公众与政府的博弈、公众与审计者的博弈。审计者与被审计者的博弈主要是就如何审、审到何种程度的博弈。审计者与政府的博弈主要是就机构、地位、声誉、人员、经费等的博弈。公众与政府的博弈主要是就应审尽审与能否实现的博弈、审计结果公告与处理、整改的博弈。公众与审计者的博弈主要是就客观公正全面及能否达到的博弈。他们的博弈形成审计博弈预期。审计博弈预期干扰着审计的正常进行。特别是审计者与被审计者在审计过程中均会表现出不同的预期,产生积极或消极的作用,以达到某种平衡状态。

1.6 创新点与不足

本书所进行的审计预期研究本身就是一种创新。西方形成了各种不同预期理论,也对审计预期差距进行研究。国内随着实践的发展也跟进了对预期的认识,涉及审计预期研究的成果也越来越多。从本书的选题来看,审计预期论本身就是一种创新性研究。其具体的创新点表现在许多方面。

1.6.1　创　新　点

本书较为系统地揭示了审计预期的本质,演变的基本过程及其变化、发展的基本规律。掌握审计预期变化、发展的规律有助于提高对审计预期的认识和利用,从而更好地服务于审计监督。全书研究视角独特新颖,处处充满着创新亮点。

(1) 审计是一种充满预期作用和影响的经济监督

正如前述,审计是一种经济监督,而且是一种专业性非常强的经济监督,各方难免有利益得失。审计者的基本职责是实现审计目标,并在审计中与被审计者达成共识,受到政府褒奖,获得公众认同。于是,涉及利益的各方都各有打算、各有预期就不足为怪。只要是理性的经济人,他们几乎都会有自己的预期。对于审计预期,有的看好,有的不看好。有的预期与实际偏差不大,有的预期与实际差距甚大。从审计规划开始,到正式审计,再到发布审计结果公告,最后公布审计结果整改,审计的全过程都存在各种预期的影响。有的预期有利于审计的开展,有的预期不利于审计的开展。这就是无论审计主体还是审计客体,无论审计过程还是审计结果,也无论审计者与被审计者、公众与政府等都有审计预期并受审计预期影响。所以,审计是一种充满预期作用和影响的经济监督。

(2) 审计预期是受多因素影响的复杂预期

与其他的预期如通货膨胀预期与通货紧缩预期、收入预期与支出预期、投资预期与消费预期、失业预期与就业预期、政府预期与公众预期、政策预期与调控预期相比,审计预期因更直接涉及各方利益而受到全社会普遍关注,因而是受多因素影响的复杂预期。审计主体本身复杂多样,审计客体众多,并且审计有一个时间过程,最终可能有不同的审计结果,由此所形成的审计预期就会非常复杂。此外,它还受很多因素包括信息、预期方法、知识水平、职业、社会地位、社会阅历及主观偏见等的影响。因此,面对这种复杂预期,本书对审计预期多因素影响进行了理论与实证的研究。对审计预期多因素的研究不能不说是本书的一个创新点。

（3）提高审计监督的效率需要发挥审计预期的积极作用及克服其消极影响

审计预期存在于审计的全过程，影响着审计监督效率。审计者的正常预期有利于其查出、发现更多的问题。被审计者的正常预期会使得他们积极配合审计调查取证，减少未来的审计风险。政府预期应当有利于更好地发挥审计监督的作用，政府可以做更多的审计规划，出台更多的管理政策，让经济活动做到有章可循。公众的预期也会影响审计监督的效率，使其自觉地接受监督，遵守财经规章制度。在审计监督中，我们需要充分发挥审计预期的积极作用，克服审计预期的消极影响，变不正常的预期为正常的预期，使之提高审计监督效率。

（4）审计预期是审计学与预期理论研究中的一个崭新领域

与以往有关审计期望差距的研究相比，本书在研究范式方面有着一定程度的创新。绝大多数审计期望差距研究都是在理论方面进行，并且是公众与审计者、审计业绩、审计结果报告方面的期望与预期的研究。这种研究能够较为清晰地展示审计预期存在的问题。但是，从主观方面来讲，审计预期不完全是审计期望，主要表现为心理现象与心理活动。如果忽视其存在，这可能会导致审计监督大打折扣。基于此，本书在研究审计预期差距时并未用普遍采用的审计期望差距的方法进行研究，而是采用了描述性统计的方法来观测不同预期下的审计监督效率变化情况。这样更能揭示审计预期变化的客观规律，更能为审计监督服务。在审计监督研究中，本书从预期的视角进行探索，深刻地揭示审计预期的内在规律，可以更好地为审计监督服务。可以说，审计预期研究是审计学与预期理论研究交叉产生的一个新的领域。

1.6.2　不　　足

本书力求于研究审计预期，试图开拓审计与预期的新领域。实际上，审计预期本身就是审计与预期的重要组成部分。尽管做出了不少努力，审计预期仍然是一个有待开拓的新领域。由于审计预期研究的数据获得是较为困难的，作者理论水平有限和实践经验欠缺，从事审计研究的积累有限，再加之受限于个人精力以及时间紧、任务重的限制,将审计预期研究主要局限于审计预期差距领域,书中的缺点与错误在所难免,恳请读者与同行不吝赐教,为繁荣学术研究共同努力。

第2章 基本概念界定与理论分析

2.1 审 计

审计预期以信息的掌握与利用为基础,随着审计的产生而产生,并随着审计外部环境的变化而变化。努力满足公众的审计预期有利于审计,不断缩小审计预期差距是审计预期管理本身的目标。为了尽量避免对涉及的审计概念的理解偏差并增强审计预期研究的严肃性和科学性,本书首先基于对研究内容的思考,对预期、审计、审计预期、审计预期差距等相关概念和研究范围进行科学的界定,并阐述审计预期的相关理论,为审计预期问题研究提供理论基础。审计是指审计主体对审计客体的监督活动,具有目标性、独立性、权威性、公正性和信息性等特征,对经济活动发挥着评价、控制和监督治理的功能。现代经济的发展表明,经济活动离不开审计监督。审计监督是经济监督体系的重要组成部分,也是国家治理的重要手段。

2.1.1 审计的含义

对于"什么是审计"这个问题,不同的学者有不同的看法。有的学者认为,审计就是查财务账本;有的认为,审计是查看财务收支状况是否符合国家相关规定。按字面意思,"审"是指详细、周密、仔细地思考、反复分析,"计"是指计算、测量、主意、策略、计划、谋划等。审计(audit)是一个客观地获取和评价与经济活动和经济事项的认定相关证据的过程,以确定这些认定与既定标准之间的符合程度,并把结果传达给有利害关系的使用者的系统过程(AAA,1973)。英国的 David Flint(1998)认为,审计是依存于社会环境中的一种确保受托责任有效履行的社会控制机制。①郑石桥(2014)认为,审计是为确定关于经济行为及经济现象的结论和所制定的标准之间的一致程度而对与这种结论有关的证据进行客观收集、评定,并将结果传达给利害关系人的系统的过程。②审计就是人类为了建立对某种标准的遵循性而进行的评价过程,其结果是得出一种意见。本书认为,审计就是审计主体依据相关法律法规按一定的程序对审计客体进行的经济监督。

按审计主体划分,审计包括政府审计、社会审计与内部审计。按审计客体划分,审计包括财政审计、金融审计、国有企业审计、经济责任审计或资金审计、政策实施跟踪审计和经济责任人审计等。审计是一种过程,是由专门的审计机关(审计机构)与审计人员按照一定的程序对财务收支进行的经济监督。传统的审计几乎就是查账本,与会计账目密切相关。现代的审计是大数据审计,涉及方方面面。也就是说,随着信息技术的不断发展和计算机在会计领域的广泛应用,审计已由手工审计转向计算机审计。特别是随着互联网、物联网、云计算、大数据、人工智能和区块链的发展,审计已进入大数据审计阶段。尽管审计工作的时间跨度大、涉及的利益链复杂,但大多数利益关系都可能被审计揭示出它们之间的联系。

2.1.2　审计的特征

不管是什么类型的审计,都具有目标性、独立性、权威性、公正性和信息性等特征。这些特征共同体现了作为经济监督的审计不同于其他监督的地方。

(1)目标性

审计是有目标的审计。目标(target)是组织存在的价值基础。审计目标(audit target)是审计行为活动意欲达到的理想境地或状态,是一种主观见之于客观的行为。审计目标既反映社会对审计的要求,也反映审计作用

---

① ［英］大卫·弗林特.王睿加译.审计哲学与原理导论[M].北京:中国财政经济出版社,24.

② 郑石桥.2014.审计理论研究:基础理论视角[M].北京:中国人民大学出版社,30.

于社会的实质内容(刘明辉,2013)。审计的目标性(audit objective)就是审计的最终目的。它是审计活动的既定方向和预定结果,是审计行动的基本指南。审计目标解决的问题是为了什么而审计、审计要达到的最终目的是什么。它是审计目的的具体化。审计以满足公众的期望为存在基础,以监督经济活动为核心,以提高治理水平为目的。同其他监督过程一样,审计监督就是设定监督目标,依据目标选择监督手段,实现审计对经济活动监督的过程。审计监督目标不是仅凭人们的主观意愿而任意决定的,而是凭借客观依据并经过反复论证而确定的。尽管审计目标是人们主观观念的产物,但它是客观的反映。审计监督的目标性决定了审计规划、实施、结果公告与调查处理的过程。任何审计都有特定的目标。

(2)独立性

审计是具有独立性的审计。审计的独立性(audit independence)是指审计机构和审计者依照法定程序对被审计单位和个人实施审计监督,不受其他单位和个人的干涉和阻挠的特性。审计组织独立是其具体表现之一。它要求审计完全诚实、公正无私、无偏见、不偏袒、客观评价事实。除此之外,审计人员、审计经费和审计工作上的独立都是审计独立性的具体表现和要求。审计者不受那些利益关系或按理性预期会涉及其作出无偏见审计决策的压力以及其他因素的影响。审计的独立性是审计的灵魂,是审计生存和发展的基石。因审计对资产或财产所有者与使用者进行的经济监督,与被审计单位与个人没有经济利益关系,不存在行动上的冲突,只存在监督与被监督的关系,所以,审计者在进行审计或其他鉴定业务时需保持在形式上和实质上的独立性。这种独立性包括审计职能的独立、审计机关的独立、审计决定的独立和审计人员的独立。也就是审计机关或审计人员在审计过程中不受任何影响,客观公正地、不偏不倚地进行审查并发布审计意见(陈力生等,2012)。正因为审计具有独立性,才受到社会的信任,才能保证审计者依法进行的经济监督活动客观公正(崔君平和徐振华,2020)。审计监督的最主要特点在于其独立性,审计机关独立于被监督部门,专门从事经济监督活动(李冬辉,2017)。没有审计的独立性,就没有真正意义上的审计。审计的独立性是审计的本质特征。

（3）权威性

审计是非常权威的经济监督。审计的权威性（audit authority）是指审计机构在宪法中明确的法律地位。审计者依法独立行使职权，不受任何干涉，其审计结论和审计决定具有法律效力。审计的权威性体现在国家法律对审计组织的权限和地位方面的规定中。审计的权威性表现在审计机构对审计事项的合法性进行审计监督，这种监督是其他机构不能替代的。可以说，没有审计的权威性，就没有真正的审计监督。审计的权威性是审计的独立性的保证。也就是说，只有凭借审计的权威性，审计才能真正独立。审计的权威性是审计的必要条件。没有审计的权威性，就难有审计对经济活动的独立监督。

（4）公正性

审计具有公正性的特点。审计的公正性（audit fairness）就是审计需要依法依规进行，不能带有偏向性。它要求审计客观、公正地进行，不带有主观色彩，不受利益影响。审计的公正性反映了审计监督的基本要求，是取信于被审计者以及审计委托人的重要前提。审计的公正性表明审计者不会从属于他人、不会受私利的支配，任何情况下都要客观公正地进行判断。如果审计不公正，审计监督经济活动就失去了它的监督意义和价值。审计既要注意效益性又要注意合规性，既要进行控制更要注意监督。审计的公正性是审计的基本要求。审计的独立性与权威性决定了审计的公正性。

（5）信息性

审计是一种信息的获取与利用过程。审计的信息性（audit information）就是审计者在审计中根据相关信息而发现、掌握与利用的数据资料。审计者根据相关信息进行审计，公众从审计结果公告中获得信息。这些信息不仅包括直接生成于审计行为活动过程的信息，还包括除此之外的凡是与审计事项或相关责任人变化与特征有关的信息。审计对数据资料质量、数据资料维度、数据资料时效等因素都有很高的要求，审计本身就是对这些数据的查找与利用的过程。审计需要在数据获取来源、数据通道、数据种类方面进行横向与纵向的拓展，进行延伸审计。所以，被审计对象仅是提供财务数据、业务数据和其他信息难以满足全面、客观、公正的审计的需要。审计预期表现出预期者在审计信息基础上的预期特征。审计信息具有一定的时效性。审计在发现和纠正问题时注重及时性,使问题能够及时有效地得到解决。审计预期都是一定时间、地点、条件下的预期,从来没有永恒不变的预期。

审计是数据与信息流、资金流、物流、关系流的追踪、核查。信息流主要包括财务收支信息、经营管理信息、市场前景信息和其他信息等。资金流主要包括财务经营活动、资金流入、资金流出及其他信息等。物流包括实体物品流向、网络产品流向、原材料来源及其他信息等。关系流主要包括供应链、组织链、社交链、区块链及其他信息等。审计信息既包括生成于审计调查过程中的信息,又包括已审计过的各种财务报表信息。审计就是信息的收集与利用过程。在某种意义上说,审计就是对信息的审计。没有信息,就没有审计。

2.1.3 审计的功能与作用

审计监督是一种区别于党的监督、人大的监督、政府的监督、人民的监督、舆论的监督、媒体的监督等特殊经济监督。它是由法律保证的经济活动监督。利益相关者对审计服务质量的感知蕴含在审计的鉴证结果中。审计服务质量是审计的内在灵魂,人们对审计服务质量的期望与感知存在差异,归因于判定者的角色(Knechel et al.,2013)。审计能够发挥经济体检和经济警察的功能。做好审计监督,能更加有效地进行查错纠弊,揭示风险隐患。所以,审计作为一种信息传递机制,具有多种功能,能够产生多种经济监督效果。

(1)监督治理功能

审计具有监督治理的功能,它是审计最基本的职能。监督(supervision)是监察与督促的总称。审计是经济监督的重要措施。经济监督(economic supervision)是运用审计方法和其他检查、监控手段,获取经济运行的信息,解析经济运行的状况,依据国家法律法规、宏观经济政策等一定的标准判断经济活动是否处于正常状态,各机构及其责任者是否忠实地履行其应尽的责任和义务。通过审计,检查和督促被审计者的经济活动是否在规定的范围内沿着正常的轨道健康运行,检查受托经济责任人是否忠实履行经济责任,借以揭露违规违纪违法行为、查明错误弊端、判断管理缺陷以及追究经济责任。审计在防范风险、监督经济活动过程中起着不可替代的作用。审计是国家治理的重要手段。它通过对审计客体或被审计者进行审计,反映其财务收支情况和其他情况及问题,提出整改建议,向全社会公告。审计结果是审计者对被审计者的财务报表是否按照相应的会计准则和相关的会计制度进行编制、是否在所有重大方面都公允地反映了被审计者的财务状况、经营成果和现金流量、经济责任和政策实施的评价。审计从依法检查到依法评价,从依法做出审计处理处罚决定到督促决定的执行的过程(郑石桥,2014),无不体现着审计的经济监督职能。审计对经济活动的监督治理功能确保了经济的良性运行和协调发展。

(2) 评价功能

审计具有经济评价的功能,经济评价是审计的主要职能。经济评价(economic evaluation)是指审计者对被审计者的经济资料及经济活动进行审查,并依据相应的标准对所查明的事实做出分析和判断,既肯定成绩又揭露矛盾,为被审计者总结经验,由此提高效率和效益。审计者对被审计者的经营决策、计划、方案的可行性、科学性与先进性,内部控制系统健全性与有效性,各项经济资料的真实性与可靠性,各项资源利用的合理性与有效性以及政策贯彻执行情况等内容进行实事求是的评价。审计评价的目的是通过审计者对被审计者的财务报表及其他经济资料进行检查和验证,确定其财务状况和经营成果的真实性与合法性,并出具证明性审计报告,审计发挥着"经济体检"(economic health check)的作用,为审计授权人或委托人提供确切的信息,以取信于公众。

审计报告对经济、财务状况作出实事求是的评价,供各方参考。所有被审计单位或经济责任人无论有无问题还是问题大小,都要受审计的监督,接受经常性的审计,实现审计的常态化。有了常态化的审计,才能使被审计单位和经济责任人在处理各项具体经济事务时,按财经法规办理,更好地受到财经法规的约束。审计独立性特征决定了审计评价的客观公正性。然而,具有特定偏好的经济责任人会诱使审计者对相关信息运用不同的标准进行处理,使其评价发生一定程度的偏差或偏离。这表明审计评价失去了客观公正性。只有充分体现审计评价的客观公正性,审计才能取信于民。

(3)控制功能

审计具有控制功能,它是审计的重要职能。审计的控制功能是对受托经济责任履行过程控制的审计经济控制(audit economic control)。审计作为一种制度安排,其终极目标是要满足利益相关者的监督需要,为社会提供参考价值。现代审计的本质功能是对受托经济责任履行过程控制的审计控制功能。这就是说,审计从本质上来说是一种特殊的经济控制机制,是对被审计机构与经济责任人的经济活动和有关经济资料所反映的财务收支的真实性、正确性、合法性和合理性进行审核、检查的过程。它通过实施具体审计服务,表现出对受托经济责任履行过程具体控制目标的实现所发挥的功能。防范化解重大风险审计,强化底线思维,密切跟踪经济社会运行中的新情况新问题,及时揭示风险隐患,通过对被审计者的有关经济活动进行审查和监督,审计能够在保障国家财经法规、财务制度的遵守和执行方面发挥经济警察(economic police)的监督作用。

总之,审计具有监督治理、评价与控制的功能。审计者进行审计时,有权就审计事项的有关问题向有关单位和经济责任人进行调查,并取得有关证明材料、数据与信息。有关单位和个人应当支持、协助审计者的审计,如实向审计者反映情况并提供相关证明材料、数据与信息。审计要求被审计者遵守相关的财经法纪与政策规定,一旦违反就会付出相应的代价,受到不同程度的惩罚。审计能够对经济活动进行评价,提供审计报告结果,供信息使用者参考。审计能够发挥对经济活动的控制作用。

2.2 预　　期

预期是一种心理现象,影响人们的行为或活动的方方面面。它源于经济的不确定性与信息收集、利用程度的不同乃至预期方法的不同。"在现实经济生活中,不确定性(uncertainty)是一个基本事实。"①不确定性使人们形成了不同的预期。此外,由于信息收集与利用程度不同,预期方法的不同,人们也会形成不同的预期。受偏好的影响,有的人进行主观的预期,有的人进行客观的预期。对同一个变量,有的预期看好,有的预期不看好。预期方法的差异导致了理性的预期与非理性预期的出现。

2.2.1 预期的来源

Keyens J. M.(1936)是较早提出预期概念的经济学家。他将预期作为宏观经济学理论的主导思想。他认为,预期是影响总供求的重要因素,甚至是导致经济波动的决定性因素。作为心理因素的预期概念是凯恩斯宏观经济理论体系的基石。Metzler L.(1941)提出了外推预期(extrapolated expectation)概念。对传统的预期概念的论述,可以追溯到 Hicks J. R.(1946)在他的主要著作《价值和资本》中所进行的论述。随后,Cagan P.(1956)提出了适应性预期(adaptive expectation)概念。后来,Muth J. F.(1961)进一步提出了理性预期(rational expectation)概念。从此,理性预期在经济活动中被广泛地注意。对于预期问题,美国形成了以 Lucas R.和 Sargent T. J.等为首的理性预期学派(the school of rational expectation)。他们继承凯恩斯预期问题的研究并向纵深方向发展,分别获得了 1995 年和 2011 年的诺贝尔经济学奖。西方预期理论既有可供参考利用的一面,又有局限性的一面。

对于预期,有的学者还提出了准理性预期或亚理性预期(quasi-rational expectation or para-rational expectation)概念。它是介于适应性预期与理性预期之间的预期,是兼有两种预期特点的预期。它高于适应性预期,又达不到理性预期。李拉亚(1991)还提出了黏性预期(sticky expectation)的概念。他认为,预期具有黏性(sticky),就如同工资预期、价格预期具有黏性一样。江世银(2004)在批判继承前人基础上又提出了孔明预期(Kong Ming expectation)的概念,并论述了孔明预期理论(Kong Ming expectation

---

① 俞文钊.2004.当代经济心理学[M].上海:上海教育出版社,135.

theory）。孔明预期理论是预期理论发展的最新阶段。

2.2.2　预期的含义

对于预期的含义，人们的看法各有不同。拥有充分信息的预期者的审计预期更符合客观实际。信息残缺不全的预期者的审计预期波动较大，有时甚至与事实完全相左。在不同学科和文献中，预期的释义表述各异、不尽相同。"有的学者把它作为估计（estimation）、打算（intention）、判断（judge）、期待（await）、企盼（hope）、期望（hope）、预测（forecast，foretell or calculation）、预见（prevision or foresight）、规划（programming）甚至计划（plan）的同义词。"①这说明有必要界定预期的内涵与外延。

对于什么是预期，不同的学者有不同看法。预期是决定至少可以说是伴随着我们行为的态度、意向和思维状态（赫尔穆特·弗里希，1989）。人们常说，在市场经济中，只要看准了机会，就可以赚到钱。所谓看准了机会，就是指人们在充分掌握信息的基础上所形成的关于经济机会的正确判断或预期（杨玉生，2007）。江世银（2009）认为，预期是人们的一种心理现象，是人们在不同环境下采取不同的方法处理信息的结果。它是人们对未来经济变化趋势所做出的一种主观判断和估计。这些变化趋势包括工资、收入与支出、价格、通货膨胀与通货紧缩、就业与失业、投资与消费、审计等的变化趋势。不同经济变量的变化趋势呈现出不同的特点，由此形成不同的预期。

2.2.3　预期的本质

预期者为什么会形成预期？预期的目的何在？预期对经济活动有什么影响？学术界及实际工作部门对其进行了研究。它们都涉及预期利益（expectation benefit）。在申海波（2000）看来，"预期行为的目的是预期利益"②。人们为了自己的利益去收集信息，对信息进行加工、整理、分析，形成自己的预期。他们关心的问题是哪些信息对自己有利、自己如何应对等。

---

① 江世银.2007.预期理论史考察[M].北京:经济科学出版社,1.
② 申海波.2000.预期理论与资本市场[M].上海:上海财经大学出版社,70.

江世银(2005，2017)认为，预期利益是人类利益追求的具体化。①预期者之所以要进行预期，是因为预期涉及他们的切身利益。任何预期的目的都是为了获得预期的利益。在形成了预期后，预期者会按照所形成的预期行动。当预期对他们不利时，他们会尽量克服其不利影响。当预期对他们有利时，他们会创造条件努力实现预期。例如，预期经济会出现通货膨胀时，投资者会增加投资，消费者会增加消费。由于预期与预期者自身的利益相关，他们对未来的预期非常重要。抛弃了利益进行预期研究，没有任何价值和意义。预期者之所以会对未来一段时间内的预期走势进行判断，不仅出于对经济活动本身的兴趣关注，更出于对自身利益的考虑。如果所估计的预期走势对人们当前的行为选择不利，他们则将会改变当前的行为方式，以更好地趋利避害。所以，预期者会见机行事。

　　当人们对一个变量的变化趋势形成预期时，人们所利用的信息量会超过该单个变量过去的数据。当人们获得新的信息时，他们又会随之改变自己的预期。特别是在异质预期趋势下，预期会强化自己的信念并支配人们的行为。异质预期(heterogeneous expectations)，是指不同的主体由于信息不对称或认知局限或使用的预测模型不同，从而形成不同的预期(程均丽，2009)。这种预期影响着人们的行为，使人们相应地采取与之相适应的行动。预期的一个重要特征是具有预言的自我应验性，在信念支撑下，预期支配人们的行为，而行为的改变又将促成预期结果的实现，从而证实预期并强化作为预期基础的信念。②预期支配人们的行为，表明他们自觉或不自觉地受到预期的影响。之所以受其影响，是因为他们有利益诉求。预期本身作为一种心理活动，对实际经济活动的影响是出于人们对利益考虑而产生的。那种把预期与利益分割开来的观点是不完全正确的。

2.2.4　预期的作用与影响

　　正如上述所言，预期对实际经济活动都是有影响的。预期一旦形成，就

---

① 江世银.2017.社会预期管理论[M].北京:中国社会科学出版社,17.
② 程均丽.2009.异质预期及其经济影响——基于货币经济学的新视角[J].当代经济研究,(3):19—23.

会对经济社会变化的趋势产生影响。它不仅影响经济领域,而且影响社会心理领域;不仅影响微观经济活动,而且影响宏观经济活动;不仅影响人们的投资决策,而且影响着人们的信心和实际行动。有时,政府的政策调控还不如预期引导的影响大,特别是在审计预期影响效应(impact effect)下。一般说来,预期的改变(不论是短期还是长期)需要相当长的时期才能发生它的全部影响(凯恩斯,1999)。预期的影响普遍存在于经济社会活动中。

2.2.5 预期与期望

期望(hope or prospect)是指人们根据以往所积累的经验来确定在一定时期内希望可以顺利达到的目标的一种心理活动。期望是指由期望人所定义的对某一事件结果的向往和需要,是一种对客观事物的主观判定和看法。人总是渴求满足一定的需要和达到一定的目标(V.H.Vroom,1964)。期望与期待相近。期待(await)是指人们对未来的未知的某个时刻或者人与事所产生一种美好憧憬与向往。①前者更带有主观的色彩,后者更接近客观的等待。期望也与希望相近,二者都指向未来。希望(hope)是对一系列美好状态或事物的预期和描绘,一种可以自我提升或者从困境中释放的感觉,是意愿动力和路径思维的总和。而预期是预期者依据一定的方法对经济社会变量在未来的变化趋势的主观判断与估计。预期更趋于主观。期望是一种事先估计,更趋于客观。如果结果小于期望值,人会产生大失所望的心理,信心也会遭受打击。如果结果大于期望值,人会产生出乎意料的心理,自信心也会增强。悲观的期望产生悲观的预期,乐观的期望产生乐观的预期。悲观状态就是对所期望的事不抱有希望。乐观状态不仅指特定情境中抱有希望的期望,而且指相似情境中类化的具有跨时间和跨情境一致性的期望,一般强调个体总体上的感受(郑雪,2014)。悲观的期望和乐观的期望都会影响预期,所以,预期与期望存在密切的关系。本书在研究时,除了特别说明,将期望视作预期或在某些情况下将预期视作期望。

---

① A.Marshall 所讲的"期待"就是一种预期分析。它的均衡价格理论将西尼尔的"节欲"一词改造为"等待"。"等待"意味着延期享受。和节约一样,它表示资本家关于消费的牺牲。这里的"等待"(waiting)就是在进行预期。虽然这种预期还不是理性的预期,但它毕竟是在进行预期。

公众认为,只要审计者发表了标准的无保留意见就是对被审计者的绝对保证,所以,当财务出现问题时,他们首先想到的责任人不是政府而是审计者,因为是审计者进行审计,也是审计者给出的审计结果。因为公众对审计职能存在高度预期,同时也因为大众专业知识水平、所掌握的信息与审计者之间存在差距导致了审计预期上的差距。公众总是期望审计过程是到位的,审计结果是正确的。审计者总是期望被审计者与公众能够做出正确的预期,理解审计行为及结果。事实上,实际的审计结果与预期总是存在一些差距。

2.2.6　预　期　与　计　划

与预期密切联系的还有计划。计划(plan)是分析计算如何达成目标,并将目标分解成子目标的过程及结论。计划的目标是做出预测和判断。"计"的表意是计算,"划"的表意是分割。计划是指根据对组织外部环境与内部条件的分析,提出在未来一定时期内要达到的组织目标以及实现目标的方案途径。列宁说:"任何计划都是尺度、准则、灯塔、路标等等。"①它是用文字和指标等形式所表述的组织以及组织内不同部门和不同成员在未来一定时期内关于行动方向、内容和方式安排的管理过程。事实上,计划就是预先安排的意思,是人们对事业的未来发展所做的部署和安排,是人们未来行动的准则和目标(刘瑞,2020)。凡事预则立,不预则废。预先安排意味着对此有看法,也即是预期。"计划就其本身而言就是生产者对未来生产数量的一种预期。"②所以,预期与计划是密切相关的。不管什么计划都是预测性的。

审计计划(audit plan)是对审计的预期范围和实施所做的规划,是审计者对从接受审计委托到出具审计报告整个过程的计划。审计者为了完成各项审计任务,达到预期的审计目标,在具体执行审计程序之前都要编制审计规划。它包括审计目的、审计范围、审计策略,被审计单位的基本情况,重要

---

① 列宁.1986.列宁全集:第 41 卷[M].第 2 版.北京:人民出版社,378.
② 江世银.2007.预期理论史考察[M].北京:经济科学出版社,63.

会计问题及重点审计领域,审计工作进度及时间安排,审计重要性的确定及审计风险的评估等。它是依据总体审计计划制定的,是对实施总体审计计划所需要的审计程序的性质、时间和范围所做的详细规划与说明。

虽然审计计划与审计预期不等价,但审计计划类似于审计预期。二者既有区别又有联系。如果将审计计划等同于审计预期,这就模糊了它们的区别。如果看不到审计计划与审计预期的联系并将它们人为地割裂开来,就不能把握它们的辩证关系。一般说来,审计计划不是谁都能制定的,而是由专门的国家机关、审计机关或其他审计主体根据经济监督的需要所作出的规划。被审计者、公众只是期待如何进行审计而不能组织实施审计,更不能自行开展审计。而审计预期是人人都可以持有的,不管是审计者、被审计者、普通公众还是政府都可以有自己的预期。尽管审计预期可以被引导、调节或管理,但它普遍存在于人们之中。人人都可能有预期,但不是人人都可以做出审计计划。

2.2.7　预期与预警

预警(early-warning)就是在周期理论的基础上,通过统计和经济数学的方法对经济社会运行过程中可能发生的重大波动或偏差做出及时、准确的预报和分析,为相关机构采取行动提供参考的预警过程。预警就是预测和报警。它的作用是预报经济社会运行的景气状态。早预警,早处置,可以早消除问题。"前事不忘,后事之师""前车覆而后车戒"等,都表明了预警的作用。从科学的角度看,预警主要是对各变量之间在未来的变化趋势进行量化分析。对未来变量的估计事实上就是我们所说的预期。预期与预警都有一个"预"字。预警是相关管理者对经济社会运行中的不稳定和不确定因素进行的早期预报。所以,预警的主体主要是管理者,而预期的主体范围更宽广,全社会不同阶级、不同阶层的人都可能有预期,包括管理者和被管理者。预警是在还没有出现问题时预先做好准备,是对问题的一种预报;预期是预期者对变量变化趋势的主观看法、判断或估计。它们既可以是经济方法的预警、预期,也可以是社会方面的预警、预期(江世银,2017)。从期限来说,超前期限越接近实际时间,预警的效果越好,但反过来,超前期限太近,留给可能采取进一步措施的时间间隔就太短(邱冬阳、苏理云,2018)。这就是说,预警有时间间隔的限制,而预期是随时都可能出现的,不存在超前期限长短问题。所以,预警与预期都是对变量变化趋势的提前认识。

2.3　审　计　预　期

审计预期就是有关审计的预期,是预期者对审计监督的判断和主观看法。它具有不确定性、同化性、模糊性和异质性等特点。审计预期的目的在于获得预期的利益。各预期者的审计预期之间存在偏差或差距。

2.3.1　审计预期的含义

审计预期(audit expectation)是关注审计的预期者收集有关审计信息,按照审计目标的要求,在外部环境刺激和内部动因驱动下,运用预期形成的方法对被审计者的某种标准及变化趋势进行主观判断与估计,并把其心理倾向传达给审计利害关系方的一种心理活动。审计预期是预期者对审计的主观看法或判断。它是人们的一种心理活动。正如俞文钊(2004)所指出的:"预期是人们的一种心理活动,是对目前有关的经济变量的主观判断。换言之,预期就是决策者对他的决策有关的不确定性的经济变量所作的主观判断。"[①]一般地,审计预期是审计主体对审计客体所进行的预期。这种预期不是别的,正是对审计的预期。最常见的审计预期就是预期审计会查出、发现什么问题,在多大程度上发现问题,如何对待所查出、发现的问题等。

审计的组织力度的大小与审计方式方法的不同影响审计预期。一方面,承担审计的队伍结构如何、分工是否合理,审计任务完成的时间是否明确,审计问题的协调是否及时,审计的考核检查是否严格到位等问题都影响着审计预期。另一方面,审计准备是否充分,审计方案编制是否科学,审计

---

①　俞文钊.2004.当代经济心理学[M].上海:上海教育出版社,437.

技术方法是否先进适用,审计取证是否合理必要,审计者与被审计者之间交流沟通是否正常,审计以及复核是否及时,审计艺术与技巧是否讲究,这些因素在很大程度上也直接或间接影响着审计预期。此外,重点明确的审计有利于及早发现问题,形成良好的预期。审计者对审计目标是否明确,审计重点内容是否把握,审计是否做到心中有数、突出重点,审计的目的性如何,这些都影响审计预期。

审计需要客观公正地揭示资金流动、财务报表、政策实施、经济责任的真实性,涉及许多判断和估计。如果审计者不以怀疑与谨慎态度形成心理预期,那么就可能导致审计判断失误或未能发现客观事实。如果审计者的预期被证实,这就证明他们的预期是正确的;如果审计者的预期与实际出现的结果差距较大,这就证明他们的预期是存在偏差的。而被审计者则认为其资金流动、财务报表、政策实施与所承担的经济责任是合规、合纪、合法的。被审计者的预期与审计者的预期有出入。有时,他们的预期甚至是完全不同的。政府的预期与审计者的预期相差无几。公众对所需要监督的资金流动、财务报表、政策实施与经济责任的看法与被审计者差距较大。当审计结果与公众的预期一致时,这说明公众的审计预期是正确的。相反,当审计结果与公众的预期不一致时,这说明公众的审计预期是不正确的。

正确掌握审计预期的含义,一方面,有助于完善审计预期理论体系;另一方面,有助于我们更好地管理审计预期,使其更好地为审计服务。审计主体预期、审计客体预期、审计过程预期、审计结果预期、公众审计预期、审计预期差距等理论都是建立在审计预期的基础上的。审计预期心理既可以为我们引导与调节预期服务,又可以为审计服务,提高审计监督的效率。

2.3.2 审计预期与审计期望的异同

审计预期与审计期望在实际使用中有不同的称谓。国外一般都叫audit expectation(审计期望或审计预期),如 audit expectation gap(Salehi M.，Rostami V.，2009),而国内将之翻译为审计期望。这就是期望人对审计结果和质量的看法和要求(吕穗,2007)。本书认为,从中文的字面意思来看,审计期望通常指被审计者或与利益密切关联者希望的一个事实或结果,而审计预期是指预期者对审计的一种主观判断或估计。前者在英文中被称为 audit await or hope，更带有客观的期盼或诉求，希望能够得到满足；而后者在英文中被称为 audit judge or estimation，更带有主观的判断或估计，希望结果是如此。当然，有的学者有时并没有严格地区分。作者认为，尽管区别不大，但这两个概念之间还是存在一些差异，如主观与客观上的差异。

本书所研究的是审计预期，并非完全是一种审计期盼或诉求，而是预期者对审计的主观判断或估计，是有关审计的预期。在研究审计预期时，本书通过审计期望、审计预期、审计监督效果满意度等调查获得数据，再实证研究审计预期的影响因素和审计预期差距。所以，审计预期与审计期望是既有联系又有区别的。正确地区分二者的异同，对于理解、掌握与运用审计预期具有重要的作用。

2.3.3 审计预期的特征

与其他预期相比，审计预期具有不确定性、同化性、模糊性和异质性等特征。审计预期的不确定性会带来审计的不确定性。这些特征表明审计预期是一种人们对经济活动监督的预期。

（1）不确定性

预期是建立在经济信息基础上的一种计算活动，它不一定是指某经济变量的一个唯一预测值，也可表现为该经济变量未来值的某个完全的概率分布（江世银，2005）。因为审什么、何时审、如何审、审的程度等，审计带有不确定性，故审计预期也有不确定性（uncertainty）。受审计者素质、审计制度与规定、审计方法以及时间的限制，审计可能发现存在的问题，也可能暂时发现不了已经存在的问题。审计结论与意见可能有利于被审计者一方，也可能不利于被审计者一方。查出或发现问题的审计程度也是不确定的，这仍然是审计的不确定性。在大数据审计下的审计也不能完全消除审计预期的不确定性。与此相对应，审计预期也就是不确定的。有的审计预期被审计者看好，有的不被审计者看好。

（2）同化性

同化（assimilation）是指个体在群体压力下，放弃自己的意见，转变原有的看法与态度,采取与大多数人一致的意见的行为。审计预期容易被同化,具有同化性的特点。随大流、人云亦云总是不承担风险的,所以,在审计中有许多人喜欢采取从众行为,容易受他人的审计预期影响,以求得心理上的安慰。例如,别人的审计预期不看好,将被同化的审计预期也会不看好。这就是同向预期(same direction expectation),也就是看法一致。审计预期的同化性(audit expectation assimilation)是指人们的审计预期往往导致别人认同他的预期,形成相当多的人共同的审计预期。在全社会预期良好时,审计预期的同化性有利于审计监督;反之不利于审计监督。

(3)模糊性

审计预期具有模糊性。当审计发挥的作用很大时,人们可能对审计形成盲目的预期,这种盲目性带来审计预期的模糊性。所谓审计预期的模糊性(ambiguity),是指审计预期因受许多因素影响而表现为含糊、不确定性状态的情形。建立在心理基础上的审计预期具有含糊、不确定的特征。有时正在形成的审计预期很快会消失。如果单从某个预期主体来看,审计预期是非常明确的,但从全社会来看,审计预期则十分模糊。当审计预期处于无序状态时,我们很难分辨出它们到底是一种什么预期。本书认为,审计预期是一种对未来的审计带有模糊性的主观概念。审计预期的模糊性使我们很难引导与调节预期,很难利用它为审计监督服务。

(4)异质性

审计预期还具有异质性。不同的审计预期差异很大,主要原因在于预期具有异质性。众多心理学实验已表明,个体之间存在异质性,并非完全同质性或完全理性。在个体审计预期上,同样存在审计异质预期。所谓审计异质预期(audit heterogeneous expectations),是指不同预期者在预期形成中,由于初始认知能力、信息拥有量以及学习等方面的差异,对同一审计信息产生的不同审计预期,由此形成审计预期差距。因不同的人具有不同的知识体系、学习方法和预期形成机制,他们对同样的审计信息有着不同的审计预期,所以,不同的人的审计预期是有差异的。预期者通常不能即时地更新信息并利用所有可得信息来形成自己的预期。由于受信息、初始认知和学习的影响,在预期形成过程中,预期者的审计预期并不是理性的、单一的同质预期(homogeneous expectation)。也就是说,审计预期存在异质性。不仅国外的审计预期实证分析如此表明,而且本书的调查也发现,在审计中,审计者、被审计者、公众与政府在相同的时间点对同一审计行为都有不同的预期,原因就是审计预期是异质的。即使是同一个人在不同的时间通过学习、调适与模仿等行为也会产生不同的审计预期,因为他们会通过不断地学习来更新预期。

2.3.4　审计预期的目的与实质

同预期的目的一样,审计预期的目的也是为了获得自身的利益。审计者的预期目的是获得最大程度的满足(satisfaction)。审计是需要成本的。有时,为了获得真实的审计结果,审计的成本是相当大的。审计的成本(audit cost)就是进行审计所需要的人力、物力与财力的投入。审计的收益(audit revenue or yield)就是进行审计所发现或查出的问题,审计后相关责任人受到的查处与处理,以及审计规则的制定与完善等。审计效益(audit benefit)就是实现审计成本的最小化与审计收益的最大化,达到审计监督经济活动的目的。与审计预期的目的相一致,审计预期的实质是对审计所涉及的利益的预期。审计预期的实质体现了审计预期的目的。

通常进行审计业绩或审计效益的分析,主要是从审计者角度进行的。审计者审计发现或查出了多少问题,审计后相关责任人受到了多少查处与处理,制定与完善了多少审计规章制度,这就是审计者的预期成本效益模型。见下式:

$$E=f(f,\ l,\ p)=E(F)-E(L)\times E(P) \qquad (2\text{-}1)$$

$$E^e=-E(T^e) \qquad (2\text{-}2)$$

式中,E 表示发表失真审计报告的净收益(net income)的期望值,E(F)表示发表失真审计报告的收益的期望值,E(L)表示发表失真审计报告后被发现和查处的预期损失成本的期望值,E(P)表示发表失真审计报告后被发现和查处概率的主观判断的期望值,E^e 表示发表真实审计报告的净收益的期望值,$E(T^e)$表示发表真实审计报告的预期损失成本的期望值。

2.4 审计预期差距与审计期望差距

受许多因素的影响,审计预期存在差距。审计预期差距(audit expectation gap,AEG)的存在表明审计的实际表现未能满足或实现社会的期望。由于受信息掌握与利用程度、预期方法、教育知识水平以及经历的影响,不同预期者对于同一审计在相同时间、地点会有不同的审计预期,出现审计预期差距。有时,这种差距还会相当大。当审计预期差距特别大时,它对审计会产生不利的影响。

2.4.1 审计预期差距

预期者的审计预期和实际审计结果之间存在的偏差就是审计预期差距。在差距的具体表现上,它是公众审计期望和实际业界期望之间出现的不符。到底是谁与谁的认识差距? 一般认为是涉及的利益各方与审计者对审计的看法上的差距。审计预期差距所涉及的主体,即是谁的预期,谁的感知,主要是审计者、被审计者、公众与政府等利益各方。他们在审计中的地位与作用各不相同。审计者进行审计,处于主动地位;被审计者被审计,处于被动地位;公众是指涉及自身利益的群体;政府是指那些直接或间接制定财务、会计、审计、资金与资产管理、权益行为规定和政策以及经济责任规定等审计规则或准则的群体。公众对审计的期望是全面、及时地揭示审计中的舞弊行为,维护公众的正当、合法权益。公众对审计的预期就是根据自己所掌握的信息并利用预期的方法形成自己的审计预期,即对审计的判断或估计。

他们之间存在着审计预期上的差距。这些差距包括审计者与被审计者的预期差距,审计者与公众的预期差距,公众与政府的预期差距,审计者与政府的预期差距等。对于一个项目的审计,审计者、被审计者、公众与政府的看法一般都是有一定差距的,很少出现完全一致的预期(即同向预期)。政府是审计规则或准则的制定者,审计者是审计规则或准则的执行者,二者的预期差距较小。而被审计者是审计规则或准则的遵守者,公众是审计规则或准则的接受者,二者的预期有一定差距但很小。审计者、政府感知反映的是他们对被审计者与公众预期的理解。对于审计预期差距的实证分析,本书将在第 10 章专门进行研究。

2.4.2 审计期望差距

对于审计期望差距,国内外都进行了大量研究。胡继荣(2001)认为,审计期望差距就是公众对审计的需求与公众对目前审计执业的认识之间存在的差距。有的学者认为,审计期望差距是公众对审计职业的期望与现实审计执业水平之间的差距(赵丽芳,2007)。何敬(2011)认为,在特定的审计环境中,公众和审计师对审计存在认知差距,这种认知差距包括审计环境导致的认知差距,以及公众和审计师的认知模式不同而导致的认知差距。与审计同步产生的审计期望,在社会发展变化的过程中也出现了态势上的某些变化,由此形成审计期望差距(侯娜,2016)。具有高度同质化、关注同样审计信息的人们可能会对审计信息做出相类似的反应,在实践中表现为群体效应(group effect),不同群体认知视角下的审计期望存在差距(钱路加,2020)。

审计期望与实际出现的结果之间总是存在一定的差距(偏差)。受众多因素的影响,审计期望差距客观存在。根据调查,以公众在 1983 年审计署成立、2003 年实行审计结果公告制度、2012 年党的十八大后进入推进完善国家治理时期到 2021 年对审计业绩与审计期望或预期调查所得数据整合,表现出审计期望差距是客观存在的,见图 2-1。

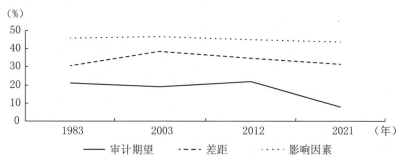

图 2-1 审计期望差距

审计者与被审计者存在着期望差距。这是影响最大的审计期望差距。审计者期望能够审计出被审计者的违规违纪违法行为,反映执业水平至少达到审计规则或准则的基本要求;被审计者期望审计者大事化小,小事化了,能够理解他们的行为。所以,审计者更期待的是绩效,是对合规性等的要求,而被审计者更期待的是其经济活动及行为能够被理解,是对合规性等被认可的要求。审计期望差距由此出现。此外,公众与政府也存在着审计期望差距。如果任由这种差距扩大,审计也就难免受到影响了。研究发现,这种期望差距直接影响审计监督的效率。所以,提高审计监督效率,还需要注意审计期望差距的影响。

2.5　审计预期的相关理论

审计预期是审计过程中利益相关者出现的心理活动,是将心理学与审计学相结合的领域。审计预期相关理论涉及审计理论、预期理论、心理学理论、传播理论和公共管理理论等。随着实践的发展和认识水平的提高,审计预期理论还在不断地丰富和完善之中。

2.5.1　审　计　理　论

审计是由国家授权或接受委托的专职机构和人员,依照国家法律法规、审计准则和会计理论,运用专门的方法,对被审计单位和经济责任人的财政、财务收支、经营管理活动及其相关资料的真实性、正确性、合规性、合法性、效益性和政策实施、经济责任人履职情况等进行审查和监督,评价经济责任,用以维护财经法纪、改善经营管理、提高经济社会效益的一项独立性的经济监督活动。这就是说,审计既可以揭示错误、舞弊以及维护财经法纪,又可以改善经营管理状况、提高经济社会效益。审计理论(audit theory)就是有关审计起源、本质、功能、作用、目标、特征、心理预期等的知识概括。它是由审计的概念、原则、原理以及由此推演出来的派生概念、原则、原理等内容所构成的完整的审计知识体系。审计理论主要包括审计环境与审计目标理论、审计假设理论、审计基本概念体系理论和审计动因理论等。更具体来说,审计理论包括审计基本理论、审计规范理论、审计应用理论和审计相关理论等(刘明辉,2013)。各种审计理论相互联系,共同构成审计理论体系(audit theory system)。审计理论可以用来解释审计实践,还可以指导甚至预测审计实践。审计理论体系为国家审计现代化建设提供重要理论基础,推进国家向更高层次发展(张依萱等,2021)。随着审计实践的发展,审计理论不断得到丰富和完善,审计理论体系也逐步走向成熟。

审计理论是关于审计实践现象的理论解释,是人们基于对审计实务活动的认识,运用思维运动而形成的关于审计系统的、合乎逻辑的、合乎规律的理性认识。审计理论随着审计实践的发展而产生与发展,即审计理论源于审计实践,是对审计实践活动的概括总结。有的学者提出了审计动因理论、审计基础理论、审计应用理论和审计发展理论及由此构成的审计理论体系(郭华平,2007)。还有的学者提出具体的审计理论,主要包括审计动因论、审计假设论、审计目标论、审计方法模式论、审计规范论、审计质量论、审计报告论、舞弊审计论、抽样审计论、审计信息化论和基于审计视角的内部控制论(沈征,2013)。有的学者提出的审计理论,一方面,包括审计本质理论、审计目标理论、审计假设理论、审计环境理论、审计职能理论和审计客体理论;另一方面,包括审计需求理论、政府审计理论、内部审计理论、注册会计师审计理论、财务审计理论、合规审计理论、绩效审计理论、经济责任审计理论、工程审计理论等(郑石桥和刘世林,2014)。这些理论共同构成审计理论体系。随着社会经济现象越发复杂多变,国家审计需切实发挥监督管理职能,借助马克思主义原理构建审计理论体系(王海彬,2022)。

本书认为,基本的审计理论主要包括审计起源与发展、审计本质、审计功能与作用、审计目标、审计基本特征、审计心理理论、审计预期理论和审计技术方法等。这是审计最基本的理论。将审计理论应用于实践,就产生了审计应用理论。审计应用理论主要包括审计实务、审计管理和审计基础建设等。其他相关理论主要包括审计外部环境,政府审计与社会审计、内部审计的关系,国际审计交流与合作,审计比较理论和审计史等。这些审计理论与预期存在密切的关系。只有注重审计中的预期问题,才能有成熟的审计理论。

2.5.2 预 期 理 论

预期是预期者对未来经济社会变化趋势的一种主观判断和估计。它在经济中占有重要的地位,其基本原因在于它强调未来的不确定性对人们经济行为的决定性影响。有时,政府的宏观调控难以达到预期的目的,而注重预期的作用会收到出乎意料的效果。目前为止,预期理论的发展经历了静态预期理论(static expectation theory,Frisch R. & Tinbergen J.,1930),外推型预期理论(extrapolation expectation theory,Metzler L.,1941),适应性预期理论(adaptive expectation theory,Cagan P.,1956),理性预期理论(rational expectation theory,Muth J. F.,1961),正在经历孔明预期理论(Kong Ming expectation theory,江世银,2004,2005,2014)。而非理性预期理论(unrational expectation theory,Kenyes M. J.,1936)是一种相对于理性预期的非理性的预期理论。此外,预期理论还存在准理性预期理论或亚理性预期理论(quasi-rational or para-rational expectations theory,李拉亚,1991)。准理性预期或亚理性预期是指人们利用过去信息和当前信息对经济变量进行的预期。该预期能够较充分利用信息。准理性预期或亚理性预期是指介于适应性预期与理性预期之间的预期。各种不同的预期理论与审计预期都有密切的关系。研究审计中的心理现象、发挥审计监督的心理作用需特别关注预期理论与预期问题。

2.5.3 心 理 学 理 论

心理(psychology)被称为心理现象,也可以叫心理活动。人有意识的行为都是在其心理活动的支配与调节下进行的,受心理活动的支配并影响心理活动。人的心理现象包括心理过程和个性心理特征两个方面。前者包括人的认知过程、情绪、情感和意志过程,后者包括个性倾向性以及个性心理差异。审计中存在经济违规的从众心理、攀比心理、钻营心理、吃亏心理、坦然心理和交易心理等心理现象。各种不同的心理现象都或多或少地影响着审计监督。心理学(psychology)是一门研究人类心理现象及其影响下的精神功能和行为活动的科学。心理学研究人和动物的心理现象发生、发展和活动规律。掌握人的心理规律,有助于认识人的心理活动和个性心理特征。心理学以人的心理现象为主要研究对象,是研究心理现象和心理规律的一门科学。心理是人脑的机能,是对客观世界的主观能动反映。心理状况决定了预期的状况。预期是人独有的一种心理现象。

预期本身就是一种心理,因此也叫预期心理或心理预期。预期与心理密切相关。在审计中,审计者会表现出预期看好的心理,被审计者会表现出预期不看好的心理。"这些心理活动对审计目标的实现都会产生积极或消极的影响。"①审计预期是从心理学的角度研究被审计者与审计者的心理特征。为了充分发挥审计监督的作用、提高审计监督的效率,注重对审计预期的引导与调节是必要的。审计预期理论的成熟也丰富和完善了心理学理论。

2.5.4 传播学理论

传播(spread or communicate)是指传送或散布,是一种社会性传递信息的行为。其中,"传"具有"递、送、交、运、给、表达"等多种意义,"播"有"传播、播送"之意。传播的根本目的和主要内容是传递信息,是人与人之间、人与社会之间,通过有意义的符号进行信息传递、信息接收或信息反馈活动的总称。可见,传播就是一种社会信息的共享活动。之所以会有信息的传递或传播,是因为人们对自身利益的关心。事实上,传播的目的就是引起利益方的关注。信息的有无,信息的多少,信息的传播渠道或方式的不同或多或少地影响着他们的利益。信息总是含有刺激性的(郑小荣,2014),获得信息的预期者会有意无意地加工这些信息,由此形成预期。审计预期随着审计信息的传播发生变化。没有审计信息的传播,就没有审计预期的变化。审计信息一传十,十传百,最后被关注信息的接受者吸收与利用。特别是涉及切身利益的审计信息传播迅速,从而改变审计预期。审计信息传播是一种审计者与被审计者之间的信息共享活动。这些审计信息既包括事实描述性信息,又包括评价性信息和结论性信息。审计预期随审计信息的传播而产

① 汤效禹.2007.心理学在审计实践中的应用[M].北京:中国时代经济出版社,1.

生、形成与改变。如果被审计者对审计者存在抵触心理,可能造成信息的阻塞或曲解。被审计者常见的心理包括对待审计的好奇、求知、厌烦、恐惧和从众等,由此会形成不良的审计预期。研究审计信息引起的审计预期变化的理论丰富和完善了传播学理论。

2.5.5　公共管理理论

不同的公共管理对预期会产生不同的作用与影响。对预期的引导与调节,就是一种政府进行的公共管理。所谓公共管理(public administration),是国家机关或公共组织为达到一定的目标对公共事务所进行的管理。研究公共管理的学问,就是公共管理学。公共管理学是运用经济学、管理学、社会学、心理学、法学、政治学、系统科学等多学科理论与方法研究公共组织,尤其是政府组织的管理活动及其规律的学科。它是一个由不同学科整合而来的交叉学科群,是以解决公共问题为导向的应用科学。公共管理行为影响着审计预期的形成与变化。有时,在公共管理政策出台前与出台后,审计预期已经发生了改变。用公共管理政策引导与调节人们的审计预期,有时能达到预期的目的,有时难以达到预期的目的,有时甚至根本不可能达到预期的目的,因为全社会会有不同的审计预期作用与影响。特别是在出现预期黏性或陷阱(expectation stick or expectation trap)时,无论采取何种办法和措施,公共管理都是非常困难的。以预期为主要任务的心理管理就是一种公共管理,研究公共管理的公共管理理论是与之密切相关的理论。审计预期管理拓展了公共管理理论。

2.6　审计预期的作用

审计作为一种接受授权、委托的独立的对被审计单位或经济责任人进行的经济监督活动,会受到审计预期的影响和制约。现代的审计关系越来越复杂,经审计查出或发现的利益链拉得相当长。面对复杂的审计关系及利益影响,要实现审计主体与审计客体之间的良好心理互动,提高审计的监督效率,就非常需要了解与把握审计预期的作用。审计预期在审计领域中的研究越来越受到人们的广泛重视。

2.6.1　审计预期影响着人的心理活动

人有多方面的心理活动。无论哪种心理活动,都会或多或少地受到审计预期的影响。虽然审计预期是从属于一般心理活动的,但它一经形成,就会对其他心理活动产生影响。不切实际的审计预期会带来不良的心理,从而影响审计的公正性。审计预期影响着人们的认知。不同的审计预期使人们形成不同的审计认知。在审计过程中,被审计者出现悲观的预期,情绪容易失控,消极对待审计,审计认知无不是受到了审计预期的影响。审计预期还影响人们的意志,有的审计者意志坚定,坚持自己的判断和认知从而形成审计结果报告;有的审计者犹豫不决,意志不坚定,受被审计者的期望与预期影响,不能客观公正地形成审计结果报告。此外,当今时代是知识更新不断加快的时代,随着审计对象的变化和审计活动的复杂化,人们只有不断地学习不同专业的知识,才能明白审计监督与治理变化的道理。这种要求对部分人来讲会产生知识更新的压力,甚至产生恐惧心理。如果审计预期不良,可能导致审计者的态度不好。如果审计预期乐观,人的心理活动顺畅;如果审计预期悲观,人的心理活动受阻。

2.6.2　审计预期导致审计预期差距

审计预期差距研究表明,审计预期导致的审计预期差距主要是由于审计期望或预期过高,达不到预期者的审计期望。预期者总是希望审计者能毫无遗漏地揭示被审计者存在种种问题,而审计者却因各种原因如审计经验与技能、审计技术与方法、审计制度规定等不能达到如此目标。不同的预期者,如审计者与被审计者、公众与政府等有不同的审计预期。这些不同的审计预期使得审计预期差距出现。也就是说,出现审计预期差距的原因很多,不同的审计预期是其中一个重要原因。由于审计预期是一种心理现象,可以借助其他审计变量进行分析,由此可知各审计主体具有不同的审计预期从而导致审计预期差距的出现。

2.6.3　审计预期影响审计监督效率

传统的审计主要是一个从计划开始到审计结果报告完成结束的现场审计。在审计过程中,预期者会因人为因素、信息提供因素和时间因素等出现的停顿、反复而改变原有的预期,很有可能会出现不利于审计的预期,从而影响审计监督。现代的大数据审计改变了这种状况,预期者的预期会更加现实化。那些造假、利益输送无论时间长短、隐蔽程度如何,只要审计者实事求是地进行审计,都是会被发现的。所以,预期者会更加关注审计者的审计态度和敬业状况。审计者与被审计者的合作程度与预期状况影响审计监督效率。审计者的专业知识水平、计算机水平、政策水平、法律水平、实际工作能力水平等素质和能力高低,以及他们的工作态度及敬业状况直接决定着审计监督效率的高低。一个高素质的审计者能够更容易查出、发现问题,其所得出的审计结论更能让人信服。被审单位的预期状况、财务基础好坏及其经济责任人对审计的配合程度影响审计监督效率。被审计单位预期良好,积极配合,财会人员的业务素质高、财务基础扎实、内控制度健全完善,都会间接地提高审计监督效率。

总之,审计监督效率受到审计预期的影响。良好的预期有利于审计更好地发挥其监督作用;不良的预期不利于审计的顺利进行。如果被审计者预期不看好,消极对待审计,不积极配合查证、解释、说明、承认或否定,那么,在现有审计规则或审计技术方法下,审计监督不能很好地发挥对经济活动的监督作用。如果审计者预期乐观,坚信能查出或发现经济活动中存在的问题,积极查证、求证,不断延伸审计,掌握违规违纪违法的利益输送链,就能够被查出或发现任何问题,审计规则也能得到健全与完善,如此,审计监督作用是明显的,审计监督效率是高的。可见,审计监督效率无不受审计预期的影响。实践表明,提高审计监督的效率,需要发挥审计预期的积极作用,克服审计预期的消极影响。审计者与被审计者的审计预期直接影响审计监督效率。

第 3 章 审计主体预期论

3.1 审计主体

研究审计预期需要研究审计主体预期。审计主体预期是审计预期的重要表现。研究审计主体预期首先需要认识什么是审计主体。审计主体不仅涉及许多利益方,而且还涉及审计主题。审计主体对审计质量具有重要的影响。

3.1.1 审计主体的含义

通常意义上的审计,是审计主体对审计客体的作用过程。主体(subject)是行为的发出者。审计主体通常是指委托人委托的对象,即审计关系中的审计人,接受审计授权人的授权而成为实施审计的主体。审计主体(audit subject),是指在审计活动中主动实施审计行为,行使审计监督权的审计机构及其审计人员或审计师。本书将之称为审计者。审计主体贯穿着审计信息产生和利用过程的始终,对审计信息质量起着决定作用,是制约审计信息质量的第一因素。

审计主体所指的是谁在进行审计,指的是审计行为即审计、稽核、监督的发出者或执行者。其意思是审计者在从事审计工作、进行审计活动,发挥审计监督的作用,这就是审计的主体。没有审计主体,就不知道是谁在审计,也就没有审计。审计正是审计主体对审计客体进行监督的经济活动。审计者是承接和执行审计业务的审计师和会计师事务所、审计师事务所等。

宫军(2012)认为,审计主体所代表的形象是国家财政安全的守门人,是领导决策和民众的眼睛,是国家经济的卫士,是国家经济运行安全的免疫系统,是国家治理的工具和国家治理系统组成部分。[①]财政安全、公共决策、公共经济、经济运行与国家治理等都需要审计监督。由于审计治理是国家治理的重要手段,审计监督是国家监督体系中的重要监督,所以,离开了审计监督,国家治理就是不完整的。

3.1.2 审计主体的构成

审计主体即专门的审计机构、专职的审计人员与组织者。专门的审计机构是指以审计为专门业务的国家审计机关与部门、单位内部审计机构和社会审计组织等,这是审计主体的群体形态(group form)。这些机构的权力是由法律法规提供保障的。一般的国家机关不具有法律所赋予的审计监督权力,所以,它们只是行政管理机关而不是审计主体。专职的审计人员是指专门从事审计的人员、部门和单位内部审计人员、依法批准的注册会计师和审计师等,这是审计主体的个体形态(individual form)。由此可以看出,审计主体既包括审计机构,又包括专职审计人员。审计机构与审计人员都需要领导,审计的专门领导就是领导审计的管理者或组织者,这是审计主体的中枢神经。

需要注意的是,审计主体与审计市场主体是不同的。本书基本赞成这样的观点,按审计主体不同,审计可分为政府审计、内部审计和社会审计。而政府审计和内部审计关系决定其不能构成审计市场主体(郝玉贵、任中普和杨雪等,2014)。审计市场主体更深一层次,因受托关系,由具有独立审计性质的社会审计之间所形成的审计委托者、审计者和被审计者及其他利益相关者所进行的一种交易行为,构成了一种审计权利与义务的经济责任关系。所以,本书所指的审计主体不是审计市场主体,而是具有审计监督权的审计机构及其审计者。他们根据相关规定执行审计,是审计监督经济活动的发出者。

[①] 宫军.2012.审计文化影响力与审计公信力[J].审计研究,(4):15.

审计机构是有关法律法规规定的专门进行审计监督的机构。它的职责就是进行审计规划,发布审计信息,组织执行审计,发布审计结果公告,提出审计监督建议,协助进行调查处理。审计机构的成立需要得到国家或相关部门的认可。它们都是与权力结合在一起的。审计机构管理和调节审计活动的基本目的,是通过安排任务、确定重点、制定相应的数量和质量标准来达到以最少的审计人、财、物的投入而获得最优的审计绩效①,并使审计在监督经济活动中发挥积极的作用。

审计人员是经专门的资格确认进行审计的审计者。审计都是由审计人员进行的经济监督。审计人员包括国家审计机关中的审计工作者、社会审计工作者和内部审计工作者等。国家审计机关中的审计工作者即是本书所指的审计者,是狭义的审计主体。广义的审计主体包括审计机构(主要是国家审计机关)及审计人员、社会审计工作者和内部审计工作者等。它们共同为审计监督负责。

3.1.3　审计主体涉及的审计主题

审计主体讲的是谁在进行审计,是审计行为的直接发出者。审计主体有政府审计、社会审计、内部审计与军队审计等。需要说明的是,因军队审计涉及军事机密,这里不多涉及。审计主体审计什么呢? 这就是审计所要涉及的审计客体或审计对象了。不过,审计客体或审计对象的范围都较大,更具体来讲,审计是直接作用于审计主题的,如财务收支、预算执行、资产负债损益、经济责任人、政策实施跟踪等。各审计主体有不同的审计主题。这些审计主题可以从财务信息、业务信息、经济行为、经济制度、经济责任人和多主题组合进行分析。多主题的组合,既包括财务、业务方面的审计,又包括经济行为与经济制度方面的审计,还包括经济责任人方面的审计。它与审计客体既有相通的地方,又有不同的表现。见表 3-1。

---

① 绩效通常表示为投入与产出之比。在审计上,通常有绩效审计和审计绩效之分。一般说来,绩效审计与审计绩效是有差异的。前者强调审计除了关注经济活动直接产生的经济效益、社会效益和生态效益外,还关注公共权力的运行状况、政策措施执行的效果情况以及管理制度的合理性情况等。而后者强调审计所表现出来的成效,即人、财、物的投入产出比。

表 3-1　审计主体涉及的审计主题

项　　目		审计主题					
		财务信息	业务信息	经济行为	经济制度	经济责任人	多主题组合
审计主体	政府审计	财务审计	绩效审计	合规审计	制度审计	经济责任审计	综合审计
	社会审计	财务审计	绩效审计	合规审计	制度审计	经济责任审计	综合审计
	内部审计	财务审计	绩效审计	合规审计	制度审计	经济责任审计	综合审计
	军队审计	财务审计	绩效审计	合规审计	制度审计	经济责任审计	综合审计

从表 3-1 可见,审计具有多方面的主体,审计涉及众多的审计主题。每个审计主题都代表一个方面的审计监督活动。财务收支审计是审计主题的基本内容,绩效审计是审计主题的核心,合规审计是审计主题的基本要求。审计通常进行多主题的组合审计。

3.1.4　审计主体对审计质量的影响

审计质量通常受审计主体的影响。不同的审计主体对审计质量的影响是不同的。所谓审计质量(audit quality),就是审计在质上的表现状态。审计监督需要对有关经济活动的真实性、合法合规性、效益性和政策实施与经济责任人履职情况等进行监督。审计主体特别是审计者的知识、经验、职业道德、政策水平、任务和工作态度等都会对审计质量产生影响。高质量的审计与审计者的知识、能力和经验密切相关。那种仅有审计知识、缺少经验的审计者可能会查不出问题或审计不透彻。审计者的职业道德水平高,具有强烈的责任心与事业心,他们会通过耐心细致的工作发现被审计者的问题。同样,政策水平也会影响审计质量。由于经济活动中的政策规定很多,如果审计者对政策掌握或理解不好也会直接影响审计质量的。当然,审计主体所面临的审计任务繁重,查出或发现被审计者的问题需要一个过程。审计者的工作态度好,切实履行自己的职责,依法依规进行严格的审计,这也会提高审计的质量,发挥审计的监督作用。由此可见,受多种因素的影响,审计主体广泛地影响着审计质量。高质量的审计需要重视审计主体的审计问题。审计主体表现出来的独立性和执业能力在审计过程、审计结果报告中发挥着积极的作用和影响。

3.2　审计主体预期概述

讲审计预期,首先就要知道是谁在进行预期。审计预期的主体即审计主体预期。审计主体预期是审计主体对审计客体的预期。它具有主动性、从众效应、复杂性和异质性的特点,受信息、不确定性、风险、经济政策、审计绩效和预期管理等许多因素的影响。

3.2.1　审计主体预期的含义

我们讲预期,要知道是谁在预期。这就提出了预期的主体问题。在本书中,需要研究的预期是审计预期。那么,审计预期的主体是谁呢? 这就是审计主体的预期或者是审计主体预期。所谓审计主体预期(audit subject expectation),是指审计预期的主体在审计中所形成的预期。在审计实践中,审计者在不同的被审计单位查出或发现了类似的违纪违规问题,都依法依规给予严肃的处理处罚,有的能够被审计单位或个人愉快地接受;有的难以被审计单位或经济责任人接受,甚至给予从轻处罚,他们接受起来也非常困难。其中的原因很多,一个重要原因是被审计单位或经济责任人的预期不同。在审计的不同阶段,审计者会形成不同的预期。这些预期对审计目标的实现会产生积极或消极的作用和影响。

审计者在进行审计时未按审计准则进行审计而导致实际发挥的作用未达到审计准则预期的目标。这也可以被称为审计风险。审计者没有发现被审计单位的财务收支存在重大错弊,因而可能得出不恰当的审计结论。审计者在进行审计意见抉择(select or choose)时,会综合考虑可能发生的预期收益和潜在风险。只要他发表失真审计意见的额外净收益(extra net yield)大于真实审计意见的净收益,审计者就有发表失真审计意见的动机。审计者通过日常行为,审计实施过程,审计沟通与交流,他们自觉或不自觉地形成与改变自己的审计预期。

审计者在审计时还受到偏好的影响。审计者偏好(auditor preference),就是指审计者在审计过程中,当某一特定交易或事项存在多种处理方式或方法可供选择时,他们表现出采用其中某一种处理方式或方法的倾向性(tendentiousness)。这种偏好对审计者的预期形成与改变有着深刻的影响。不仅如此,审计者偏好对于被审计者的利益有直接或间接的影响。所以,研究审计主体预期,还需要注意审计者的偏好情况。

研究审计预期与分析财经法纪审计过程中的违法乱纪行为、会计处理中的错误与舞弊行为及其规律和特点,可以使审计者掌握各种预期心理规律变化的特点,将各种消极预期转变为积极预期,可以更有利于审计。审计做出结论和处理决定,使被审计单位和经济责任人遵守财经法规,这是依法审计的刚性影响(rigid effect)。对于审计监督所产生的影响,涉事利益方的预期是不同的。有的是消极被动地反映,有的是积极主动地反映。不同的反映对于审计预期特别是审计主体预期产生不同的影响。

3.2.2 审计主体预期的特点

审计主体预期具有主动性、从众效应、复杂性和异质性等特点。不同特点的审计主体预期都会或多或少地影响审计监督。掌握这些特点,有利于发挥审计主体预期的积极作用,克服其消极影响。

(1) 主动性

审计主体预期具有主动性(intiative)的特点。作为专门的审计机构与专职的审计人员的审计主体,其预期是主动的,因为审计是审计主体对审计客体的监督。审计规划的制定与实施,审计过程与结果的推进,审计结果公告的发布,相关经济活动规则制定的促成等,无不是审计主体主动作用的结果。审计主体预期是一种积极的预期,表现出主动性的特点。他们为了自己的利益主动关注审计,形成或改变自己的预期。审计者对有的判断或估计可能与事实出入较大,这更容易引起被审计者的关注。政府主动关注公众的审计预期是否有利于审计,公众期望哪些审计规则的制定和实施等。公众也会自觉或不自觉地对审计形成自己的看法。不管何方,他们都较为关注审计,只不过他们的关注点不同而已。

(2) 从众效应

审计主体预期具有从众效应(group effect or bandwagon effect)。这

一效应表现在:当个体受到群体的影响时,他们会怀疑甚至改变自己的观点,判断和行为特别是预期等,尽量和他人保持一致,从而出现审计主体预期的从众效应。这就是在审计预期上的随大流。持有与多数人不同预期的预期者,可能会被其他人孤立。在审计过程中,作为由多个参与审计活动的人员组成的群体的审计主体,难免存在预期不同甚至截然相反的时候。此时,如果仅有某一位审计者或者极少数人员的预期与审计团队观点不同,即使是正确的,依然可能被他人左右而改变意见,形成大体一致的预期。结果,审计主体预期趋同或一致。所以,就如同心理具有从众效应一样,审计主体预期也具有从众效应。当审计主体预期由看好向不看好转变时,从众效应影响审计监督作用的发挥。

（3）复杂性

审计主体众多,审计主体预期复杂多样。审计主体预期的复杂性(complexity)是指审计主体的预期不是简单的预期,而是受利益影响的复杂预期(complex expectation)。审计主体涉及审计机关、审计人员及政府相关职能部门责任人,他们各有不同的审计看法。他们在审计中的地位与作用不同,所掌握的审计信息不同(如负面信息与中性信息、正面信息的不同),对信息的利用与加工不同,形成判断与估计的方法不同,因而有不同的审计主体预期。审计者的预期是从职责履行的角度出发进行预期的;被审计者是从是否受到经济责任追究的角度进行预期的;公众是从自身利益的角度出发进行预期的;政府则是从绩效的角度出发进行预期的。审计主体对审计各环节、各方面等的预期复杂多样。

（4）异质性

审计主体预期还具有异质性。异质性本是一个遗传性状可以由多个不同的遗传物质改变所引起的遗传学概念。审计预期的异质性(heterogeneity)是指人们对相同的审计持有不同的预期。审计预期不是凭空产生的,必须信赖审计活动,是审计活动的一种主观反映。从这点来说,审计预期是主观的。作为审计预期主体与核心的审计主体预期,主观性非常明显。他们从自身利益出发,形成与改变对审计的看法。审计主体预期的异质性表现在即使是对同样的预期目标,对于不同的预期者来说,也会有不同的审计预期结果。由于在审计活动中所处的地位与发生的作用的不同,所以,各审计主体的预期差异较大。对于同一时期的同一审计,有的看好,有的不看好。对于审计者来说,他们通常对审计持乐观预期;而对被审计者来说,他们通常对审计持悲观预期。国内外的研究表明,审计主体预期的异质性给审计预期管理带来了不小的困难。受教育、经历、职业、社会地位、政治经济文化环境、立场、观点、方法等的影响,审计主体预期具有明显的异质性特征。

3.2.3 审计主体预期的影响因素

审计主体预期是一种极其重要的预期,直接影响着审计作用的发挥。遗憾的是,到目前为止,审计主体预期还没有普遍受到学术界及实际工作部门特别是审计部门的重视。据调查,它客观存在并有着重要的作用,受多种因素的影响。根据研究的需要和调查总结,审计主体预期为:

$$AS^e = f(i, u, r, p, a, m, o)$$

式中,AS^e 为审计主体预期,i、u、r、p、a、m、o 分别为经济信息、不确定性、风险、经济政策、审计绩效、预期管理和其他因素。

在不考虑其他因素影响的前提下,审计主体预期主要受信息、不确定性、风险、经济政策、审计绩效和预期管理等的影响。其中,信息是影响审计主体预期的前提和基础。没有信息,就没有预期,也就没有审计主体预期。不确定性使得审计主体预期更加不确定。可以确定的是,审计主体预期是不确定的。风险是影响审计主体预期的关键因素。有无风险,风险的大小,风险的危害性等,都会导致审计主体预期产生明显差异。经济政策在很大程度上影响着审计主体预期的形成与变化,可以说,是影响审计主体预期的重要因素。审计绩效是影响审计预期的直接因素。预期管理也会影响审计主体预期。为了更好地进行审计,充分发挥审计在经济监督中的作用,进行审计预期管理是非常必要的。

(1) 信息

信息(information)的掌握与利用首先影响审计主体预期。没有信息,

就没有审计主体预期。现代社会是信息社会,现代经济是信息经济。是
否掌握信息、掌握信息的多少、信息的真实性如何是一个非常重要的问题
(江世银,2010)。信息在包括审计监督的经济活动中具有重要的作用。
拥有信息,意味着预期者可以获得利益。除了一般利益外,拥有完备的信
息或充分的信息可能会获得某种特殊利益。信息不完备或不对称,审计
主体预期会不完全正确。当他们预期良好时,不完备的或不对称的信息
会使审计预期更加良好。当他们的预期不良时,不完备的或不对称的信
息会使审计预期更加不良,甚至可能出现审计主体预期恶化(expectation
deteriorate)。

　　审计信息就是生成于审计活动的信息。广义的审计信息是对审计事项
的各种变化与特征的描述或反映,是经过传递而再现的审计事项的各种变
化与特征状态。狭义的审计信息是指直接生成于审计行为活动过程的信
息。事实上,审计就是一种财务信息的掌握与利用过程。审计以审计证据、
审计判断、审计意见和审计信息等形式表现,可以为利益各方所利用。合规
的审计能够提高信息的可靠性,促进有效的决策,实现利益的最大化。审计
者通过获得财务信息,比对财务会计规则,看看被审计者的财务会计是否有
出入,有多大的出入,由此得出审计结果报告。没有信息的掌握与利用,就
没有客观公正的审计结果。审计结果报告是审计者通过合理的审计程序,
以充分适当的审计证据为依据,向审计结果报告知情者和使用者传达被审
计者相关财务报告真实合法性的重要文件。所以,审计结果报告也是一种
信息掌握与利用的重要工具。

　　(2) 不确定性

　　不确定性(uncertainty)是影响审计预期的重要因素。那些每个结果的发
生概率尚未知道的事件就是不确定性。在信息论奠基人香农(Shannon)看
来,信息就是用来消除随机不确定性的东西。同样,在陈力生(2012)看来,
信息是降低不确定性的重要资源。在任何一瞬间,个人能够创造的那些可
被意识到的可能状态之数量(Frank Knight, 1921)[1],就是信息。与概率事

---

　　[1]　弗兰克・奈特.1921.风险、不确定性与利润[C].台北:台湾银行经济研究室编印.

件没有联系,不确定性是一种没有稳定概率的随机事件(李拉亚,1995,2011)。所谓不确定性(uncertainty),就是指发生结果尚为不知的所有情形,是人们在交易过程中对预期缺少把握而承担的风险。不确定性或由人们缺乏信息,或由缺少处理信息的能力而产生。不确定性带来审计预期的不确定性或出现不确定性的预期。所以,审计主体预期有不同的表现不足为奇。正如前述,我们非常确定的是,未来具有不确定性。审计主体预期也是如此。各预期者的审计预期是不确定的。

(3)风险

审计主体预期看似与风险关系不大,实际上却离不开风险。风险(risk)是指事件变化存在的多种可能性和未来收益的不确定性,而且这些结果事先已经全部预知,只是最后的实际结果不能事先确定,这是由概率中的分布问题决定的。与风险有关的日常英语词汇特别多,如 volatility,fluctuation,deviation,uncertainty,risk,hazard 等。风险是与预期密切相连、不可分割的。有风险,就会产生对风险的估计和判断,即风险预期。通常,风险导致审计主体预期不确定。当审计主体难以把握风险时,审计主体预期就更带有不确定性。

(4)经济政策

审计主体预期还受经济政策的影响。经济政策(economic policy)是为了达到宏观经济政策的目标,为增进经济社会福利而由专门的国家机关制定和实施的干预经济运行与解决经济问题的措施和规则。经济政策有宽松与紧缩之分。当经济政策比较宽松时,审计主体的预期普遍看好。当经济政策收紧时,审计主体的预期普遍不看好。虽然经济政策不是影响审计预期的唯一因素,但不同的经济政策对审计主体预期的影响是不同的。宽松的经济政策有利于各方形成良好的审计预期。过紧的经济政策不利于各方形成良好的审计预期。这就告诉我们,发挥审计主体预期的作用,需要制定和实施恰当的经济政策。经济政策的调整可以改变审计主体预期。

(5)审计绩效

审计绩效(audit achievement or performance)是指对被审计单位或经

济责任人的经济活动所进行审计的经济性、效益性和效果性等。①它包括投入和产出两个方面。审计人力、物力、财力投入得少,成绩大,表明审计绩效显著。其中,审计经济性(economical efficiency)是指在获得一定数量和质量的审计效果时所耗费的审计资源最少、审计成本最低、审计时间最短、审计效果最满意。审计效益性(efficiency)是指审计的投入与产出的比例关系,即以最少的审计人、财、物投入获得最大的审计产出(查出或发现的经济责任人、问题资金最多,审计后对相关制度、规则、流程越完善,所取得的成效最大)。审计效果性(effectiveness)则是指审计者对被审计者达到或实现审计预期目标的程度。审计绩效直接影响人们的审计预期。审计绩效越大,人们对审计绩效的预期越看好。审计绩效越小,人们对审计绩效的预期越差。

(6) 预期管理

预期管理对审计主体预期有较大的影响。所谓预期管理(expectation management),就是专门的机构为达到一定的目的对审计中的预期进行引导与调节。之所以进行调节,就是为了达到有利于审计监督的目的。为了充分发挥审计的监督作用,政府都注重审计预期管理。通常,它会采取经济的、政治的、法律的、心理的等措施进行审计预期干预与调节。当审计预期不利于审计时,政府一般调整经济规章制度,积极运用政治的力量,进行广泛的宣传,借助法律工具和心理预期引导的方法进行预期管理(江世银,2014,2017)。各审计主体在一定程度上会受到其影响,改变原有的预期。

总之,审计主体预期受许多因素的影响。各影响因素的影响力或影响程度又有不同。为了搞好审计工作,需要加强审计预期管理为审计监督服务。审计主体预期管理需要从自身出发,用良好的审计预期进行引导与调节,从而促使其有利于审计的预期占主导地位。见图 3-1。

---

① 审计绩效,在不同的国家有不同的称谓。有的国家称为绩效审计,如瑞典叫效果审计(effectiveness auditing),美国叫绩效审计(perfomanc auditing)。当然,也有的国家叫全面审计(comprehensive auditing)。本书根据研究需要,将之称为审计绩效。

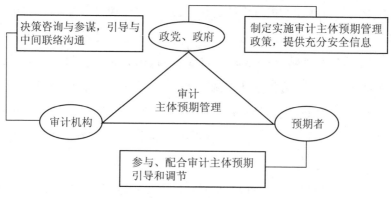

图 3-1   审计主体预期管理

在图 3-1 中,政党或政府利用其管理权力,制定实施审计主体预期管理政策,提供充分安全的信息。审计机构依法进行审计并发布审计结果公告。预期者由此获得审计信息,从而形成自己的审计预期。他们参与、配合审计主体预期引导和调节。

3.3   政府审计预期

政府审计预期是政府审计机关在审计中所形成的预期。它具有自身的特点,对审计具有导向作用。相比于其他审计主体预期,政府审计预期比其他审计预期的影响范围更广、作用更大。良好的政府审计预期有利于政府审计监督。

3.3.1   政 府 审 计

对于政府审计,不同的学者有不同的看法。审计在本质上是一种保障和促进受托经济责任全面有效履行的特殊的经济控制,其本质功能就是通过对经济活动的监控来保证和促进受托经济责任的全面有效履行(蔡春,2001)。政府审计是指国家审计机关对中央和地方政府各部门及其他公共机构财务收支的真实性、合法性和运用公共资源的经济性、效益性、效果性以及提供公共服务的质量进行审计(高文进、卢景佳,2009)。它作为国家政治制度的一部分,是国家治理这个大系统中的一个内生的具有预防、揭示和抵御功能的免疫系统(刘家义,2012)。在审计中,大量的审计主要是政府审计。在整个审计体系中,政府审计起着主导的作用。功能预期观从国家对政府审计的预期功能角度来界定政府审计(郑小荣,2017)。各种功能预期观的差异反映了国家在不同的政治、经济、社会条件下对政府审计功能的期望差异以及对其功能的调整过程。郑小荣还认为,政府审计就是审计机关进行经济监督活动。笔者认为,这样界定是符合实际的,只不过没有界定被监督的对象与范围。

本书认为,所谓政府审计(government audit),是指政府审计机关依法对政府机构与国有企事业单位的有关资金、政策等所组织实施的审计。这一定义指明审计主体、审计客体以及审计依据。它包括财政审计、金融审计、事业单位审计、国有企业审计、固定资产投资审计、外资审计、政府绩效审计和经济责任审计等内容(李冬辉,2017)。事实上,政府审计内容丰富,主要包括财政财务收支审计、财经法纪审计、经济效益审计和政策实施跟踪审计,事前审计、事中审计、事后审计,报送审计、就地审计,全部审计、局部审计和专项审计,委托审计、预告审计、巡回审计等。它是与社会审计、内部审计相对的审计。它是高层次的经济监督,遵循合法性、独立性和强制性原则。政府审计在审计中发挥着主导作用,对于监督财政资金、经济责任人和政策实施具有极其重要的作用。它可以对涉及公共的领域进行纠偏、预防和预警。它客观公正地评价公共责任的实现情况,揭露其中存在的差错、浪费、混乱、玩忽职守和低效或无效等问题,并把这些信息公布于众,使其自觉地接受监督。对于公共资金、公共政策及涉及的相关经济责任人都会被纳入政府审计。政府审计的监督并不只局限于某一单位或某一地区,而是涉及各个行业和地区的经济活动。政府审计是国家治理的重要手段和方法,在国家治理中发挥着重要的监督作用。如果政府审计能够与其他审计达到信息数据的共享、相互协作,那么不仅能提升审计效率与质量,而且能有效地促进社会经济健康发展,改善国家治理。

从本质上来说,政府审计是获得客观有效证据的一个动态变化过程(张庆龙等,2010)。政府审计独立、客观、公正地监督经济活动,密切关注经济问题可能引发的社会不稳定甚至进一步演变为政治问题与社会问题的可能性。它所发布的审计结果公告及提出的对策性建议,能够防范苗头性问题演变成趋势性问题,防范趋势性问题演变为现实,及早预防风险并提前发出警报,为提高政府管理绩效提供科学的依据。一般说来,政府审计主导着全社会的审计,受到利益各方的高度关注。

3.3.2　政府审计预期的含义

政府审计预期(government audit expectation)是政府审计机关在审计中所形成的预期。这些审计预期包括审计前所形成的审计风险预期,审计进行中的审计过程预期以及审计后的审计结果预期。政府审计预期对全社会的预期具有主导或导向的作用,通常会引领其他预期。它具有通过对背离公认准则、违反合法性原则现象的揭露来达到纠偏、预防和预警的作用,防止类似现象的再次出现。一般说来,政府审计过程对审计预期的影响不如政府审计结果预期的影响大。这是因为公众等在审计过程中无法知晓政府审计的结果会如何。不过,长期以来,政府审计结果公开固化并极化了公众关于腐败存在的预期,促使公众坚信腐败无处不在、无时不有。当个体感到可能出现威胁经济安全风险源或风险点时,一传十,十传百,逐步形成群体预期,政府借助审计调查的方式收集经济活动相关的信息,进而整理分析,提前介入监督,防止风险的进一步积聚和扩大。

虽然政府审计预期只是一种心理现象,不具有法律所赋予的权力,但它的扩展、传播能引起有关部门与机构的重视,为减轻在审计过程中发现的某些违规违纪违法行为产生的不良影响,注重预期引导十分重要。人们对政府审计形成的预期表明了这方面的审计受到关注。与其他的主体预期不同,政府审计预期会强化其他审计预期,使之出现更大的影响。管理审计预期,都比较注重政府审计预期对其他预期的引导与调节作用。

3.3.3　政府审计预期的特征

政府审计预期具有自身的特点。政府审计预期比其他审计预期的受关注度更高。由于审计者有时为了自身的利益,主观失职或者未能遵守职业规则,由此必然会给相关利益方带来正常期望与实际情况的差距,审计预期差距由此产生。与其他审计预期相比较,政府审计预期更能引起全社会预期的改变。因为人们更相信政府审计,政府审计预期影响也更大。在没有其他外部因素影响下,人们会自觉或不自觉地模仿政府审计预期。政府审计发挥的作用越大,政府审计预期会越好。相反,政府审计预期会越差。

政府审计预期比其他预期更明确。可能有的审计预期较为模糊,而政府审计预期更具体。它是对涉及政府经济活动的估计与判断。对宏观经济政策措施落实情况进行审计,人们就会形成政府审计的预期。他们期望通过政府审计查出或发现在政策执行中所出现的违反合法、合规性原则的行为,并希望政府采取措施确保各项政策措施落实到位。所以,政府审计预期带有宏观性特征。政府审计从微观层面的具体财务收支活动和内部控制制度的建设到宏观层面的公共经济权力的运行、政策措施的执行,为监督整个经济活动提供基本的依据。

3.3.4　政府审计预期的作用

政府审计预期对审计具有重要的作用。《宪法》《审计法》赋予政府审计和监督的责任,并从法律和监管层面发挥保障作用,具有较高的权威性。因政府审计的权威性,它对审计起着导向性的作用。政府审计预期良好,可以对审计的顺利完成起到事半功倍的作用。相反,它可能会妨碍审计的正常进行。相比于社会审计与内部审计而言,公众更相信政府审计的客观公正性。就政府审计所得出的审计结论与建议而言,公众更容易接受,其形成的预期也更符合客观实际。所以,对政府审计预期进行管理也相对较为容易。

政府审计预期既可能影响审计者、被审计者,还可能影响公众。政府进行审计所形成的报告向社会公开,这不仅使审计过程和结果置于公众监督之下,而且有利于预期者形成正确的预期。因审计报告可以成为公众掌握审计结果的重要媒介,为政府审计预期形成与改变提供官方的信息,反过来有利于更好地审计监督。政府审计预期影响公众的审计预期,公众的审计预期影响政府的公信力与执行力。所以,政府审计预期体现了审计预期大流。

政府审计受到普遍关注,因为它可以发挥监督经济活动的作用。在通常情况下,政府审计资源有限,审计的范围却很广,审计任务繁重。政府审计者的审计意见最终体现了审计质量的高低,也影响着相关利益方的利益。审计就是一种利益格局的调整,使之趋于合理化。所以,政府审计预期自然会产生。政府审计预期既有政府自身的审计预期,也有公众对政府审计的预期。不管是哪种政府审计预期,都会或多或少地影响政府审计的正常进行,从而可能会出现政府审计偏差。过大的政府审计偏差不利于监督作用的发挥。

政府审计是国家治理的重要内容,是依法用权力监督制约权力的制度安排。国家治理就是通过配置和运用国家权力,对国家和社会事务进行控制、管理和提供服务,确保经济安全。它不仅帮助政府实现目标,而且促进提高责任效率。无论是事先预防还是事后督查,都是通过审计维护经济的良性运行与协调发展,推动国家治理体系完善和治理能力现代化。相应地,无论是事前预期还是事中预期与事后预期,都对国家治理方式产生影响。政府审计是国家治理大系统中内生的具有预防、揭示和抵御功能的免疫系统、站岗的经济卫士与常态化的经济体检。因此,政府审计预期在国家治理中所发挥的作用通常被看好。

3.4　社会审计预期

社会审计是一种中介机构所进行的审计。它是一种监督范围非常广泛的审计。人们对社会审计也会产生预期,由此形成社会审计预期。社会审计预期影响着审计监督活动。

3.4.1　社　会　审　计

由于资产所有者可能并不实际经营、管理其资产,而是委托他人从事这样的经营管理,他们为了知道与掌握资产运行情况,于是社会审计就显得必要了。与政府审计相同,学者们对于社会审计的看法也是不同的。本书认为,所谓社会审计(agency audit)也称为民间审计(folk audit or nongovern-ment audit or private audit)、独立审计(independent audit)或注册会计师审计(certified public accountant audit),是一种外部审计,即接受组织所有者委托,对组织财务报表等相关财务信息进行独立审计并按规定出具审计报告的审计。它对信息使用者提供审计报告。社会审计的范围非常广泛,是审计监督全覆盖不可或缺的一项内容。因为独立于委托人和代理人,社会审计独立性强,其审计结果也更可靠,所以,它也就更客观。作为独立的第三方,社会审计无须与代理人存在直接利益关系,尤其是不存在利益冲突,这有利于客观评估被审计经济单位的经营决策、市场状况、财务报表和现金流量,形成客观公正的审计意见并提供实事求是的审计报告。

3.4.2　社会审计预期的含义

社会审计预期(agency audit expectation)是审计监督过程中涉及的有关中介机构对审计所形成的预期。进行社会审计的中介机构包括审计师事务所、会计师事务所等。社会审计预期包括对审计成本的预期、审计收益的预期等内容。提供专业服务的中介机构的成本主要部分是人力资本成本,而人力资本成本又主要表现为员工的薪资水平。在工作量相同的情况下,员工薪资水平越高,审计成本越大。审计成本的加大往往多从审计工作量角度入手,而忽视人力资本增加引起审计收费的增加。此外,预期者还会形成审计时间长短、审计工作量大小、审计工作复杂程度等的诸多预期。社会审计通过提供服务,获得收益。受付出与收益的影响,审计收益预期形成。陆正飞(2022)列示了三项对审计的期望,主要包含发现错误和舞弊、内部控制缺陷、经营管理建议等。所以,社会审计预期主要包括这些方面的期望。

3.4.3　社会审计预期的特征

与其他审计预期不同,社会审计预期表现出了它的特点。社会审计预期既包括从事审计的审计师事务所、会计师事务所及其员工,又包括被审计的单位与个人,还包括公众对其形成的预期。它是一种既不同于政府审计预期又不同于内部审计预期的审计预期。

（1）复杂多样

社会审计预期复杂多样。由于社会审计的对象复杂多样，获得信息的方式各异，各方利益诉求差别大，所表现出的预期也千差万别。一些被审计单位及经济责任人受利益驱动的影响，与审计者合谋，获得审计者出具的虚假审计意见，误导了审计预期。一旦形成某种社会审计预期，它就会产生影响。社会审计预期的复杂性还表现在管理审计预期较为困难，这是因为对象的复杂性难有相同的预期。所以，社会审计预期比政府审计预期、内部审计预期复杂得多。

（2）影响范围有限

社会审计预期对全社会的预期不起决定性作用。由于它既不涉及广泛的公众，又没有政府的权威性，所以，社会审计预期的影响范围小，很少受到全社会的普遍关注。关注社会审计的预期者通常是审计者与被审计者。他们从各自的利益出发形成预期。审计者以预期收益最大化为主，被审计者以预期成本最小化为主。所形成及持有的社会预期都存在一定的局限性。一些中介审计机构模仿政府审计，不从审计的实际需求出发，从而导致审计的不良预期。

（3）更关心审计的成本与收益

中介机构进行审计，面对激烈的竞争，需要打开市场，不断满足被审计单位与经济责任人的需要。这种社会审计预期与审计市场行情密切相关。它更关心进行一项审计花费多少成本，能够获得多少由审计所带来的预期收益。中介机构审计预期都不如政府审计预期与公众的审计预期影响那么大，持续时间那么久。只要能够满足它获益的需要，这种预期在一般情况下都是较好的。当其利益受到影响时，中介机构会努力满足被审计者的需要。因利益驱动，难免双方共谋（collude），提供虚假信息，干扰预期的形成与变化。

3.4.4　社会审计预期的作用

社会审计预期是审计预期的重要组成部分，而且也是不可或缺的部分，所以，它也会影响审计监督的效率。社会审计预期在审计监督中发挥着重

要的作用。有很多审计预期问题最初就是由社会审计问题引发,继而导致
预期不良而出现的。社会审计预期不如政府审计预期那样容易引导与调
节,但一旦利用好了社会审计预期,它可能为审计监督发挥更好的作用提供
助力。经营较为成功、信息真实的被审计单位及经济责任人,期望及早传递
其利好消息,为了更好地达到经营管理的目的,往往自觉自愿地披露审计信
息。预期者由此形成利好的预期,对被审计单位的预期引导更有利。不良
的社会审计预期干扰审计的正常进行,降低审计监督的效率。良好的社会
审计预期有利于审计的顺利开展,能够为经济监督发挥积极的作用,减少审
计预期的消极影响。

3.4.5　社会审计预期的案例

社会审计在审计者与被审计者之间需要进行良好的沟通,注重预期引
导与调节。审计预期管理成功,可以达到事半功倍的效果。

审计沟通与预期管理案例背景

李鑫是联创会计师事务所的审计人员,他带领六名审计助理人员正对
数字移云股份有限公司进行审计。在审计完成阶段,李鑫作为该审计小组
的项目经理,汇总了外勤工作中所有的审计工作底稿,需要形成审计结果报
告。在形成了审计差异汇总表和试算平稳表等审计工作底稿后,按照审计
准则的规定,他需要就有关会计报表的分歧、重大审计调整事项、会计信息
披露中存在的可能导致修改审计报告的重大问题,与数字移云股份有限公
司管理层进行沟通。根据未调整审计差异汇总表和重要性水平的比较,李
鑫带领的审计项目组拟出具保留意见的审计报告。当把审计意见的类型及
审计报告的措辞再次与数字移云股份有限公司商讨和沟通时,数字移云股
份有限公司不同意出具保留意见的审计报告,并通知审计项目组,说若不改
审计意见,则会变更会计师事务所,李鑫带领的审计项目组迫于压力出具了
无保留意见的审计报告。[①]显然,受利益驱动的影响,该项目组与该公司串

---

① 　选自李俊林,徐静.2020.审计案例解析与训练[M].北京:电子工业出版社,第 167 页中的
第 20 章审计沟通案例。

谋或勾结(collude),从而使信息使用者的利益受到影响。

　　李俊林和徐静(2020)认为,根据现行审计准则的规定,迫于被审计单位威胁变更会计师事务所的数字移云股份有限公司,要求随意更改审计意见,显然是不正确的。这需要与被审计单位涉及员工与管理者进行沟通。基本的原则是完成阶段的沟通仅仅是向管理当局告知和解释审计意见的类型及审计报告的措辞,并非商讨。在完成阶段,为了保证执业质量和职业声誉,即使面对来自外部的威胁,也应坚持自己的立场。否则,其独立性和客观公正性就会受到公众的质疑。除了沟通,这个案例还表明需要进行全程的审计预期引导与调节。在审计进行前,审计者声明自己是按现行审计规定审计,引导被审计单位形成正确的预期。在审计过程中,对于查出或发现的审计问题,注重良好的沟通,让被审计单位有一个恰当的预期,为缩小审计预期差距打下基础。在审计即将结束时,调节被审计单位的过高的预期,使之基本符合实际。当出具审计报告时,坚持自己的审计立场,引导被审计单位和经济责任人与审计者的预期及看法尽量接近,客观公正地形成审计意见。当被审计单位或经济责任人要求更改审计意见时,必须找出审计准则规定以及充分的依据。否则,审计者引导被审计单位或经济责任人接受事实与调整预期。审计的全过程都需要注意预期的引导与调节。

3.5　内部审计预期

　　内部审计是一种旨在增加组织价值和改善组织运营状况的独立的客观的确认与咨询活动。它是审计的重要组成部分。人们对内部审计也会产生预期,由此形成内部审计预期。虽然内部审计预期对全社会的审计预期影响有限,但对内部审计却产生着重要的影响。

3.5.1　内　部　审　计

　　所有者为了更好地获得市场而发展,通常在内部建立内审部门,并委托内审人员对经营管理、内部控制和风险等进行监督,实施内部审计。内部审计是指由本部门和本单位专职的审计机构或人员所实施的审计(崔君平和徐振华,2020),意指部门或单位内部独立的审计机构或审计者对本部门或本单位进行的审计,是经济单位的一个重要机构。本书认为,所谓内部审计(internal audit),是指在一个组织内部所建立的一种独立的评价活动并对该组织的活动进行审查和评价的审计。它最初是顺应国家审计需求而成立的,作为国家审计在单位内部的职能延伸。进行内部审计的目的是更好地进行生产经营,提高其经济社会效益。内部审计是经济单位的重要监督手段。内部审计不仅是相对于外部审计而言的一种审计活动,而且是一种监督治理机制。加强内部审计,可以让经济单位内部自觉地遵守财务规定和履行相关职责,有利于提高经济社会效益。所以,内部审计对于经济单位的治理具有重要的作用。

内部审计通常被看作是现代治理机制的支柱。内部审计监督主要是对经济单位财务监督和经营管理监督,通过对会计信息记录的真实性和准确性以及政策法规执行情况等内容的监督,及时纠错防弊,提高经营管理水平。内部审计作为经济单位的免疫系统,对控制生产经营过程中所面临的财务风险、市场风险和法律风险等内外部风险有着重要作用。内部审计不仅可以起到事后监督的作用,还可以起到事前提醒和建议、咨询的作用。内部审计重点关注经济单位内部的核心风险以及风险的演进,由此提高内部审计的监督效率。内部审计能对整个组织进行全面、系统把握并及时解决所出现的问题,切实维护组织利益。如果没有内部审计,仅靠外部审计监督和经济单位的监督是不健全的。外部审计与内部审计都是经济活动监督不可缺少的重要手段。其目的是监督和评价内部经济单位所属单位财政收支、财务收支及经济活动的真实性、合法性和效益性,管理的有效性等。

3.5.2　内部审计预期的含义

内部审计也会形成预期,即内部审计预期。所谓内部审计预期(internal audit expectation),是指预期者对内部审计的判断和估计。这些预期者包括被审计的机构与人员,内部审计机构与人员,所属员工与经营管理者。他们预期的对象是被审计的资金、财务、经济社会效益、经济责任人有没有问题,有多大的问题,如何整改这些问题等。它会影响到经济单位的经济活动。内部审计质量的衡量不再仅专注于外部审计者视角,而是更注重治理结构中其他利益相关者的预期。我国《内部审计质量评估办法》(2014)提到,在评价内部审计质量时应关注利益相关者预期。这说明了注重内部审计预期的重要性。

与社会审计预期相同,内部审计预期也是审计预期的重要组成部分。内部审计预期的影响范围较小,对全社会预期的影响较小。这种预期容易被引导与调节,为所属单位生产经营服务。当经济单位的问题严重时,涉及的主体会形成不良的预期。他们容易意识到加强内部审计的重要性。有时,不良的预期会慢慢地扩散,在行业或地区中逐步传播,演变为全社会的预期。

3.5.3 内部审计预期的特点

经济单位在遵循国家财务规定的基础上还需要遵守单位内部的财务规定。内部审计就是要监督单位内部机构及其经济责任人在这方面的经济活动情况。因内部审计所带来的内部审计预期具有自身的特点,表现为影响范围有限,一般不复杂,管理容易。

(1)局限性

内部审计预期的影响范围有限。所谓内部审计预期的局限性,就是它的影响范围、程度、大小等有一定的局限。形成内部审计预期的预期者数量有限,除了经济单位内部外,只有那些与此利益密切相关者才会有预期。它通常在所在经济单位具有较大的影响,至多是对所在行业、地区有一定的影响,而对全社会预期的影响非常有限。所以,内部审计预期是一定范围内的、具有较大局限性的预期。

(2)简单性

内部审计预期的局限性导致了它的简单性,即是说内部审计预期较为简单。它不像其他社会审计预期那么复杂,其作用时间相对较短,影响也极其有限。据有关调查,内部审计预期一般持续的时间为 1 个季度到半年,很少有持续一年及一年以上的。那种长期存在的内部审计预期只在非常有限的范围存在并产生影响。随着审计的结束及结果的公告,人们的预期就改变或消失了,只有那些可能出现重大损失或风险的审计发现所带来的预期才会持续一段时间。随着损失或风险的消失,这样的内部审计预期也会逐步消失。内部审计涉及的事项、人员等都相对比较简单,相应地,内部审计预期也就比较简单。

（3）易变性

与社会审计预期复杂多样不同,内部审计预期容易管理。经济单位进行引导,内部审计预期很容易向着所引导的方向变化。不仅如此,内部审计预期也很容易协调,让不同的预期趋于一致。内部审计预期是易变的。只要采取恰当的管理措施,内部审计预期很容易向着有利于内部审计监督方向改变。所以,内部审计预期具有易变性的特点。

3.5.4　内部审计预期的作用

内部审计预期也存在差距,对审计也具有重要的作用。王海兵和黄群家（2019）从内部审计机构、内部审计人员、内部审计准则、内部审计方法、内部审计沟通方面分析了内部审计期望差距的原因与解决对策。由于受审计规则、方法与沟通的影响,审计者与被审计者也存在不同的看法与期望。

内部审计既可以达到自我控制,又可以达到自我促进的目的。人们会形成如何更好地管理好生产、经营的预期,如哪些制度、体制、机制需要打破,哪些制度、体制、机制需要建立健全,人们都有他们的看法。内部审计需要经历选择被审计者、制定审计计划、内部控制审查、审计发现或审计建议、出具审计报告和后继审计及评价等过程。在此过程中,预期者都有不同的预期表现并影响内部审计。例如,它影响审计的广度与深度,影响内部控制与经营管理的替换。

由于内部审计是为加强内部经济管理和经济效益监督服务的（崔君平和徐振华,2020）,与此相关的内部审计预期普遍存在并产生影响。内部审计预期一经形成,就会影响经营管理者的经济活动与审计监督行为。尽管它的影响范围、程度、大小等有一定的局限,但它仍会产生或多或少的影响。如果内部审计预期的作用发挥得好,它将非常有利于被审计单位的经营管理。内部审计预期的作用表明,及时的沟通有利于获取最新、最有益的信息,有助于提高内部审计沟通效果。内部审计有助于对损失浪费严重、贪污挪用、骗取私分等行为进行约束和监督。内部审计监督得越好,越有利于良好的审计预期的形成。内部审计预期从自身利益出发影响内部审计。

3.6　审计主体预期差异

因审计主体的不同,审计主体预期对审计对象、审计目标、监督性质与方式、审计独立性、费用来源与遵循准则的不同而表现出不同的状况。各种不同的审计主体预期的差异不同。管理审计预期,需要根据不同的审计主体预期差异采取不同的措施管理,才能更好地达到审计监督的目的。

3.6.1　审计主体差异

不管政府审计还是社会审计、内部审计,都是服务于经济监督的。它们既相互联系,又各自独立、各司其职,各自发挥不同的作用,不存在主导和从属的关系。它们共同为审计监督贡献力量。从审计主体预期角度来看,政府审计预期、社会审计预期与内部审计预期各有差异,这与它们形成预期的审计对象、目标、监督性质、方式、独立性、费用来源和准则等密切相关。由于受许多因素的影响,政府审计可信度更高,社会审计持怀疑者更多,内部审计受单位目标而定。见表3-2。

不同的审计主体的审计对象不同,要达到的目标也不同,监督的性质和监督的方式各异,其独立性、费用来源不同,所应遵循的审计准则也不同。它们在不同的经济领域共同监督经济活动。

表 3-2　审计主体差异

种类	审计主体	审计对象	审计目标	监督性质	监督方式	独立性	费用来源	遵循准则
政府审计	国家审计机关	政府及其部门的财政收支、资金收支、政策实施	财政、财务收支的真实、合法和效益	行政性监督	强制执行	单向	预算支付	《审计法》及国家审计准则
社会审计	单位内设审计机构	本单位的财务收支及经营管理活动	内部经营管理、内部控制的适当性、合法性和有效性	内部监督	自行安排	相对	无偿	内部审计准则
内部审计	注册会计师	所有营利性与非营利性企业	依法涉及的财务报表的合法性、公允性	民间监督	受托	双向	被审计对象	《注册会计师法》及其他审计准则

资料来源：根据现有审计规则整理而得。

3.6.2　审计主体预期差异

正是审计主体的审计对象、目标、监督性质、方式、独立性、费用来源和准则等的差异，以及信息、预期方法、目的的不同，不同的审计主体预期存在着很大的差异。这种差异会对审计产生不同的作用和影响。有时，这种差异直接影响着审计监督的方式和监督效率的高低。见表 3-3。

表 3-3　审计主体预期差异表现

种类	审计预期好坏	审计预期差异性	审计预期的确定性	审计预期影响	监督绩效预期	独立性预期	费用来源预期	遵循准则预期
政府审计	可信度高，预期看好	审计预期有差异	审计力度大时，预期普遍看好	预期易受管理影响	绩效预期好	预期较好	预算支付有保证	预期好
社会审计	受周围环境及经营管理影响，预期极不确定	审计者预期由绩效而定，被审计者预期由行情而定	预期由双方的供求而定	预期易受利益影响	绩效预期一般	预期不确定	预期双方而定	预期一般
内部审计	受利益影响大，预期不确定性	审计者与被审计者预期不完全一致	预期比较趋于一致	预期易受内部干预影响	绩效预期视情况而定	预期不明确	预期较为确定	预期较好

在表 3-3 中，不同的审计主体对审计预期好坏、审计预期差异性、审计

预期的确定性、审计预期影响、监督绩效预期、独立性预期、费用来源预期与遵循准则预期差异较大。对同一预期对象,完全相同的审计预期很少见。

可见,审计主体预期呈现出不同的差异,它们对审计产生不同的影响。研究审计主体预期差异,有助于做好预期引导与调节,为各不相同的审计提供宽松的心理条件,让审计更好地服务于经济监督,为经济治理和国家治理贡献力量。

3.7　总　　结

预期被认为是人们的主观心理活动,因此,人们对审计预期具有主观随意性。特别是审计主体预期的主观随意性表现得更加明显。审计者在行使审计职权时的公正性是形成良好的审计预期的关键。根据审计主体的不同,审计主体预期主要是政府审计预期、社会审计预期和内部审计预期等,表现出审计预期好坏、差异性、确定性、影响、监督绩效、独立性、费用来源、遵循准则等差异。审计主体预期有其自身的特点,它们各有影响范围大小、程度深浅的不同。审计预期差异性等带来了审计主体预期差异。随着预期影响的扩大,审计主体预期在审计中发挥着越来越大的作用。如果政府审计、社会审计与内部审计彼此之间能够达到信息数据的共享,相互协作,那么不仅能提升审计监督效率,而且能有效地进行审计预期管理,提高经济监督与国家治理水平。

第4章 审计客体预期论

4.1 审 计 客 体

审计客体是审计主体作用的客观对象。作为被审计对象的审计客体具有宽广的范围,对审计质量具有重要的影响。现代审计表明,人们对审计客体的预期直接影响着审计的开展。事实上,实现审计全覆盖,就是对审计客体的全覆盖,是对审计客体的拓展。

4.1.1 审计客体的含义

有审计主体,就有审计客体。客体(object)是行为的承受者。审计主体观察和思考的对象,参与审计活动关系并享有审计权力和承担审计义务的主体所作用的对象就是审计客体。简单来说,审计客体就是被审计的对象,是审计行为的接受者,即被审计的资产代管或经营者,为审计第二关系人,是对被审计单位和经济责任人在审计的范围所做的概括。在中国,除了社会审计和内部审计外,审计客体即被审计单位和被审计的经济责任人,包括广泛的对象,如国务院各部门、地方各级政府及其所属部门、财政金融机构、企业事业和社会团体组织、接受审计者审计的经济责任承担者和履行者以及政策实施跟踪等。被审计单位是指所有作为会计单位的中央与地方的各级财政部门、中央银行和国有金融机构、行政机关、国有企业与事业单位、人民团体等社会组织。被审计的经济责任人主要是涉及经济活动的经济责任人。凡是涉及它们的经济活动都要被纳入审计对象的范围之中。审计对象的内容是上述部门的财政预算、信贷、财务收支与决算以及与财政财务活动有关的经济活动和经济效益。这些都是审计的客体。没有审计客体,审计就失去了对象,我们就不清楚对谁进行审计即审计什么。或者说,没有审计客体,就没有审计。所以,审计主体和审计客体是矛盾的两个方面,共同存在于一个审计系统之中。

审计客体与审计对象密切相关。审计对象是以各种资料、数据和信息等所反映的被审计者在一定时期内的全部或部分经济活动。审计是对受托经济责任履行结果进行独立的经济监督。没有审计客体,就没有审计,就没有审计客体预期。审计主体对审计客体的审计以审计客体的存在为前提。

4.1.2 审计客体的构成与范围

审计客体(audit object)即被审计的客观对象,既包括客观事物,又包括人;既包括接受审计的单位、个人,又包括财务收支活动及其经济效益等审计内容。也就是说,审计既审计事又审计人。审计的客观事物包括资金、资产、财务和政策实施等,审计的人主要指涉及经济活动的相关经济责任人。经济责任人审计或离任审计就是对人的审计。所以,审计客体具有广泛的内涵与外延。不同的经济环境与条件下的审计客体的对象、范围、侧重点和审计程度都是不同的。审计主体对审计客体进行的判断与评价,就是对被审计事项的是非曲直做出实事求是的判断与评价。所以,审计客体就是审计主体作用的对象。审计客体包括一系列被审计对象,是各对象的函数。其中,核心对象为资金,其他对象都是直接或间接地围绕资金而进行的审计客体。其函数关系为:

$$AO=f(fu, as, fi, po, re, ot)$$

式中,AO 为审计客体,fu,as,fi,po,re 和 ot 分别为资金、资产、财务、政策实施、经济责任人和其他审计对象。

审计客体是审计者提供审计服务的对象。广义的审计客体还包括主要的审计业绩所涉及的内容。审计业绩既包括为审计服务的种类、服务对象的范围和服务数量的多少,又包括审计过程质量与审计结果质量。公众对审计业绩有过高的期望或预期。它是一种主观的愿望,是不完全合理的预期。随着经济活动监督的需要与审计的全覆盖,审计客体的范围在不断地扩大。凡是涉及经济活动都需要纳入审计监督。出于客观环境的需要,同时也是出于审计生存发展的需要,审计也需要不断地拓展新的领域。

4.1.3　审计客体对审计质量的影响

审计客体对审计质量有不同的影响。审计客体中的被审计项目数量、被审计者的认知、被审计单位的内部控制、业务性质和财务状况等多种因素都会影响审计的质量。当审计者面临的被审计项目数量多、时间紧、任务重时,就可能会出现审计不彻底或审计效果不明显的问题。有限的审计资源使得审计机构只有先解决真实性问题,查处各种弄虚作假行为,纠正信息失真问题,才能有高质量的审计。此外,所审计的结果只是近似地反映了被审计者的状况。首先,如果被审计者的认知较好,积极配合审计,做到应审尽审,适时做到延伸审计,那么其所审计的结果理想,审计质量高。其次,被审计单位的内部控制、业务性质与财务状况都影响审计的质量与监督效率。内部控制健全的单位管理规范,审计的任务相对轻松一些,违反规定的行为或活动容易被查出或发现。特别是面对财务管理规范的被审计单位,审计不仅更容易发现问题,而且更容易查深、查透和查彻底,审计质量也高。总之,审计客体通过作用于审计主体,会直接影响审计主体的独立性和执业能力,进而影响审计质量。审计客体情况的差异会对审计质量产生不同范围和不同程度的影响。

4.2　审计客体预期概述

相对于审计主体预期而言,审计客体预期是人们对被审计对象所形成的预期,包括审计的资金与政策,审计的事与人,审计的过程与结果的预期等。审计客体预期是审计预期的重要组成部分,在审计中发挥着重要的作用。研究审计客体预期,有助于深入认识审计预期,可以更好地发挥审计预期对审计监督经济活动的作用。

4.2.1　审计客体预期的定义

审计客体预期（audit object expectation），是指人们对被审计的对象，即审计客体所形成的预期。在审计客体中存在着大量的信息，影响着审计的正常进行。审计监督的过程是经济信息不断发现与利用的过程。一般说来，审计主体具有利己性。凡是对其有利的审计，它就会形成趋同的预期。在审计客体中的经济责任人，也具有利己性。特别是当审计主体对审计客体进行审计监督时，审计客体有可能提供虚假的审计信息，以一种消极的态度对待审计，甚至为了避免查出或发现问题而采取掩盖犯罪事实、消灭违规证据和痕迹等消极行为，由此干扰审计的客观公正性。由于审计客体对审计主体的不支持或不配合，本身提供给审计主体的原始审计信息就是不全面的，甚至是虚假的，这就给审计主体搜集审计证据带来了麻烦，人为地增加了正确的审计信息获取的成本和风险性，从而形成不良的预期。

审计客体本身就是审计原始信息的生产机构，而审计原始信息是审计信息的基础。只有真实可靠的审计原始信息通过审计者的归纳、整理、综合、分析与比对等，才能为形成正确的审计报告提供前提和基础。由于审计原始信息是审计客体各个子系统的相互协作、有效配合的结果，各个子系统是否合理配置、协调机制是否健全，都将影响和制约审计原始信息的质量，从而进一步影响审计预期的好坏。

4.2.2　审计客体预期的分类

审计客体预期也是一种复杂的预期。我们可以从不同的视角进行分类，既包括资金与政策又包括对事与人，还包括对过程与结果的审计预期。各种不同的审计客体预期表现出不同的特点，产生不同的影响。

（1）对资金与政策的审计预期

凡是审计，都离不开对资金往来的关注，所以，审计通常都是对资金的审计。这是审计的核心。对资金的审计主要是对预算执行情况、财务收支情况、资产、负债、损益情况等的监督。作为经济活动核心的资金审计，是首要的审计客体。其资金审计预期就是主要的审计客体预期。对政策的审计是现代市场经济下的利益监督的重要内容。政策实施涉及各方利益,需要审计监督。作为经济活动主导的政策审计,是重要的审计客体。其政策审计预期也就是重要的审计客体预期。预期者对资金与政策的审计预期是审计客体预期的核心。

（2）对事与人的审计预期

审计客体有资金、政策与经济责任人的区别。所以,审计客体预期有审计者、被审计者、公众与政府分别对资金、政策、经济责任人的预期,有经济责任人对资金、政策的预期,也有对自身的预期。对资金、政策的预期是人们对物的预期,对经济责任人的预期则是对人的预期。经济责任人对资金、政策的预期是人对物的预期,也有人对人自身的预期即经济责任人对自己经济活动的预期。预期者对资金的预期是有没有违规违纪违法行为的看法,对政策的预期是是否在经济活动中不折不扣地执行了政策的看法。

审计客体预期既包括对被审计的事的预期,也包括对被审计的人的预期。前者主要是指政府机关、企事业单位、社会团体组织对所审计的事的预期,后者主要是指经济责任人的预期。经济责任人是被审计的对象,作为预期者,有经济责任人自己的审计预期;作为被审计对象,有其他预期者对经济责任人的审计预期。经济责任人自己的审计预期就是对审计的预期,预期会被查出或发现什么问题、问题的严重程度以及会受到的处罚,与一般预期没有区别。作为被审计对象的其他预期者的审计预期就是他们预期审计会查出或发现什么问题、问题的严重程度及会受到的处罚。对事与人的审计预期是两种重要的审计客体预期。

（3）对过程与结果的审计预期

审计客体预期既包括过程的审计预期又包括结果的审计预期。对有些资金的审计,全程监督其按财经法纪使用。政策实施跟踪审计就是对过程的审计。经济责任人审计就是对到期离任的经济责任人的结果审计。这种结果审计向社会展示经济责任人的履职情况。它可以作为评优、奖惩、提职等考核的依据。这种过程与结果的审计会带来被审计者与其他的审计预期。对过程与结果的审计预期是贯穿于整个审计过程的审计客体预期。

4.2.3　审计客体预期的特点

审计客体预期同审计主体预期一样,也有自己的特点。不良预期与良好预期同在,消极预期与积极预期并存,这就是审计客体预期的特点。

（1）不良预期与良好预期同在

审计客体预期在审计客体中普遍存在。对人来说,对审计机关即将进行的审计,良好的预期与不良的预期并存,既有些期待又有些畏惧和不安,往往表现在审计没有查出问题时,就松一口气。这时实现了他们的良好的预期。当审计查到问题时,被审计者企图狡辩,甚至试图隐瞒违纪问题,还希望通过疏通关系使审计者手下留情。这时证实了他们的不良预期的正确性。是良好的审计客体预期还是不良的审计客体预期,我们需要进行具体的分析。

（2）消极预期与积极预期并存

消极预期多发生在没有或出现轻微违法乱纪现象的被审计者。所以,有的认为,审计者不过是走过场,于是被审计者表现得清高、傲慢或者根本不予重视;有的认为,审计部门是专门来挑刺、找毛病的,被审计者不仅不愿主动配合审计反而做出公开对抗;还有的认为,因自身并不存在能够引起审计者重点审计的问题,审计自己并不可怕。积极预期多发生在审计中几乎没有出现或查出问题的被审计者身上。被审计者日渐意识到审计所带来的积极影响,已经开始由以前的被动审计向主动要求审计转变,并在审计中积极与审计者探讨相关问题,寻求进一步整改。审计客体预期表现出消极预期与积极预期并存的特点。

审计客体预期也是一种极其重要的预期,直接影响着审计监督作用与效果的发挥。与审计主体预期一样,目前为止,审计客体预期还没有受到学术界及实际工作部门特别是审计部门的普遍重视。据调查,它客观存在并有着重要的作用,受多种因素的影响。

4.2.4　审计客体预期的作用

没有审计客体预期,审计预期是不完善的。审计客体预期在审计中发挥着重要的作用。审计客体预期干扰审计的正常进行。有无审计客体预期的影响对审计效果是有很大差别的。特别是经济责任人的审计预期直接影响着审计。如果他们的预期好，积极配合审计，审计可能会取得良好的效果。否则，他们千方百计干扰审计、阻挠审计、对抗审计，审计效果可能会大打折扣。

4.3　资金审计预期

资金审计预期是人们对资金审计所形成的看法。资金流向、流量是否合规，资金使用有无效益，资金规模是扩大还是缩小，这是利益涉及方可能形成的看法。资金审计预期会影响资金审计过程和结果。恰当的资金审计预期有利于资金审计监督，使资金得到合理运用。

4.3.1　资　金　审　计

资金(fund)是一种以货币表现用来进行周转，满足创造社会财富需要的价值。它既包括经营工商业的本钱又包括国家用于发展经济的物资价值或货币。资金是国民经济中财产物资的货币表现，是唯一能够直接转化为其他任何类型资产的资产，是垫支于社会再生产过程，用于创造新价值并增加剩余价值的媒介价值。不仅如此，资金是交易的媒介物，是清偿各种债务的手段。具有最强流动性的资金对于任何经济活动都是必不可少的，是经济活动的核心。没有资金，就没有现代经济活动。它是各方利益的直接体现。资金特别是公共资金备受全社会的关注。近年来，公共资金运用到哪里，审计监督就跟进到哪里。

资金审计(fund audit)是指对被审计单位的现金、银行存款和其他货币资金收付业务及其结存情况的真实性、准确性和合法性所进行的审计。它是一种最普遍、最基本的审计客体。资金审计对于评审资金内部控制制度的健全性和有效性，审查资金结存数额的真实性和资金收付的合法性，对于保护资金的安全完整、维护财经法纪和各项规章制度，如实地反映被审计单位的即期清偿能力等,都具有十分重要的意义。离开资金的审计,是不完整的审计。资金审计是审计的基本内容。从某种意义上来说,资金审计是审计的核心。其他审计都直接或间接地与资金审计相关。

从1983年审计署成立以来,审计查出或发现的问题资金规模越来越大。到2021年,审计查出累计问题资金187.3万亿元,审计后所累计的整改金额20.6万亿元,审计发现的累计侵害公众利益资金7 249.7亿元。见图4-1。

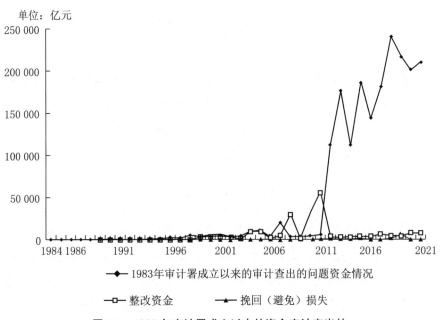

图4-1 1983年审计署成立以来的资金审计查出的
问题资金、整改金额和侵害公众利益情况

从1983年审计署成立以来,审计监督不断加大对违规资金的整改和责任追究力度。到2021年,审计后累计的处理处罚资金21.0万亿元,审计后的累计整改落实资金20.3万亿元,由审计所挽回(避免)的累计损失资金1.9万亿元。见图4-2。

从1983年审计署成立以后,国家就开始了以资金为主的各项审计。资金中的舞弊行为受到越来越多的限制,资金审计很好地监督了资金的流动。它在严肃财经纪律、提高预算执行、严格财务收支、促进资产质量提高、风险防范和经济治理等方面发挥了极其重要的作用。总之,资金审计取得了巨

单位：亿元

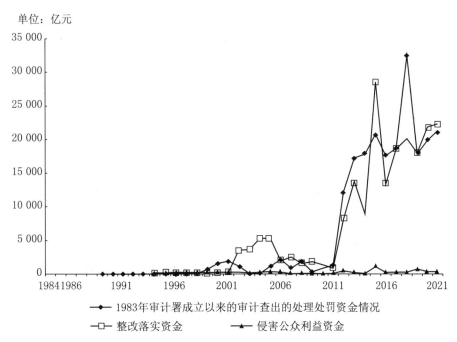

图 4-2　1983 年审计署成立以来的资金审计处理处罚、整改落实和挽回(避免)损失情况

大的成绩。

4.3.2　资金审计预期的含义

资金是经济活动的核心(资产或财务都直接或间接地表现为资金)。资金的流向与流量备受各利益方的关注。资金审计预期(fund audit expectation)，是指资金拥有者或使用者所涉及的资金在进行审计时所产生的审计预期。这些审计预期涉及资金的流向、资金的流量是否符合有关会计、审计及其他财经法律法规和规定。传统的审计主要是进行账本式资金审计。这种审计是与当时的经济不发达、经济活动简单、审计监督作用不显著相适应的审计。现代经济下的资金流动频繁,形成了高速流转的资金流。在这个过程中,资金流动难免偏离方向和轨道。不应该获得资金的得到了资金,应该获得资金的难以获得资金。为了保证资金的有序流动,审计监督显得非常必要。

作为经济活动核心的资金直接涉及各方利益,人们最容易对其运动进行预期。他们不仅预期资金的流向与流量,而且预期自己能获得或支配的资金量。只要是理性的经济人,尽管他们会打着其他旗号,但他们几乎无一例外地都会关注资金。不仅如此,其他社会人及普通公众也都会关注资金。他们都会有自己的看法。所以,研究资金审计预期是很有必要的。

传统的审计更多的是进行资金审计,主要是查账本式的审计。这种审计包括财务收支、预算执行、资产、负债、损益等审计或审计调查。资金审计预期就是对这些对象审计的预期。预期者预期的是有没有资金违规,有多少资金违规,资金违规的严重程度,资金违规者将会受到的处罚等。现代的资金审计更多的是进行资金大数据审计。为了掌握资金规模、效益、流向、流量等,将涉及的资金数据信息放在一起,分析其偏离度、大额资金去向等资金异常情况,从而查出或发现资金问题或问题资金。资金审计能否达到预期的目的,资金审计产生什么样的效益等,都可能引起人们形成资金审计预期。

4.3.3　资金审计预期的影响

由资金审计所形成的资金审计预期,对审计有重要的影响。良好的资金审计预期有利于发挥审计对资金使用的监督。资金审计预期不良,导致资金审计失之偏颇,难以发挥对资金使用的监督作用。不管是什么类型的资金使用,特别是公共资金的使用,都需要人们对资金审计有良好的预期。理性的经济人都会关心资金的流向、流量,形成各自的看法。有时,我们可以从资金审计预期状况与问题看出资金运动情况。充分发挥资金审计预期的积极作用,克服其消极影响,从而更好地发挥审计对资金运动的监督,不断提高资金的使用效率。

4.4　政策审计预期

政策审计是审计向纵深发展的结果。政策的制定和实施影响到人们的切身利益,受到全社会的普遍关注,特别是公共管理政策备受关注。正是如此,人们常常有政策审计预期,用此保护自己的利益。政策审计预期包括审计主体的政策审计预期和审计客体的政策审计预期。

4.4.1　政　策　审　计

政策(policy)是对有关经济社会活动的规定的总和。政策涉及全社会的利益,受到广泛的关注。当政策被制定后,贯彻执行政策的机构及人员受利益的影响,可能及时、全面地贯彻执行,也可能打一些折扣执行,还可能阻碍政策的贯彻执行。甚至政策可能在被贯彻执行中存在阻力,缺乏政策执行力(policy execution)。这就需要政策实施跟踪的审计监督。跟踪审计(follow up audit)是审计者依据法律法规,在相关被审计事项发展过程中的某个环节介入,并跟随被审计事项的发展过程持续进行的一种动态监督活动。政策审计(policy audit)也称政策实施跟踪审计(follow-up audit of policy implementation),是审计者对所实施的政策进行跟踪监督,披露政策贯彻执行情况,让政策按规定贯彻执行。政策实施跟踪审计有利于政策的监督执行,防止出现执行力缺乏的问题。政策实施跟踪审计是一种连续审计。《审计署 2008 至 2012 年审计工作发展规划》首次提出对国家重大政策措施的执行试行全过程跟踪审计。此后,政策审计成为重要的审计客体。

政策跟踪审计在审计的全过程,以政策制定的初衷、操作流程、预期效果、满意度来判别落实情况。与事后监督、查错纠弊找问题为主的常规审计不同,政策跟踪审计以开展的进度、效果、效益与促进管理改进为目的,服务于经济活动监督与国家治理。它主要是监督各种政策的执行落实情况以及绩效情况,以账本复核、比对与调查、走访、座谈、问询等核查手段,客观地反映政策实施情况。

4.4.2　政策审计预期的含义

进行政策实施跟踪审计,人们就会形成政策审计预期。政策审计预期(policy audit expectation)是预期者对有关政策制定和实施进行审计的预期。这些预期包括审计者与被审计对象、公众与政府等所持有的预期,也包括中介机构的预期。有关政策主要包括财政政策、货币政策、产业政策、人力政策、收入分配政策、立法政策等宏观政策。所以,政策审计预期包括两方面的内容。政策实施跟踪审计强调过程性、时效性和预防性,人们据此形成政策审计预期。强调过程性(procedural)是指注重对业务过程进行追踪审计。审计者的政策审计过程较短,而被审计者感觉到审计过程较长。强调时效性(timeliness)是指在发现和纠正问题时注重及时性,使问题能够及时得到有效解决。否则,一件小事酿成大事,监督成本上升。强调预防性(preventive)是指将审计事项分成多个阶段,对各个阶段进行事前、事中及事后的全程监督,从而发挥预防性作用,防止人们出现政策实施的不良预期。公众因政策实施受益,更关心的是微观层面的问题,如自身利益侵害是否被披露、如何维权等问题。只有常规的事后监督到动态全周期跟踪,有效地衔接整个政策信息系统,政策实施跟踪审计才能服务于社会。

4.4.3 政策审计预期的分类

政策审计预期包括审计主体的政策审计预期和审计客体的政策审计预期。不同的政策审计预期对政策实施审计具有不同的影响。为了提高政策的执行力,开展政策实施跟踪审计是完全必要的。区分不同的政策审计预期可以更好地服务于政策实施跟踪审计。

(1)审计主体的政策审计预期

审计主体的政策审计预期通常会影响国家政策能否得到全面、及时地贯彻执行。审计者、政府等对政策实施跟踪审计,形成审计主体的政策审计预期。如预期者对宏观经济政策实施跟踪审计所形成的预期。审计者通过审计确定有多少政策执行及多大的程度偏离了方向,具有哪些表现。政府期望所制定的政策都是按要求执行的,不希望有偏离。但事实上,如果政策实施缺少审计监督,它就难以不折不扣地被执行下去,因为每项政策因受预期的影响,制定时的政策的预期与实施后的政策的预期是完全不同的。

审计主体的政策审计预期是人的审计预期,是他们对政策实施跟踪审计的看法。一项政策,总是有的人受益,有的人受损。因此,再好的政策都会有人支持,有人反对。那种完全不关心政策对自己产生的影响、没有对政策审计预期的人是很少的。审计主体对政策审计的预期的利弊,这需要进行具体的分析。

(2)审计客体的政策审计预期

审计客体的政策审计预期是人们对政策实施跟踪审计所形成的预期。这里的人们包括审计者、被审计者、公众与政府等。资金往来涉及各方的直接利益,规定资金往来的政策影响着各方的利益。审计者是政策实施跟踪审计的承担者,被审计者是政策的执行者,政府既是政策的制定者又是政策的执行者,公众是政策利益调节的承受者。在政策实施跟踪审计过程中,他们会形成各种不同的审计预期。有的认为必须进行这项政策审计,如政府政策制定机构及其审计机关。有的认为没有必要进行这样的政策实施跟踪审计,下级如执行政策的机关、单位与责任人努力按照政策行事就是了。

审计客体的政策审计预期是人们对审计客体的预期,是他们对政策实施跟踪审计的看法。再好的政策,如果缺乏有效的监督,往往落实困难,受利益集团的影响,可能产生执行力问题。这容易引起人们对政策审计的关注,寄希望于审计维护他们的利益。

4.4.4 政策审计预期的影响

政策审计预期不仅对政策的制定和实施具有重要的影响,而且对政策实施跟踪审计也有影响。因政策是一种对各方利益的规定,直接或间接地涉及各方利益,所以,政策制定和实施受到制定者、执行者和受益者的普遍关注。注重政策审计预期,有利于提高政府政策的公信力。良好的政策审计预期有利于政策的及时、全面贯彻执行。因事中预防,政策执行者的预期比政策被执行者即受益者的预期差。因动态追踪,它有利于尽早地切断各种风险源,促进政策实施效果的有效发挥,所以,政策审计预期比实际的情况要好得多。

4.5 经济责任人审计预期

经济责任人审计预期是被审计的经济责任人在被审计中所形成的预

期。这种预期通常都是不良的,会对审计产生或多或少的消极影响。涉及的经济责任人通常会与有关机构进行博弈而形成审计博弈预期。审计博弈预期影响审计的正常开展。

4.5.1 经济责任人审计预期的含义

经济责任(economic responsibility)是指经济法律关系主体违反经济法义务或经济合同义务应依法承担的法律责任。它是由人来承担其责任的,这就是经济责任人。经济责任人(economic responsibility person)就是指负有经济责任的人员。审计的全覆盖要求对经济责任人也进行审计。受利益、声誉的影响,经济责任人也有其预期。特别是当其被审计时,他们会形成一种独特的经济责任人审计预期。

有经济责任与经济责任人,就有经济责任审计与经济责任人审计。经济责任审计(economic responsibility audit),是指审计机构对所在单位财政财务收支真实性、合法性和效益性以及相关经济活动的审计。①经济责任审计是健全权力制约机制和监督机制的重要举措,是健全完善责任制、问责制和责任追究制的必经过程。经济责任人审计(economic responsibility person audit),就是按照相关规定,在经济责任人任期结束时对其任期所进行的审计监督与评价。进行经济责任人审计的目的是监督经济责任人的经济活动。经过多年的实践,这种审计已成为一种有效的审计监督方式,是促进和改善国家治理的有效途径。有经济责任人审计,就有经济责任人审计预期。所谓经济责任人审计预期(economic responsibility·person audit expectation),就是负责经济责任的预期者对审计可能发现问题及被处理的预期。与其他预期相比,这种预期更带有主观随意性。

虽然国家对财经纪律进行监督检查的部门较多,有专业性的机构与综合性的机构,有经济监督的机构与政治监督机构,但受职能范围及责任的限制,各种监督检查的功能相互交叉、标准不一,各机构间难以充分协调和配

---

① 在中外审计史上,没有出现过经济责任审计这个概念。无论从审计的产生还是从审计的发展来看,都离不开对于经济责任的审查。把审计作为考核官吏、检查主体行为、追究财物管理人责任的手段,在中外审计史上屡见不鲜(王宝庆,2012)。

合,缺少横向信息沟通,经济责任人普遍难以形成良好的预期。他们在生产经营中为追逐短期经济利益而违规经营,出现短期化行为,不顾本行业、本地区、本单位的发展竭泽而渔。在审计中,他们普遍预期不好,对监督检查重视不够,不愿积极配合,往往敷衍了事。有的经济责任人可能会质疑审计者找出的错误和瑕疵,错误地认为这是故意针对自己的表现。这时,他们的审计预期不看好,不信任审计者,对审计者要求提供的数据资料和信息,以各种理由推脱,不积极配合审计甚至阻碍审计。

4.5.2　经济责任人审计预期的特点

经济责任人不同于一般的公众。一般的公众经济基础不同,社会地位悬殊,文化知识参差不齐,职业经历差异,价值观念迥异,预期趋于同构。经济责任人有较好的经济基础,社会地位较高,文化知识较多,职业经历丰富,价值观念超前,预期复杂多样。正是如此,经济责任人的审计预期不同于普通公众的审计预期,呈现出独特的预期表现。

经济责任人的审计预期受审计规划的影响较大。需要审计的规划多,审计严格,他们容易形成不良的审计预期。他们认为过多、过严的审计会影响他们的生产经营,不利于管理或市场开拓。如果审计规划较少且审计不严格,他们的审计预期较好。这时,他们会开拓进取支持审计并积极配合审计。

经济责任人的审计预期受宏观经济政策的影响较大。宏观经济政策的变化会引起他们的预期变化。他们的审计预期一般都随宏观经济政策及宏观经济的变化而变化。当宏观经济良性运行与协调发展、宏观经济政策相对稳定时,他们容易形成良好的审计预期。经济责任人会积极配合审计,主动找出生产经营取得成绩的原因并总结成功的经验,自觉地接受审计监督。当宏观经济恶性运行与畸形发展、宏观经济政策变化莫测时,经济责任人的预期不良,他们不期望进行审计。即使按规划及要求必须审计,其预期通常也不看好,认为自己不应受到处罚;或者认为自己的错误轻微却被罚,由此产生躺平、摆烂,甚至对着干、看你还能把我如何的逆反预期。

经济责任人的审计预期的博弈性明显。为了自身的利益,他们往往会与政府讨价还价,出现"上有政策,下有对策"的现象。当国家经济政策有利于他们时,其政策的执行力较强。反之,当国家经济政策不利于他们时,其政策执行久拖不决。当国家经济政策不是一刀切时,他们可能会钻政策的空子,遇到红灯绕道走。当审计者对其进行审计时,他们会提出众多影响正常管理或生产经营的要求,预期会带来多少损失或降低社会效益。国家引导预期向好,而经济责任人的审计预期不向好。经济责任人与政府的审计预期博弈影响审计的正常开展。即使是经济责任人的离任审计,也会出现审计博弈预期。如果所负责的管理不善或生产经营不好,他们将责任推向政府及其过多的干预行为如审计。如果管理好或所负责的生产经营很好,开拓了市场,赢得了民心,获得了收益,做大做强了产品、项目、产业,他们将成绩归功于自身的努力。

4.5.3　经济责任人审计预期的表现

审计查出了经济责任人的违规违纪违法信息并发现了问题,使其声誉遭受损失。被审计查出的预期问题不多、不大,则经济责任人期望不过于追究所应负的责任。据我们的调查表明,经济责任人认为,他们所负责的经济责任都是符合相关规定的,没有违法、违纪和违规行为。其所执行的政策也是按照上级的政策要求的。经济责任人对审计持良好的看法。所以,他们的审计预期是良好的。

那些违反财经规定的经济责任人的审计预期不那么好。被审计前,其表现出向有关审计机关或审计者进行沟通、协调、游说等,尽量延迟审计甚至免于审计的行为。有的会编造虚假审计资料想以此蒙混过关。为应付审计,自己规避或阻挠审计取证,编造一套虚假会计资料,或者联合编造虚假的会计资料,甚至聘请相关中介机构或专业人员共同造假。在审计后,一有风吹草动,干扰审计决定的形成和公告的发布。

经济责任人由于被审计者所监督,会错误地做出判断,认为受制于人,双方沟通困难。于是,他们有可能产生叛逆预期心理,如您要求我往东,我却偏要往西。他们可能会故意不配合审计,导致审计效率低下,不利于审计的顺利展开。经济责任人审计路径特殊,审计范围广泛、被审计对象关系错综复杂,审计内容往往触及重点岗位、敏感事项,时间跨度又长,这需要审计时进行综合评判。通常,全社会对经济责任人审计预期一般是不看好的。这需要加以引导与调节,缩小审计预期差距。

4.5.4　经济责任人审计预期的案例

根据有关规定和审计工作安排,特别是《国有企业及国有控股企业领导人员任期经济责任审计暂行规定》,审计署金融审计司提出了《部分金融机构领导人员离任经济责任审计的安排意见》。金融审计司组织并参加京津冀、上海和南京特派员办事处分别尝试对中国工商银行原行长刘廷焕、中国农业银行原行长何林祥、中国建设银行原行长周小川、中国银行原行长王雪冰、中国农业发展银行原行长谢旭人、中国证券监督管理委员会原主席周正庆进行了离任经济责任审计。重点审计的是这些金融机构领导人员所在单位任期内执行国家宏观经济政策情况、内部控制制度健全有效情况、经营决策情况和资产负债损益的真实合法效益情况。审计发现存在一些内控不健全、执行宏观经济政策有偏差等问题。通过对中国证券监督管理委员会和5家国有金融机构原领导人的经济责任审计,探索了经济责任审计的新路子。

根据相关规定,审计署对交通银行原行长王明权进行了任期经济责任审计。这是对国有控股金融系统责任人的经济责任审计。审计结束后,审计署分别向中共中央组织部、中央金融工作委员会提交了审计报告。同交通银行负责人的任期经济责任审计一样,审计署还尝试对中国人民保险公司原总经理孙希岳进行了任期经济责任审计。这些经济责任审计对于经济责任人很好地履行职责提供了监督依据。众多的金融机构领导人员任期经济责任审计既不同于一般的财务收支、预算执行、资产负债损益审计,又不同于其他金融审计,是一种具有中国特色的金融跟踪审计。它在金融审计上呈现出了它的鲜明特色。[1]

---

[1]　选自江世银.2019.当代中国金融审计研究(1983—2018)[M].北京:人民出版社,第129—130页中的第三章案例。

总的来看,这些经济责任人审计对于加强管理、贯彻宏观经济政策发挥了积极的作用。由于注重预期引导,开展经济责任审计较为成功,达到了预期的目的。接受审计的经济责任人积极配合,主动参与审计,自觉地遵守财经纪律,及时全面地贯彻宏观经济政策,能够理性地形成恰当的审计预期。这为形成有中国特色的经济责任人审计提供了范例。

4.6 审计博弈预期

审计存在博弈,也有审计博弈预期。博弈的最初思想是由美国数学家 Von Neumann 和 Morgenstein(1944)在《经济行为与对策论》中提出的。后来,Nash J.(1950,1954)提出了纳什均衡(Nash equilibrium)问题。根据《现代汉语词典》的解释,博弈的"博"就是指知道得多,"弈"就是指对弈。它的意思是一方的策略对另一方的策略的影响。博弈论产生后,出现了各种博弈,如公众与政府关于政策的博弈、违法者与执法者关于法律执行的博弈等。在审计中,由于受利益的影响,也会存在审计博弈,有审计博弈,就有审计博弈预期,所以,审计博弈预期就客观存在于审计中。博弈行为的特点是以运气、机遇为基础,凭借侥幸心理进行预期。博弈的结果,可能会获益,也可能不会获益。由于博弈双方力量的特殊、信息的不对称以及两者都希望达到己方或者有利于己方的目标,实现各自的利益最大化(benefit maximization),这时会形成双方利益的激烈博弈。博弈双方由此形成审计博弈的预期。赵立三和刘伯英(2014)进行了独立性与审计期望差距的博弈分析,为审计博弈预期提供了方向。

4.6.1 审 计 博 弈

审计博弈(audit game)是审计方与非审计方因利益得失而进行的讨价还价行为。它是审计在博弈方面的表现。审计者需要按有关规定进行公开、公平、公正的审计,而被审计者希望审计大事化小,小事化了。审计公告结果就是审计博弈的结果。审计博弈是各方博弈的结果。审计博弈广泛存在于审计中,不管是审计过程还是审计结果,都存在着审计方与被审计方等的博弈。博弈的结果实现了各自利益的最大化。审计博弈既要求审计方具有渊博的知识和经验,又要求审计方做到应有的职业谨慎,讲究计谋和策略。

4.6.2　审计博弈预期的含义

审计的英语 audit 词根和法语 audition 词根均源于拉丁语 Auidor "听",即"听从会计"。现代审计是独立的审计者根据充分与适当的证据,对有关机构财务报表符合已有标准程度的表述意见行为。审计本身就很复杂,这使得审计目标和审计作用变动不居,再加之为了达到某种妥协而出现审计博弈预期。审计的过程本身就是一个博弈的过程。审计最重要的对象是与人打交道,而且是与可能在某些专业知识上优于自身的对手打交道,这时候就需要事前对可能发生的博弈行为进行预期,即审计博弈预期(audit game expectation)。之所以存在博弈预期,是因为各方都是从自身利益出发而形成与改变预期的。审计者与被审计者经历无数次的博弈,双方都承受着巨大的心理压力,最终达到意见基本一致。被审计者因受审计使其违规曝光、声誉损失,甚至影响职务升迁变动,他们在审计前就有自己的预期。他们对合作者的性格、办事风格、专业特长、单位职能以及相关的正负面新闻等的了解是成功进行博弈预期的关键。只有全面了解这些方面的情况,才可能对人、对事都对症下药,实现审计预期上的精准博弈。而被审计者也有相应的预期,也需要学习一定的心理学和审计常识,这对于所进行的审计、提高审计监督的有效性也是大有裨益的。为了增强博弈预期的有效性,审计者还可以通过研读过往经典审计案例,弄清案件情节,从历史中汲取灵感,理顺逻辑链条,在经典中获得顿悟,不断总结审计的成功经验与失败教训,他们才会对未来可能发生的博弈行为或博弈对手进行更为准确的预期。这样,才能更好地做好审计监督。

4.6.3　审计博弈预期的对象

审计博弈预期的对象是各审计客体,包括资金、资产、权益、政策和经济责任人等。那些关心审计过程与结果的人会基于这些对象与审计者进行博弈。当对自己有利时,他们会放弃已有的审计预期,形成有利于自己的预期。当对自己不利时,他们会坚持已有的审计预期,使审计预期固化(solid-ification)。这时表现出审计的预期具有黏性(stick)。如果有关部门或机构需要改变这种预期,难度是非常大的,有时甚至是根本不可能的。

对于资金的博弈,双方形成各不相同的预期,由此带来资金审计博弈预期。一方预期资金需要加强监督,一方预期资金不存在违规。双方博弈的结果是,资金审计更客观公正。同样,对于资产的博弈,这又会出现资产博弈预期。资产审计预期是由资产审计带来的博弈预期结果。之所以进行政策实施跟踪审计,一方坚决要求政策不折不扣地执行,一方认为政策实施跟踪审计很难达到审计绩效最大化的目的。政策实施跟踪审计双方博弈的结果使得政策执行受到了审计监督。对于经济责任人的博弈,他们会认为自己已履行了职责,而审计方则需要监督其职责的履行。双方博弈的结果也形成了各自的审计博弈预期。可见,审计博弈预期的对象很广泛。只有掌握这些广泛的审计博弈预期对象,才能利用复杂的审计预期服务于审计。

4.6.4 审计博弈预期分析

会计人员因自身利益造假出现会计信息失真,这就需要政府对其进行管制。政府为了代表公众的利益,实现最大化的社会福利而进行管制,消除利益各方的信息不对称与不完全,形成符合实际的预期。在此过程中,利益各方会根据自身的利益进行审计预期博弈。他们各自讨价还价,形成一个动态博弈过程。经过初始博弈及后续的重复博弈,审计博弈预期由此形成。他们拥有不同的信息,形成不同的预期,采取不同的策略,得到不同的结果,最终达到审计预期博弈均衡(equilibrium)。

被审计者从自身利益出发,总是存在各种顾虑,常常根据预先了解到的审计目的与程序、方法而采取相应的对策,相应地做出各种选择,由此形成审计预期,参与与审计者的预期博弈。审计者也会根据自己预先了解的被审计对象情况而采取相应的对策,相对地做出理性或近乎理性的选择,由此形成审计预期,参与与被审计者的预期博弈。审计结果实际上是双方不断地博弈的结果。审计者会根据自己的审计目标的不同,不断调整审计程序与方法,尽可能查出或发现被审计者的问题。而被审计者也会不断通过预期与学习,从自身利益的角度做出相应的选择。

审计者与被审计者的审计预期博弈有不同的表现。如果把对己方有利赋值为1,而对他方有利赋值为 -1,那么审计者与被审计者有四种不同的情况。审计者组织实施严密且被审计者主动接受审计,其赋值均为1,达到了双方双赢。审计者组织实施不严密且被审计者被动接受审计,其赋值均为 -1,没有达到双方双赢。审计者组织实施严密而被审计者被动接受审计,其赋值为(1, -1),审计者满意而被审计者不满意。审计者组织实施不严密而被审计者主动接受审计,其赋值为(-1, 1),审计者不满意而被审计者满意。就审计者的组织实施严密与否,被审计者是否主动接受审计,双方是否满意进行分析,得到审计预期博弈结果。见表 4-1。

表 4-1　审计者与被审计者的审计预期博弈

审计者 ＼ 被审计者	主动接受审计	被动接受审计
组织实施严密	(1, 1)	(1, -1)
组织实施不严密	(-1, 1)	(-1, -1)

在审计中,审计者的预期与被审计者的预期可能不相同。有关部门或机构应采取办法调节与引导他们的预期,努力达到审计者组织严密,被审计者积极配合进行审计,双方对审计都达到满意的目的。事实上,在实际的审计中可能会出现各种不同的审计预期博弈。

假如有审计者 A 与被审计者 E,他们有不同的策略。A 可以选择努力查出或发现问题与不努力查出或发现问题。努力查出或发现问题的成本较大,预期不实,为 E^f;不努力查出或发现问题的成本较小,预期真实,为 E^t。E 选择信任与不信任两种。信任则预期正常,为 E^n;不信任则预期异常,为 E^a。预期异常则还需要被引导与调节。假如被审计者不信任审计者,则还需要监督审计者。审计者真实披露审计信息,则需要努力工作,预期可能会不实。审计者不真实披露审计信息,则不需要努力工作,预期可能会真实。据此,通过构建效用矩阵来分析审计博弈预期的形成与均衡。

审计者 A

信息披露真实 　　　　　　　　　信息披露不真实

被审计者 E

不信任E^r-E^c　　$-C_i$　　　　　E^r-E^c+C　　$-C_i-E^c$

信任　E^r　　　　$-C_i$　　　　　　　0　　　　　　0

式中,E^r 为预期收益,E^c 为预期成本,C_i 为披露信息真实的成本,C 为不努力工作、提供不真实信息的成本。

这里用 p_a 代表被审计者监督的概率,p_h 代表审计者努力工作的概率。

在给定 p_h 条件下,那么,被审计者监督($p_a=1$)和不监督($p_a=0$)的预期收益分别为:

$$ER_1(1,p_h)=(E^r-E^c)p_h+(E^r-E^c+C)(1-p_h)=E^r-E^c+C-Cp_h$$

$$ER_1(0,p_h)=E^rp_h+0(1-p_h)=E^rp_h$$

解 $ER_1(1,p_h)=ER_1(0,p_h)$

即$(E^r-E^c)p_h+(E^r-E^c-C)(1-p_h)=E^r-E^c+C-Cp_h=E^rp_h+0(1-p_h)$

得 $p_h=(E^r+C-E^c)/(E^r+C)$

在给定 p_a 条件下,那么,审计者 A 努力工作监督($p_h=1$)和不监督($p_h=0$)的预期收益分别为:

$$ER_2(p_a,1)=-C_ip_a+(-C_i)(1-p_a)=-C_i$$

$$ER_2(p_a,0)=(-C_i-E^c)p_a+0(1-p_a)=-(C_i+C)p_a$$

解 $ER_2(p_a,1)=ER_2(p_a,0)$

即$-C_ip_a+(-C_i)(1-p_a)=(-C_i-E^c)p_a+0(1-p_a)$

得 $p_a=C_i/(C_i+C)$

如果再加上双方预期因素的博弈,那么有:

$$Ep_a=E(C_i/(C_i+C)),\ Ep_h=E((E^r+C-E^c)/(E^r+C))$$

审计者所付出的成本 C 越小,则 $C_i/(C_i+C)$ 越小,他的预期 $E(C_i/(C_i+C))$ 越看好。相反,审计者付出的成本 C 越大,则 $C_i/(C_i+C)$ 越大,他的预期 $E(C_i/(C_i+C))$ 越不看好。被审计者所付出的成本 C 越大,则 $C_i/(C_i+C)$ 越大,他的预期 $E(C_i/(C_i+C))$ 越不看好。相反,被审计者所付出的成本 C 越小,则 $C_i/(C_i+C)$ 越小,他的预期 $E(C_i/(C_i+C))$ 越看好。

审计者不为被审计者着想,那么,其审计预期为:

$$E^a > E^e(R-C)$$

被审计者接受审计,不积极配合,被迫遵守审计规则。审计者的审计预期攀升,被审计者的审计预期低下,双方审计预期差距扩大。这时的预期不利于审计。

审计者为被审计者着想,那么,其审计预期为:

$$E^a < E^e(R-C)$$

被审计者接受审计,积极配合,与审计者共同遵守审计规则。审计者调低审计预期,被审计者调高审计预期,双方审计预期趋于一致而最终差距缩小。这时的预期有利于审计。

当审计者为被审计者着想,双方合作顺利,审计预期差距最小化。这是双方审计预期博弈的结果。这时的预期不利于审计。

4.6.5　审计博弈预期的结果

在审计过程中,审计者和各利益相关者从其自身利益最大化出发而不是从社会福利最大化出发进行博弈,由此产生审计博弈预期。为了掌握复杂的审计博弈预期,本章的研究进行一些假设,由简单到复杂,从中掌握审计博弈预期的规律。如果不考虑公众与政府因素进行的博弈,只有审计者与被审计者进行博弈,他们因利益冲突就合规与不合规进行博弈,由此形成不同的审计预期。见表 4-2。

从表 4-2 可以看出,审计者与被审计者在审计过程中存在着预期博弈。他们各有自己的博弈预期。审计博弈预期影响着审计。被审计者在合规的审计下形成的预期看好,不合规的审计下形成的预期不看好。审计者在合

表 4-2 　审计者与被审计者的审计预期博弈

被审计者		审计者			
		合规		不合规	
合规	预期看好	0,0	预期无变化	0,0	预期无变化
不合规	预期不看好	0,1	预期不看好	1,1	预期看好

规与不合规的审计下预期无变化,在合规的审计下预期不看好,在不合规的审计下预期才看好。

4.7　总　结

审计客体是审计主体监督或作用的客观对象。除了经济责任人外,审计客体本身没有预期。只有涉及审计主体与审计客体的关系及利益时才会有对审计客体的预期。审计客体预期是相对于审计主体预期而言的,是审计预期的重要组成部分。资金审计预期、政策实施审计预期、经济责任人审计预期等都是审计客体预期的主要表现。这些审计客体预期各有特点,对审计产生着不同的影响。有审计主体与审计客体,就会有审计主体预期与审计客体预期,也就会有审计博弈预期。审计博弈预期使得审计预期更加复杂化。它不仅增加了人们认识审计预期的难度,而且使预期管理者难以调节和引导审计预期。为了发挥审计预期对审计监督的积极作用,需要在有利的时机采取恰当的办法对审计客体预期进行引导与调节。

第5章　审计过程预期论

5.1　审 计 过 程

任何审计都要经历规划、组织实施、形成审计报告、公布审计结果、整改审计查出或发现的问题、促进建立健全相关规章制度等过程，即审计都有一个过程。审计过程预期贯穿整个审计过程，审计过程充满着预期因素的作用与影响。研究审计过程预期，需要把握审计过程。任何审计都有一个过程，不可能一蹴而就。作为经济监督的审计过程，贯穿于整个审计之中。审计的过程就是审计对经济活动的监督过程。利益链长、涉及金额巨大、关系复杂的审计过程还比较长。无论是在审计的准备阶段、实施阶段，还是在审计的结尾阶段与结束阶段，审计预期都存在并产生影响。

5.1.1　审计过程的含义

审计是一个系统的过程（process）。它客观地成为对经济活动和经济事件认定的证据，以查明这些认定与确立的标准之间相符合的程度，并把其结果传达给有利益关系的相关机构及其成员。审计过程（audit process）是指审计项目从开始到结束的过程中，审计者所采取的系统性工作步骤。这就是审计者在取得审计证据、完成审计任务中所采取的步骤和方法的过程。通过审计实践所期望达到的理想境地或最终结果，预期者都有一定的预期。审计者从接受审计项目开始，到审计结束都要经历审计准备、审计实施、审计结尾和审计结束等不同的阶段。审计准备通常就是进行审计规划。审规划贯穿于审计的全过程,合理有效的审计规划不仅可以保证审计结果的质量,而且可以提高审计监督的效率。审计实施是审计监督的核心阶段。审计结尾就是审计证据的整理、评价,审计底稿复核,审计意见沟通等,形成审计结果报告。审计结束就是经过规划与实施,公布审计结果,整改审计发现或查出的问题,被审计者公布整改情况等。各个阶段又有许多具体的任务和内容。

被审计单位和经济责任人在会计报表中错报或漏报的严重程度,在特定环境和条件下可能影响会计报表使用者的判断或决策。当审计者与被审计者之间存在有争议的会计事项时,他们通常需要通过沟通加以解决,这也是一个审计监督的过程。审计者通常在与被审计者展开谈判之前对需要解决的不确定事由及争议事项做出相关的判断或预期。这样做的目的是审计能够顺利地开展并发挥应有的作用。那种"审计就是随便翻翻账本就得出结论"的看法是不正确的。完整的审计过程见图 5-1。

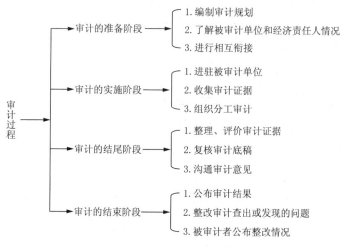

图 5-1 完整的审计过程

5.1.2 审计监督过程

审计的本质不仅是经济监督,而且是独立的经济监督。它是一个有内在逻辑关系的监督控制活动过程(陈力生,2012)。审计监督的全过程包括审计规划、审计实施、审计结果公告发布、审计整改与公布。所以,审计是一个持续性的过程。这个过程包括审计者从审计开始到结束的整个过程。审计过程就是围绕审计主题收集证据和政策依据、得出审计结论并发表审计意见的持续过程。一方面,审计者围绕需要审计的内容、达到的审计目标广泛地收集财务证据、查实证据,这就是审计信息的获取。这是一个艰辛的过程。收集的审计信息越全面并利用得越充分,审计得越准确。另一方面,对所收集的财务证据、政策依据与相关法规法纪违法进行比对,有无违规违纪违法,有多大程度的违规违纪违法,原因是什么,是主观故意还是客观过失,应该受到何种处罚等得出审计结论并发表审计意见。

审计的过程非常重要,其重要程度有时超过了结果。审计过程强调过程性,特别注重对审计事项的业务过程进行审计。审计的过程就是审计监督的过程,也是审计预期形成与改变的过程。审计过程的质量是审计预期形成和变化的基础。虽然审计过程难以被监督,审计过程质量也难以观察和评价,但审计者按照审计规则和职业道德的要求进行客观、公正的审计,有利于形成良好的预期。持续性的审计更体现了审计的过程,如政策实施跟踪审计就体现了审计的过程特征。持续性的审计是一种按审计规划并基于审计者预设的标准,持续地监控和测试交易活动并确定需要执行进一步测试的异常例外情况的系统化方法,具有审计过程的连续性、审计信息的及时性和审计程序的自动化特征。有些审计过程会持续五年规划期、十年规划期、二十年规划期和五十年规划期等。持续性的审计可以对偏离行为进行及时跟踪,为预警机制的形成奠定基础,并且防止监督的真空与遗漏。当然,预警机制也离不开揭示机制,如果政府审计对于苗头性的偏离行为不能及早发现,也就无从发挥预警作用①,就更谈不上发挥审计的监督作用了。

正是因为审计本身就是一个程序,有先后顺序的过程,才有了审计过程之说。审计不是仅仅查查账本就了事,而是一个长期的监督过程。虽然某种具体事项的审计结束很快,但它也是有一个过程的。认识审计过程对于发挥审计过程预期的作用,做好审计工作有很大的帮助。审计可以通过事先建立数据库、事中建立完善工作机制、事后加强防范尤其是责任界定评价

---

① 郑石桥.2016.审计理论研究——审计主体视角[M].上海:立信会计出版社,12.

等来引导审计过程预期。

5.2　审计过程预期概述

审计需要经历一个规划、实施、结尾、发布审计结果公告的过程。审计预期在这个过程中会表现为审计过程预期。不同阶段的审计过程的预期是不同的。研究审计预期，我们需要知道是什么阶段的审计过程预期。掌握了审计过程预期有助于采取恰当的审计预期管理手段与方法，达到为审计监督服务的目的。

5.2.1　审计过程预期的含义

在审计实践中，被审计单位或经济责任人面对审计检查或监督，也会产生各种不同预期。所谓审计过程预期（audit process expectation），就是指在进行审计过程中，各审计主体对审计检查和审计处理、处罚等审计行为所产生的预期。审计过程预期以审计过程所获得的信息为依据，其形成与变化都不例外。当将要进行审计或正在进行审计时，利益各方可能由不自觉转向有意识地搜集更多的审计信息并加以利用，由此形成新的预期。审计过程预期因与审计同步推进，故能够最大限度地避免事后审计出现错误或危害造成的不可逆损失。

审计者在掌握审计规划时有对审计规划的预期，他们知道自己需要做什么审计，如何进行审计，要达到什么样的审计目标。被审计者也有对审计规划的预期，他们需要进行哪些配合，接受哪些审计。在审计调查阶段，审计者又有审计调查的预期。审计调查是审计者查明被审计单位或经济责任人的某些经济真相的过程。被审计者对审计调查的预期主要是如何回答审计者的提问，如何言行才有利于他们。在审计报告阶段，审计者还有对审计报告的预期。审计报告直接或间接影响被审计单位或经济责任人的利益、声誉及职业前途等。他们要与各种各样的人打交道。审计报告的形成与改变会引起全社会的预期变化。所以，他们就要做出实事求是的审计报告，做到客观公正是其需要遵守的基本行为原则。被审计者对审计报告的预期是否符合实际,会不会有差距,有多大的差距,对自己有什么样的影响,他们都有自己的预期。这时的审计过程预期已经接近审计结果预期了。

5.2.2　审计过程预期的表现

审计预期者会对审计事项进行周密的过程预期。由于过程是由不同阶段组成的,过程预期就是各阶段预期的有机整合。过程预期是建立在前期的调查了解和实践研究的基础上的,过程预期使得审计者对即将开展审计的各个具体阶段有了更明晰的认识,并把握不同审计阶段的审计规律,从而可以更加高效地抓住审计过程中的若干着力点。实际上,审计过程预期存在于审计的方方面面,大到一个全国性项目的全面铺开,中到审计项目的关注重点,小到审计小组的调查与取证。以一个审计调查项目为例,过程预期包括可能牵涉的单位及数量、各单位分工及相互关联、最重要的证据链环节、可能遇到的困难及解决对策和人员分工等方面。其他项目还可能涉及提请相关单位协助等问题。又如投资工程审计中的招投标审计,当审计者初步预期可能存在招投标中违标的可能性时,他就必须对招投标的所有流程了如指掌,清楚每一个环节可能存在的风险点,更多时候要站在对方的角度进行思考,这样才能抓住问题的本质和焦点。因此,拥有一个充分的过程预期就会使具体的审计事半功倍。

不同的预期者在审计的不同过程中的审计预期产生的影响是不同的。即使在同一过程中,不同的预期者表现出不同的预期,产生不同的影响。有时审计者与被审计者的审计预期影响大,有时公众与政府的审计预期影响大。有的预期者的审计预期影响大,有的预期者的审计预期影响小,从来就没有一成不变的审计过程预期。只有具体地分析不同阶段的审计过程预期才能真正地掌握审计预期。见图 5-2。

审计的不同阶段有不同的审计过程预期。研究审计过程预期有助于进行正常的审计,防止因受审计过程预期的影响而出现偏差。如果忽视审计过程预期,不知道审计预期的产生机制、传导机制和作用机制,那么,审计结果是会受到影响的。

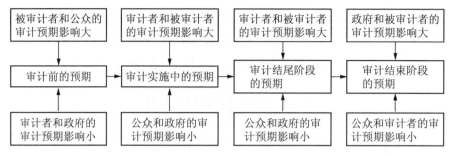

图 5-2　审计过程预期

5.3　审计预期的产生机制

审计预期的产生是一个漫长的过程。预期者"根据可得信息和各变量的历史实现值来形成预期,而总体变量的未来实现值又取决于对它们的预期"①。其产生需要具有可得到的审计信息,审计信息被获得或观察,通过对审计信息的加工或处理,审计预期本身,模糊的审计预期与明确的审计预期形成等。审计预期的产生机制(the production mechanism of audit expectations)就是使用预期形成的方法对审计信息加工和处理的机制。它是审计预期形成过程的综合作用的结果。我们可以把它叫作审计预期形成五步曲。见图 5-3。

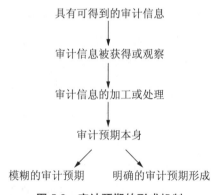

图 5-3　审计预期的形成机制

---

① 约翰·达菲等著,贺京同,那艺译.2019.实验宏观经济学[M].北京:机械工业出版社,9.

5.3.1　具有可得到的审计信息

审计是一种提供特殊公共服务或相当于公共服务的活动,其提供的最终产品是一种审计信息(information)。只有具备一定的条件,审计预期才得以产生。这个最基本的条件就是具有可得到的审计信息。没有可得到的信息,就无从产生审计预期。除了一般的外部信息外,这些信息包括规划信息,如中长期的审计规划、短期的审计规划与年度审计规划;审计主体信息包括是政府审计、社会审计还是内部审计;审计对象信息即对哪些客体进行审计,是资金、资产、权益还是物,是政策实施跟踪还是人;审计期间信息包括审计时间的长短、审计对象的延伸性;审计结果的处理与公告、责任追究;审计对自身利益及声誉变化的信息等。审计者的声誉(reputation)是社会对审计质量的认可情况。具有可得到的审计信息是审计预期形成的前提。它是审计预期形成最基础的一步。只有经过了这一步,才可能产生审计预期。

5.3.2　审计信息获得或观察

有了可得到的审计信息,还需要审计信息被获得或观察。有的审计信息不被利益方所注意,审计预期无从产生。有的审计信息使有的利益方无法获得,观察不到,这也无从谈起审计预期。审计在规划阶段特别是在具体实施前通常都是保密的。所以,处于这时的审计信息不被获得或观察到,也就没有审计预期了。只有当预期者能够获得或观察到所需要的审计信息时,他们才能形成审计预期。审计信息获得或观察在审计预期形成过程中是至关重要的。它可谓是审计预期形成的最重要的一步。见图 5-4。

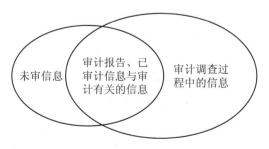

图 5-4　审计信息获得或观察

5.3.3　审计信息的加工或处理

有了审计信息,预期者还要对其进行加工或处理才能形成审计预期。那些"事不关己、高高挂起"的人是不会形成预期的。谁审计、审计谁、如何审计、审计带来什么样的结果,如果他们漠不关心,这就没有审计预期。所以,审计信息≠审计预期并且审计预期≠审计信息。审计信息是审计预期产生的必要条件。审计预期是对审计信息加工或处理的必然结果。通过对审计信息的加工或处理,这就有可能产生审计预期了。也就是说,预期者获得审计信息,经过过滤(filter),对其加工与处理,由此形成审计预期。审计结果公开机制是一个采取双向信息沟通循环形式的机制,审计预期是在信息公开者与预期者之间的相互作用中形成与变化的。见图 5-5。

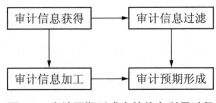

图 5-5　审计预期形成中的信息利用过程

预期者经过审计信息的收集,对审计信息进行过滤与加工、处理,审计预期由此形成。与自身关系不大的信息被过滤掉,对有用的信息进行加工或处理,逐步形成对审计的看法。没有审计信息,就没有审计预期。审计预期是预期者对审计信息的加工或处理。当然,这时只是有了审计预期产生的条件与基础,还不是真正意义上的审计预期。对审计信息的加工或处理是审计预期形成的最关键的一步。

5.3.4　审计预期本身

审计预期本身说的是具有可得到的审计信息如会计报表证据或资金往来证据等。审计信息被获得或观察,采取恰当的预期方法,通过审计信息的加工或处理,这就有可能产生审计预期。所以,审计预期是预期者对审计信息加工、处理的结果。审计预期离开了审计信息,是不会形成的。那种脱离审计信息所形成的预期不一定是审计预期,也许是其他预期,如通货膨胀预期、社会预期等。审计预期本身是审计预期产生的最直接的一步。

5.3.5 模糊的审计预期与明确的审计预期形成

有了审计预期本身,就有模糊的预期与明确的审计预期形成。那些如昙花一现般模糊的审计信息加工或处理的结果,还不能算作审计预期,因为它很快会随着时间的流逝而消失。只有那些持续关注审计信息的预期者才会有明确的审计预期形成。模糊的审计预期与明确的审计预期形成是审计预期产生最终的一步。

总之,审计预期不是主观臆想的结果,其产生表明了审计预期的形成机制和过程。掌握审计预期的产生机制,才能知道审计预期的传导机制和作用机制。这为引导与调节审计预期提供了理论依据。

5.4 审计预期的传导机制

审计预期产生以后,它还会借助于中介变量并根据某种路径在一定范围内进行传导并作用于审计。审计预期的传导与审计预期的作用是相伴而行的。畅通的审计预期传导机制有利于形成良好的审计预期。审计预期出现各种问题,与审计预期的传导机制密切相关。

5.4.1 审计预期的传导

同其他预期一样,审计预期也是可以传导的。审计预期一旦形成,就会通过影响审计主体对审计客体的主观判断、估计而传导,由此产生审计预期的传导机制。审计预期传导机制不同于审计预期的形成机制。后者表明审计预期是如何产生的,而前者表明审计预期是如何传导的。

为什么审计预期会传导?这是因为利益各方都会关心审计所带来的利益变化。审计,总是有的会得到利益或获得利益保护,有的会失去利益或利益难以得到保护。于是,预期者就会形成不同的审计预期。有的看好审计,有的不看好审计。有的预期审计是客观公正的,有的预期审计失之偏颇。审计预期传导受到信息掌握与利用程度的不同影响而在不同的人群、不同的范围进行传导。有的审计预期在传导中消失,有的审计预期经过传导,由个体的审计预期变为群体的审计预期。

5.4.2 审计预期的传导机制

审计预期同其他预期一样,一旦产生,就会在不同群体、不同个人之间传导。它通常会一传十,十传百,由此形成复杂的预期。审计预期的传导机制就是要描述审计影响预期的这一过程。具体所指的是,预期如何通过审计而得以产生影响的过程,这是由审计预期的传导机制而传导的。审计预期的传导机制(the transmission mechanism of audit expectations)是指审计主体对审计客体的审计预期产生影响的渠道、方式、过程及其内在机理。审计主体对审计客体的预期会通过一系列的渠道进行传导。见图5-6。

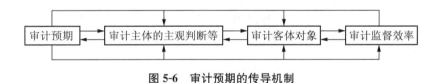

图5-6 审计预期的传导机制

审计预期伴随审计主体的主观判断进行传导,作用于审计客体对象,从而达到审计客体即被监督者被监督的目的。它可以通过多种渠道进行传导,其传导的方式也多种多样。审计预期的传导过程较为庞杂,受各方面因素的影响,表现出纷繁复杂的特点。

5.5 审计预期的作用机制

审计对经济活动或行为具有监督治理的功能与作用。审计预期管理使与审计监督相联系的一系列的监督发生变化而使审计预期发生变化,从而形成审计预期的作用机制。审计预期作用机制一经形成,就会产生其应有的作用。审计预期作用有一个产生、得以增强及减弱、最终逐步消失的过程。当有新的利益关注点特别是即将进行新的审计时,原有的审计预期就会逐步被新的审计所取代。那种一成不变的审计预期是根本不存在的。见图 5-7。

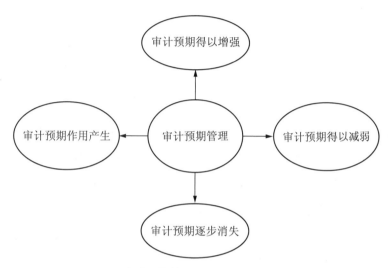

图 5-7 审计预期管理对审计预期变化的影响

从图 5-7 中可看出,审计预期管理既可以使审计预期得以产生,又可以使审计预期得以消失。审计预期管理既可以增强审计预期,也可以减弱审计预期。这需要对审计预期进行具体的分析。一般说来,得以产生的审计预期几乎都是积极的预期,而得以消失的预期几乎都是消极的预期。

5.5.1 审计预期作用的产生

审计预期开始发生作用,对利益双方开始产生影响,这就是审计预期作用的产生。事实上,在审计实践过程中,伴随审计预期的产生,就会有审计预期的作用。审计预期在不同的审计过程中的作用程度是不同的。见图 5-8。

在图 5-8 中,在 O 点,没有审计预期出现。由 O 点到 A 点,表示随着审计的出现,审计预期也随之出现即审计预期的产生。这时,审计预期的作用与影响不大,不仅预期者少,而且不被关注。随着审计的开展,由 A 点到 B

117

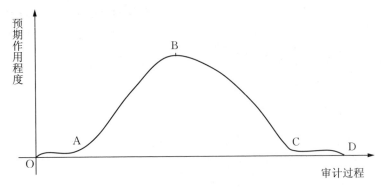

图 5-8　审计预期作用过程

点,审计预期得以增强,不仅预期者越来越多,而且被广为关注,直接或间接地影响审计过程与结果。由 B 点到 C 点,审计预期的作用与影响减弱,不仅预期者越来越少,而且被关注程度减小,审计告一段落。由 C 点到 D 点,审计预期的作用与影响小到可以忽略不计,审计预期逐步消失。到 D 点,这时与 O 点相同,不存在审计预期,因而不对审计产生干扰或积极影响。也许在 D 点,这早已远离审计了。

5.5.2　审计预期增强

审计预期随着审计信息的利用,所产生的作用会越来越大。人们通过收听、观看、查询、阅览、摘录、复制、下载、小道消息等形式或方式获得审计信息,对这些信息进行加工,形成对审计的看法与判断。起初,审计预期不被大多数人所注意。当越来越多的人关注它时,审计预期的作用得以增强。特别是与自己有切身利益关系的审计预期更能被强化。这就是说,审计预期形成后在外部力量的作用下不断地得到强化。它不仅影响审计者还影响被审计者。在审计预期被强化时,如果需要改变这种情况,往往很难达到目的。

5.5.3　审计预期减弱

随着审计的结束,利益方的关注在逐步减少,审计预期的作用在逐步地减弱。随着时间的推移,人们获得审计的信息越来越少。特别是当利益获得满足时,审计预期会渐渐减弱。从认知心理学角度看,人们的信息处理能力有限,记忆力随着时间衰减,对审计的关注度减弱,审计预期也在减弱。它的影响面在逐步地缩小,影响的程度在不断地减弱,与利益的联系与关注越来越远。距离审计时间越长,审计预期作用减弱得越快。与利益关联度小的审计预期减弱得快,而那些与利益关联度大的审计预期减弱得慢。

5.5.4　审计预期消失

随着审计信息的变化、利益关注度的变化以及审计预期管理,审计预期逐渐消失。当没有新的审计信息可获得时,远离审计后,那些没有直接利益的关联方早就没有原有的预期了,旧的审计预期会被新的审计预期所代替。审计预期就是如此变化的。从来就没有一成不变的审计预期,审计预期消失是一种客观现象。只有旧的审计预期消失了,才会有新的审计预期产生。

5.6　审计时间预期

任何审计,从规划开始,到正式审计与结束、发布审计结果公告、促进制度建立与完善,都需要时间。审计所需要的时间在预期者中会产生审计时间预期。审计时间预期是预期者在不同的时间点所形成的审计预期。不同时间点的审计预期是不同的。

5.6.1　审计时间预期的含义

对于审计来说,时间永远是个稀缺品。于是,审计者通常就会有一个细致的时间预期,这样才能根据时间的长短来决定审计的轻重缓急和先后顺序。审计时间预期(audit time expectation)就是预期者对将要进行的任务进行一个时间预估,然后在特定的时间范围内完成特定的任务的预期。时间预期包括两个方面,一是执行审计任务的时间上限,二是完成分解任务的最少时间。这两个时间参数的预期是至关紧要的,如果时间上限预期不准,就会造成低效率;若后者预期不准,就会造成眉毛胡子一把抓,导致完不成任务。如果这两种时间预期拿捏到位,审计者就会游刃有余地完成任务。时间预期还包括时间点上的预期,即不同审计阶段具有不同的持续时间,在每一个相邻的时间节点都要达到不同的目标;换句话说,时间点的预期就是度的预期,各阶段目标的完成达成了量变的累积,但总体节奏上要把握适度,推动目标的质变顺利实现,否则也会造成资源浪费。这种预期能够更好地把握审计的时机、节奏和力度,保证审计行云流水、有条不紊地向前推进。

5.6.2　审计时间预期的表现

知己知彼,方能百战不殆。如果说审计过程预期、审计结果预期和审计时间预期是审计者为执行任务所做的知己工作的话,那么通常所出现的博弈预期就是为做到知彼所必须做的准备。讲审计预期,就要知道是什么时间点的预期。由于审计客体的复杂多变,审计任务繁重,审计者会对困难产生畏惧,形成审计任务难以按时完成的不良预期,于是不知所措,希望通过拖延审计时间和延缓审计步骤来影响审计的正常进程。审计者知道被审计者的预期心理。被审计者也希望尽快结束审计,预期审不出什么问题,审计就是例行检查如此一回事。被审计者也知道审计者的预期心理。审计的双方都彼此知晓。随着时间的推移,审计时间预期向审计结果预期转化。

审计时间预期表明,不同时间点的审计预期的影响是不同的。在得出审计结论时,最近发现的事项无论重要性如何,在审计者脑海中的印象总是比审计活动开始之时和进程中的事项印象更加鲜明,得出的结论则更易受近期新发现证据的影响。审计前的预期对审计的影响程度小于审计中的预期对审计的影响程度。不仅如此,审计时间预期表明了审计前、审计中、审计后的预期变化过程。审计预期在有的时候可能会被强化,有的时候可能会被弱化。对审计预期的研究结果表明,由于受理性预期的影响,审计后的预期早已不是审计中的预期,更不是审计前的预期了。审计时间预期都是一定时间点的预期。掌握审计时间预期能更好地管理审计预期,为审计服务。

5.7　审计阶段预期

审计阶段预期(audit stage expectation)表现了人们注重审计的预防性,将审计事项分成多个阶段,对各个阶段进行事前(ex-ante)、事中(during)、事后(ex-post)监督,可以发挥预防作用。人们由此形成审计前的预期、审计中的预期、审计后的预期。审计预期在审计准备阶段、审计实施阶段和审计报告阶段中都有不同的表现。从审计的发展历史来看,在审计准备阶段,了解被审计单位和被审计经济责任人在经济活动过程中以职业怀疑心理持谨慎的预期,初步风险评估后形成审计者的预期。在审计实施阶段,风险应对程序联想心理形成审计者的预期,初步审计意见采取客观的预期。在审计报告阶段,审计结果报告普遍受到预期者的关注,审计者所出具的审计意见影响审计预期。见图 5-9。

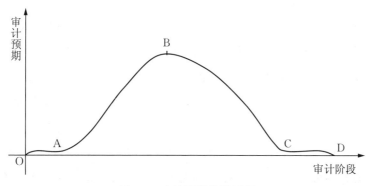

图 5-9　审计预期作用过程

在图 5-9 中,OA 阶段的审计预期为审计前的预期,ABC 阶段的审计预期为审计中的预期,CD 阶段的审计预期为审计后的预期。审计前的预期需要经历萌芽、产生的过程。审计中的预期需要经历扩展、稳定的过程。审计后的预期需要经历衰退、消失的过程。各个阶段的审计预期的特点、作用、表现方式等都是不同的。

5.7.1　审计前的预期

审计前的预期是指在审计实施以前的预期,主要是对即将进行的审计所形成的预期。这种预期先于审计中的预期。随着审计的实施而发生变化。

(1)审计前的预期的含义

审计前都要按规划来进行。这就会出现审计规划前的预期。审计规划是对审计的预期范围和实施所做的规划。它是审计者从接受审计委托到出具审计报告整个过程中的基本内容的综合规划。所谓审计前的预期(preaudit expectation),就是涉及利益各方从各自利益出发,形成对即将进行的审计的判断与估计。审计前的预期不仅影响审计中的预期与审计后的预期,而且影响着审计的正常进行。审计者的审计前的预期包括即将进行的审计任务是什么,达到什么样的目标,困难是什么,以前的经验与教训对审计有何作用,如何进行审计,能审计出什么结果等。被审计者的审计前的预期包括即将进行的审计会查出或发现什么问题,查出或发现问题的可能性有多大,审计对自己有什么样的影响等。公众审计前的预期包括即将进行的审计重点是什么,哪些问题可能被查出或发现,如何处理查出或发现的问题,审计会给他们什么好处和多少好处等。政府审计前的预期包括即将进行的审计原因是什么,进行了哪些审计规划,审计会查出或发现什么问题,审计问题的严重性如何,如何使公众满意等。他们各有审计前的预期。

不管是何方,审计前都是存在预期的。他们的预期各不相同。有的预期看好,有的预期不看好。审计前的预期是预期者在还没有开始进行审计前对有关审计结果所形成的预期。一般说来,这种预期具有超前性。各利益方会根据自己的利益而形成不同的预期。有的认为,审计是走过场,做做形式而已,审计不出什么违规违纪违法的问题。审计者通常会形成较好的审计预期。

预期者在审计前,总是预测未来的趋势和可能,以他们自己的经验来进行判断和估计,构想未来的蓝图并采取相应的行动。在审计前,审计者对审计本质、审计职能与审计工作由表及里,从现象到本质进行感觉、知觉、记忆、思维和想象。在审计准备阶段，审计者对被审计者提供的所有审计信息形成预期，防止风险评估出现错误。审计者可能会怀疑被审计者造假了，但如何发现呢？审计者只有收集尽可能多的审计证据才能防止漏查错报而真正地发现问题。

审计需要防止事后监督不如事中审计、事中审计不如事前预期管理。注重事前审计预期可以起到预防作用，有助于减少管理与决策失误，提高审计监督的效率。所以，事后不如事中、事中不如事前，这告诉了我们需要注意事前的预期管理。事实上，审计预警就包括对事前审计预期的关注。

（2）审计规划对审计预期的影响

审计规划对审计预期具有重要的影响。虽然审计规划与审计预期是不同的，但在某种程度上，审计规划代表审计预期方向，审计预期也反映了审计规划。从 1983 年审计署成立以来，中国从 1989 年开始有内部审计规划，到目前已有审计的中长期规划近 10 个。1990 年的《审计工作发展纲要》是中国第一个审计工作中期发展规划。从 2006 年开始，与国民经济、社会发展规划的制定与实施相适应，国家审计工作发展的五年规划由此开始，到目前已有四个审计工作发展五年规划，即《审计署"十一五"审计工作发展规划》《审计署"十二五"审计工作发展规划》《审计署"十三五"审计工作发展规划》《审计署"十四五"审计工作发展规划》。这些审计中长期规划对审计预期产生了或多或少的影响。见表 5-1。

表 5-1　审计规划对审计预期的影响

时间	名　称	特　点	结　果	对审计预期的影响
1989	《我国内部审计发展五年规划》	提出了内部审计组织建设、工作质量和人员素质等具体的目标	对指导我国内部审计工作今后一段时间的发展起到推动作用	审计引起人们的注意
1990	《审计工作发展纲要(1991—1995)》	第一个审计工作中期发展规划，发挥审计在宏观调控中的监督作用	通过编制审计项目计划贯彻落实审计工作方针、政策，标志着审计工作发展进入了一个新的阶段	预期者有了长期的预期

審计预期论

（续表）

时间	名　称	特　点	结　果	对审计预期的影响
2000	《审计署1999—2003年审计工作发展纲要》	为深入贯彻十六大精神，围绕全面建设小康社会，加快社会主义现代化步伐监督经济活动	审计机构要总结经验、开拓创新、不断深化、寻求发展	审计适应性预期明显
2003	《审计署2003至2007年审计工作发展规划》	审计署成立20周年之际所制定的专门规划	审计有了基本的目标、任务和保障	审计适应性预期与理性预期并存
2006	《审计署2006至2010年审计工作发展规划》，即《审计署"十一五"审计工作发展规划》	规划的审计目标明确，重点突出，面宽广、方式创新，内容丰富	规划提出了审计达到的目标、任务、方法、手段和保障措施等	审计预期走向理性预期
2008	《审计署2008至2012年审计工作发展规划》	根据党的十七大要求，不仅为未来的审计规划提供了蓝本，而且为未来的审计提供了具体的操作指南	规划保留了原规划的基本任务和主要内容并对原规划内容进行了充实和完善	审计预期趋于理性
2011	《审计署"十二五"审计工作发展规划》	审计的出发点和落脚点是推进法治、维护民生、推动改革、促进发展，发挥其保障经济社会健康运行的免疫系统功能	审计的指导思想、总体目标、主要任务、创新审计方式和方法明确	审计的理性预期明显
2016	《审计署"十三五"审计工作发展规划》	完善审计制度，加大审计力度，创新审计方式，提升审计能力，提高审计效率	规划提出了审计达到的目标要求、基本原则和主要任务，实现审计全覆盖	审计预期趋于更稳定与更理性
2021	《审计署"十四五"审计工作发展规划》	上下机关统筹、前后形势衔接、远近目标结合，实现经济体检的常态化	增强规划的科学性、前瞻性、针对性和可操作性	审计预期进一步趋于稳定与理性

资料来源：根据1983—2021年《中国审计年鉴》及预期调查问卷整理得到。

从表 5-1 可以看出,审计规划对审计预期具有不同的作用与影响。从 1983 年审计署成立以来,有关国家层面的审计规划有近 10 个。这些审计规划几乎都是滚动规划,与国家国民经济与社会发展规划相适应,共同为推动审计的发展做出了贡献。之前的审计是规划导向的审计。审计规划既是审计工作的计划,又是一种预期导向的规划。它在审计前的预期形成与变化中发挥着积极的作用。

通过调查及研究发现,1983 年,审计署成立,为审计成为经济活动监督的重要形式奠基。人们有了审计监督经济的意识。这时的审计预期还是低级的,范围有限,影响不大。1989 年,《我国内部审计发展五年规划》的发布,引起了人们的注意,人们对审计有了初步的预期,使人们预期审计也像国民经济和社会发展五年规划一样有专门的规划。1990 年,《审计工作发展纲要(1991—1995)》发布,人们有了审计的长期预期。2000 年,《1999—2003 年审计工作发展纲要》发布,人们的审计适应性预期明显。到 2021 年,《审计署"十四五"审计工作发展规划》发布,人们的审计预期进一步趋于稳定与理性。

(3) 审计前的预期的特点

审计前的预期是初步的,通常表现为预期的萌芽。人们所掌握的审计信息不完全,形成的预期与实际相差较大。审计前的预期表现为预期不准确,预期方法不科学,预期与实际结果不符。这一阶段的审计预期通常以道听途说为依据,深受审计规划与审计准备的影响。随着审计的开展,审计前的预期被审计中的预期所取代。

5.7.2　审计中的预期

审计中的预期就是事中审计所出现的预期,包括审计主、客体的预期。事中审计是指对被审计者正在进行的审计。经济活动正在被监督,这时的行为与应遵守的财务规则较少偏离。审计中的预期对审计的影响大于审计前的预期影响,但小于审计后的预期影响。

(1) 审计中的预期的含义

审计中存在预期,这是客观的。审计中的预期(during-audit expectation),就是预期者对正在进行的审计所形成的判断与估计。它对审计结果的形成与处理影响较大。在审计时,审计者以质疑的看法来收取证据并出具审计报告,以对被审计者所提供的资料等保持警惕形成问题预期,目的是更好地开展审计并以此减少审计风险。这种质疑和问题预期保持在整个审计过程中。事中审计有助于被审计单位及经济责任人及时采取措施纠正偏差,改善管理,保证目标实现。为了掩盖自身经济行为中的违规问题,被审计者表面上主动配合审计,背地里却想方设法逃避审计,预期审计查不出问题。公众与政府也各有其审计中的预期。

(2) 审计中的预期的表现

审计中的预期因审计内容、方法的不同,审计预期有不同的表现。审计中的预期具有丰富的内容,主要包括审计的对象、审计查出或发现的问题、所提出的审计建议以及公布的审计结果等。由于掌握与利用的信息的不同,审计的方法不同,审计者与被审计者、公众与政府都有不同的预期表现。见表 5-2。

表 5-2　审计中的预期

审计内容	明确审计对象	寻找审计问题	提出审计建议	公布审计结果
审计方法	审计规划法	大数据审计法	定性与定量审计法	定性审计法
审计预期表现	哪些可能会被审计	可能会存在哪些问题	事关问题的改进	审计结果的反馈
审计者的预期	最有可能被审计的	违规违纪违法严重	提出整改审计意见	向社会公布
被审计者的预期	自己被审计的可能性大小	合规合纪合法	走过场、走形式	一定范围内部公开
公众的审计预期	涉及自身利益的全部纳入审计	查过水落石出	防止走过场、走形式	向全社会公布
政府的审计预期	选择那些急需审计的	违规违纪违法问题表现	提出审计整改要求	向全社会公布

资料来源:根据调查整理而得。

由表 5-2 可以看出,审计中的预期内容十分丰富。明确审计对象、寻找审计问题、提出审计建议与公布审计结果都涉及许多具体的审计内容。审计方法多样,审计规划法、大数据审计法、定性与定量审计法等都是一些常见的审计方法。从审计预期表现来看,因涉及的内容多,它有很多方面的表现。审计者与被审计者、公众与政府都各有各的预期。

各利益方都从自身利益出发形成有利于自己的审计预期。在审计实施阶段,审计者首先是通过感觉将审计资料的初步状况反映到人的大脑中;然后用大脑中早已存在的审计预期进行衡量、对照和检验,经过分析、判断抓住其本质性的东西,从而发现问题、提出问题和解决问题。审计者对审计证据采取质疑态度,一般都较多地采用一些方法对同一证据进行测试,特别是运用大数据审计法寻找审计问题。如果从不同方面收集的证据可以相互印证,那么,这就可提高审计证据的说服力和证明力。审计者特别留意和充分利用被审计者的预期,在审计过程中统筹全局,做到客观公正,不徇私情,尊重和鼓励被审计者主动配合的意愿,避免产生付出太多,得到太少的预期心理落差等问题。

(3)审计中的预期的特点

审计中的预期不同于审计前的预期。由于信息掌握与利用的程度加深,以及采用更多科学的预期方法,预期逐步走向成熟。随着审计的开展,人们熟悉更多的审计知识,在审计预期管理的影响下,审计预期与实际结果越来越接近。审计预期发挥的作用也越来越大。由审计前的预期向审计中的预期转变的标志是趋于稳定。在无外界干扰下,这时的审计预期相对稳定,不容易改变。

5.7.3　审计后的预期

审计后的预期是人们在审计客体被审计后所形成的审计预期。这些预期涉及对审计中的情况的看法和未来将会进行的审计的看法。它既是对已经审计过的预期的总结,又是对未来审计的期望。

(1)审计后的预期的含义

审计后也有预期。这时的预期与审计前、审计中的预期不同,已经变得离现实很接近了。所以,审计后的预期与现实已经非常接近。这时的预期更多关心的是审计报告对各方利益的影响,未来的审计对象、审计时机和审计者等。从审计中查出的问题通常会影响审计后的预期形成与变化。审计后的预期(post-audit expectation)是人们对未来审计的预期。利益方预期还要审计哪些,如何审计,审计可能会发现的问题,如何应对审计。利益各方都对审计抱有不同的期望。有的期望符合实际,有的期望过高,有的期望过低。这时,审计预期差距在所难免。当审计结果公告发布后,原先的审计会逐步消失,他们会形成新的审计预期。

审计者在完成审计以后,就开始进入编制审计报告的阶段。这时,整理、评价执行审计业务中收集到的审计证据,复核审计底稿,审计后期事项,汇总审计差异,提请被审计单位或经济责任人调整或做适当披露,形成审计意见,撰写审计报告。审计报告是审计活动的最终成果,这一阶段也就是审计过程的最后阶段。在审计报告阶段,可怀疑标准审计意见的可信程度,即采取质量控制复核中的分析性程序来检验已有证据的可靠性。如果证据是充分适当的,则出具的意见就比较合理。尽管全社会可能存在不同预期,但审计者在审计后实事求是地评价审计结果,有利于其真正地监督经济活动。审计报告中勇于公开披露重大违规违纪违法案件的独立审计精神,是对经济犯罪活动的重要威慑,有利于人们形成正确的预期。审计者向社会传递审计意见和审计结论的基本渠道或方式,就是通过审计报告来表达的,这也是审计者与被审计者之间的唯一信息沟通渠道。审计报告可以保护信息使用者的利益,所以,审计后的预期主要就是对审计报告的预期。

(2)审计后的预期的特点

审计后的预期比审计前的预期与审计中的预期更趋于合理与理性。它经历了审计全过程,感受到审计对自己的影响。所以,对于审计后所形成的良好的预期需要稳定。如果审计预期变化太大,那么,有关部门很难进行审计预期管理,对未来的审计不利。稳定审计预期主要是稳定已经形成的良好预期、合理预期和正确的主导性预期。良好的审计预期让人们打消审计误区看法并树立审计能够客观公正监督经济活动的观念。审计的合理预期对审计的看法客观公正,审计不是为了找事、与谁过意不去,而是为了对经济活动的全面、有效监督。审计的主导性预期不合理,如公众对审计期望过高,当达不到他们的期望时,常常会导致公众对审计的不满,出现审计预期差距过大的问题。这就需要防止过于分散的过激的审计预期影响未来的审计。

审计后的预期与事后审计密切相关。事后审计可能是对经过修改的数据的审计。这种预期与事实出入较大。特别是审计数据没有及时公开,审计者仅限于专业人员,审计者与被审计者可能存在利益往来等都是事后审计所存在的问题。这种情况下的公众预期可能不好,而审计双方的预期可能会良好。

5.8　总　　结

审计是一个经济监督过程,与此相适应的,审计预期贯穿于审计的全过程。审计监督的过程就是审计信息的加工和利用过程。在确定的过程中,审计预期取决于对确定信息的处理与利用。在不确定的过程中,审计预期取决于对不确定信息的处理与利用。审计预期也可以说是一种过程预期。审计预期有其独特的产生机制、传导机制和作用机制。这些机制表明了审计过程预期的存在和特点。与审计过程同步,审计过程预期存在审计前的预期、审计中的预期与审计后的预期等。为了审计的顺利开展,充分发挥审计预期的作用,在审计前注重做好审计工作,注重解决审计过程预期问题,有利于审计的预期引导与宣传,克服不利于审计预期的消极影响;在审计中注意审计预期的引导与调节,将过高的预期调节为适当的预期,将不切合实际的预期引导为接近现实的预期;在审计后注重审计预期管理有利于审计的预期稳定,克服消极预期的影响。

第6章 审计结果预期论

6.1 审 计 结 果

研究审计预期既要注重审计过程,又要注重审计结果。审计过程结束,就会有一个审计结果。审计结果是审计所达到的最终目标。审计结果通常通过审计结果公告表现出来。审计所得到的结果是对利益相关方的利益调整。受审计结果影响的审计结果预期反过来影响审计结果。

6.1.1 审计结果的含义

审计结果(audit result)是查错纠偏,促使被审计单位和被审计人员即被审计者改进管理,提高经济社会效益的重要依据。如果对违纪定性处理过松,就会导致被审计单位和被审计人员对违纪问题不以为意。如果不及时地处理审计发现的问题,审计监督就会失去应有的效果。审计目标(audit goal)是人们通过审计实践活动所预期达到的境地或希望得到的最终结果。如果审计结果不当,就会难以达到审计目标。审计结果是审计要达到的最终目标。

在审计中,审计者需要进行大量的复杂判断,包括制定审计规划、收集与评价审计证据、评估被审计者的重大错报风险、确定审计重要性水平、形成审计意见等诸多方面,而且这些方面都会对审计结果产生影响。审计者与被审计者需要对各种参数做出预期或判断,而这些预期或判断都可能会影响最终的审计结果。作为被审计者,因直接的利益关系,审计结果往往受到他们的影响。审计者与被审计者甚至可能相互勾结,操纵审计,迷惑公众与政府,也无法实现真正的监督。

审计结果是审计监督的最终表现。审计结果质量能够引导人们形成不同的预期。高质量的审计结果能够使审计信息客观,提升人们对审计报告的依赖程度,特别是提高人们对审计机关依法向社会公布的审计报告所反映内容及相关情况的专门文件的审计结果公告的依赖程度,更能让全社会都知道具体的审计情况,即投入了多少审计者,审计了多少单位或经济责任人,查出了多少违规资金,损失了多少金额,挽回了多少损失,哪些违规需要整改并向全社会公告。审计结果公告能将审计监督与社会监督结合起来,有利于保障公民权利与维护公共利益。

6.1.2　审计结果情况

从 1983 年审计署成立以来,审计取得了巨大的成绩。无论是被审计项目和单位,信息公开,审计结果公告,还是审计查出的问题资金,审计后整改的资金,审计发现的侵害公众利益资金,审计后的处理处罚资金,审计后的整改落实资金和由审计所挽回(避免)的损失资金,取得的成果都是值得称赞的。见表 6-1。

从 1983 年审计署成立以来,已审计的单位与项目共 6 024 050 个,公开审计信息 1 542 923 件,发布审计结果公告 788 486 篇,审计查出问题资金 187.3 万亿元,审计后所整改的金额 20.6 万亿元,审计发现的侵害公众利益资金 7 249.7 亿元,审计处理处罚资金 21.0 万亿元,审计后的整改落实资金 20.3 万亿元和由审计所挽回(避免)的损失资金 1.9 万亿元。综上可得,审计是有绩效的,它充分发挥了对经济活动的监督作用。如果没有审计监督,就难以维持经济秩序。

6.2　审计结果预期概述

审计结果预期是审计过程预期的延续,是人们对审计结果的主观判断

表 6-1 1983 年审计署成立以来的审计情况

年份	被审计项目和单位(个)	信息公开(件)	审计结果公告(篇)	查出问题金额(亿元)	整改金额(亿元)	侵害公众利益(亿元)	处理处罚(亿元)	整改落实资金(亿元)	挽回(避免)损失(亿元)
1984	159			1.0					
1985	1 689			12.1					
1986	1 117			8.1					
1987	2 869			30.1					
1988	4 362			126.2					
1989	243 470			240.0	117.1		1.5		5.1
1990	261 846			342.9	36.7		2.0		10.9
1991	261 875			261.9	15.8		1.8		17.6
1992	224 886			224.9	17.6		2.6		15.8
1993	182 213			182.2	17.5		2.1		27.9
1994	185 077			844.4	91.4	172.3	18.1	109.5	11.4
1995	159 156			998.6	107.3	141.8	28.0	135.3	9.9
1996	178 778			2 058.6	137.8	273.0	50.2	188.1	23.2
1997	189 618			1 770.8	109.9	241.1	44.0	153.9	11.4
1998	161 341			5 030.7	198.4	224.7	41.6	240.0	31.6
1999	151 802			3 301.0	2 595.0	167.9	706.0	166.7	121.8
2000	145 713			5 530.6	3 958.5	262.2	1 572.2	268.4	202.3
2001	144 840			6 025.7	4 117.5	268.0	1 908.1	236.0	172.6
2002	142 638			3 292.8	3 145.2	257.9	1 148.0	3 569.6	132.3
2003	133 213	95 196	793	3 761.6	249.0	148.2	93.5	3 611.2	272.6
2004	124 168	92 666	522	9 819.2	9 669.3	262.1	64.7	5 293.3	262.1

（续表）

年份	被审计项目和单位(个)	信息公开(件)	审计结果公告(篇)	查出问题金额(亿元)	整改金额(亿元)	侵害公众利益(亿元)	处理处罚(亿元)	整改落实资金(亿元)	挽回(避免)损失(亿元)
2005	124 825	93 264	808	10 907.5	9 771.8	357.8	1 136.2	5 327.8	248.7
2006	137 350	156 571	7 200*	3 371.8	1 220.6	267.2	2 153.3	1 927.9	405.6
2007	142 734	180 946	107 944	19 652.8	4 519.9	28.8	857.0	2 503.0	66.6
2008	148 116	132 269	125 733	3 653.2	30 418.0	57.7	1 839.9	1 558.2	127.7
2009	136 898	10 000	135 105	3 228.6	1 400.2	52.2	305.5	1 806.7	164.0
2010	167 698	184 161	152 257	3 890.1	33 226.6	37.2	842.1	1 336.6	212.8
2011	168 857	10 000	164 278	5 439.3	56 871.5	82.4	1 288.6	838.6	437.8
2012	150 253	138 355	9 948	111 686.0	2 644.9	468.0	12 187.1	8 126.6	408.5
2013	152 367	122 447	10 958	175 855.1	2 005.7	194.0	17 244.6	13 748.0	767.0
2014	131 971	101 514	10 910	111 174.2	3 349.4	64.9	17 815.6	8 918.4	764.9
2015	138 722	36 505	12 074	186 927.2	3 295.9	1 074.8	20 796.0	28 545.1	901.6
2016	137 575	20 000	13 420	143 352.0	3 235.8	217.3	17 589.1	13 311.6	1 055.4*
2017	131 064	106 382	12 962	181 338.1	6 494.8	265.5	18 683.1	18 619.4	1 076.9*
2018	110 128	13 835	13 344	240 177.6	4 771.9	277.3	32 431.2	20 092.1	910.4
2019	101 142	12 703	13 997	216 747.0	3 940.3	717.5	17 870.9	18 036.7	5 719.5
2020	642 867*	17 805	14 035	200 543.5*	7 255.9	320.4	19 887.7	21 832.8	2 200.1*
2021	402 673*	18 304	15 222	210 545.7*	7 375.0	346.7	21 276.5	22 327.4	2 307.3*
合计	6 024 050	1 542 923	788 486	1 872 729.5	206 382.2	7 249.7	209 890.8	202 828.9	19 099.6

注：带 * 的数据在《中国审计年鉴》中没有，根据官方当时的工作总结、领导讲话、各方面审计的数据的汇总综合估算而得，可能存在误差，但误差不会太大。

资料来源：根据审计署网站 1984—2021 年的《政府审计信息公开年报》《中国审计年鉴》整理而得。

133

或估计,不同的审计结果预期有不同的表现。注重审计结果预期有助于得出客观、公正的审计结果。

6.2.1 审计结果预期的含义

审计结果会引导人们的审计结果预期。所谓审计结果预期(audit result expectation),就是预期者对审计结果的预期。不同的审计结果会引起不同的审计预期。高质量的审计结果能够帮助信息使用者利用被审计单位和被审计人员的财务审计状况并据此做出决策。与由多个不同阶段组成的过程不同,结果只是一个状态量。审计结果预期解决了审计工作的最终产品问题,增强了审计过程的方向性。任何事情都不能漫无目的地进行,审计工作也自始至终具有明确的结果导向性,在审计过程中不断与结果预期相比对,不断试错纠错(trial and error correction),使思维不断发散,目标不断清晰,进而在大方向上保持朝着客观的审计结果不断逼近(near or approach)。一个审计项目的开展是为了达到什么样的目的,审计工作开始之前必须对项目的结果进行预期,即对本次审计可能解决的矛盾与问题进行预期,这样随着审计工作的不断推进才会始终避免盲目性而充满目的性。需要说明的是,结果预期与过程预期并不存在天然的先后次序,有时候结果预期可能要先于过程预期。比如从某个重要线索发现一宗重大经济犯罪案件,审计人员首先进行的是结果预期,如可能抓到的贪腐分子、涉及的资金数量以及可能的犯罪事项等。然后,他们在收集一定资料的基础上才开始进行过程预期,并对即将开展的审计工作进行周密的部署。

审计结果预期包括预期者对审计结论、审计结果公告和审计整改意见等的预期。审计结论是否客观公正,被审计者、公众、政府对它的看法如何,这些都会直接或间接地影响到他们的利益。审计结论受到被审计者的普遍关注。被审计者一般都有审计结论的预期。审计结果公告的预期是预期者对审计结果公告的看法,如审计结果公告是否及时、全面、客观、公正地展示了审计的情况,审计结果是否可信,各方对此的接受情况如何等。当审计结果公告后,预期者不切实际的预期会发生变化,与现实趋于一致。审计结果公告中的整改建议也会引起预期者的预期,特别是整改的程度。尽管被审计者不会拒绝进行整改,但存在积极整改与消极整改,整改完全到位与整改没有彻底到位,整改效果明显与整改效果不明显等情况。这些情况难免都会引导预期者形成与改变审计预期。

在审计结果公告前,预期者会产生各种不同的审计结果预期:有的能够接受审计结果,有的难以接受审计结果。在审计结果公告后,同样有的可以接受审计结果,认为其与事实基本一致,审计报告客观公正;也有的认为,审计结果与事实不符,偏离过大。审计成果中对所发现问题的整改建议体现了审计者预期的合理运用,是对被审计者完善管理的主动性的积极推动,并非如一些被审计者所认为的,似乎只要查出了问题,审计就算完成任务了。对于审计查出或发现的严重问题,被审计者通常会认为审计是故意挑刺。故他们可能不会将注意力放在改正上面,往往希望大事化小、小事化了,消极处理审计所发现的问题。审计结果公开既会提高公众的自我反腐效能感从而增强公众的反腐预期,也可能提高公众反腐风险感从而降低公众反腐预期。这需要具体问题具体分析。

6.2.2　审计结果预期的种类

审计结果报告即审计意见是审计结果的主要内容。一般来说,审计结果有公开和不公开两种情形。预期者对审计结果公开与否的预期是不同的。公开的审计结果预期一般好于不公开的审计结果预期。审计结果预期包括审计报告预期、经济责任人的预期和审计整改预期等。

(1)审计报告预期

当审计即将结束的时候,人们会预期审计报告是什么样的。审计报告预期(audit report expectation)是预期者对审计者在拟定审计报告时所形成的社会心理反映。在审计报告形成阶段,审计发现的问题已经查实,事实已充分可靠,审计者本应客观公正地提请有关机构批准并及时发布。但是,被审计单位及相关经济责任人为了把对自己的不良影响降低到最低程度,一般会与审计者博弈,希望能尽可能少地反映问题,即使反映问题也希望能避重就轻。造成该现象的主要原因是,被审计者希望减少可能被追究的责任、避免声誉可能的丧失、减少可能的利益失去等。当审计报告有利于被审计者时,他们的审计报告预期是良好的。反之,他们的审计报告预期是不良的。

如果利益相关者期望审计结果公开,而事实上并没有公开,可能带来不良的预期。同样的,如果利益相关者期望审计结果不公开,而事实上公开了,这也可能带来不良的预期。被审计单位或被审计者通常不希望审计报告公开而反映不良事实情况,因为这或多或少会影响他们的生产经营、市场前景、声誉和信用等。审计者、公众、政府通常都希望公开审计结果报告:审计者想让全社会知道他们做了什么、做得如何,这是他们审计的成绩;公众普遍认为,审计结果报告应予以公开,特别是纳税人,他们认为自己有知情权;政府利用其公开形式向全社会表明自己已经尽了职责。所以,利益各方对于审计结果报告有不同的预期。他们按照所获得的信息形成预期进行决策选择。在充满不确定性的社会中,审计报告为有关部门和公众提供了一条客观公正的信息渠道。

(2)经济责任人的预期

审计结果直接涉及经济责任人,而经济责任人通常会据此产生自己的预期。一般说来,经济责任人对审计结果预期不看好。审计者认为,虽然经济责任人对经济发展做出了一定的贡献,但也有不合规之处。他们需要对自己的不合规结果负责。政府为经济责任人提供发展经济的舞台,也要求经济责任人遵纪守法,预期理性的经济责任人是会自律的。对于公众来说,他们对经济责任人的预期就不那么看好了。2021年1月29日,华融资产管理公司董事长赖小民因腐败问题(涉案金额高达17.9亿元)被执行死刑。他曾经就是一个经济责任人。公众对此结果拍手叫好的同时也不禁要问,审计监督干什么了。事实上,公众早就对赖小民不看好,预期他迟早会出问题。当他被宣布死刑时,证实了公众之前的预期是正确的①。

(3)审计整改预期

经审计后所形成的审计结论,一般对违纪违规行为都要求进行整改并

---

① 赖小民作为经济责任人,公众对他的预期很差,对审计他的结果偏离其本身预期,但符合公众预期。

在一定范围内公开整改情况,有的甚至要求向全社会公开。所以,这就会有审计整改预期的产生。审计整改预期(audit rectification expectation)就是人们对审计整改的看法,或预期良好,或预期不佳。它影响着审计整改。如果被审计者的审计整改预期良好,它会积极进行整改,从而达到审计监督的目的。

6.2.3　审计结果预期的表现

查错纠弊历来是审计的基本职能,审计行为的发生就是审计主体对审计客体产生影响与作用的结果。审计结果预期表现出预期者对审计结果所形成的预期。在不确定的条件下,审计预期就是在现有审计信息基础上的对未来变量的数学期望的估计。随着时间的推移,经济中会出现外部冲击(outer shock),所以,这个期望未必是未来实现的结果。审计结果预期有不同的表现。

(1)不同预期者的审计结果预期存在明显的差异

对于相同的审计对象在相同的时间点所进行的审计,不同的预期者对审计结果有不同的预期。有的预期问题严重,有的预期问题不突出;有的预期看好,有的预期不看好。这是预期者从各自的利益出发而形成审计预期。特别是公众,完全基于利益考虑而形成预期。这种结果从侧面说明了公众对于审计的重视体现在整个监督过程中,而不是单一地注重过程或者结果。这也反映了审计者会理性地对待审计,而非审计者却难以理性地对待审计。

审计结果预期在某种程度上能够反映审计风险。"审计报告的类型差异往往意味着注册会计师衡量被审计单位的审计风险评价差异,因此客观上能够较好地反映审计风险。"[①]审计结果预期的差异对审计风险有不同的影响。审计者对多年来的大案要案审计,包括案件线索的发现、移送和公开披露,不仅展示了审计监督的优势,而且证明了他们预期的正确性。

---

① 李爽,吴溪.2004.审计定价研究:中国证券市场的初步证据[M].北京:中国财政经济出版社,31.

（2）审计结果预期与现实存在或多或少的差异

在预期的准确性上,通常只有那些达到理性预期的预期者才能正确地进行预期。在理性预期中,只有极少数预期者能达到孔明预期。孔明预期是指与实际审计结果完全一致的预期。从目前中国的审计来看,由于受信息因素、预期方法与预期历史的影响,绝大多数预期者的审计预期还是非理性预期,审计结果预期与实际审计结果往往存在较大的差异。然而,在短期,我们难以看出审计结果预期与现实存在的差异,衡量这种差异需要观察一个时期的审计预期值才能得出。

为了深入分析审计结果预期与实际所产生的差距,本书采取统计性描述进行分析。假如审计预期值与实际值的偏离程度为 D,预期值为 E,实际值为 R,t 为各个预期时期,那么审计结果预期的偏离程度为:

$$D_t = (R_t - E_t)/E_t \tag{6-1}$$

这一公式的含义是:以 0 为轴,实际值 R 与预期值 E 的结果数据可能分布于两端。其中,D＝0 即预期值 E 与实际值 R 完全一致;D＜0 即预期值 E 大于实际值 R, D＞0 即预期值 E 小于实际值 R。为了更深入地掌握审计预期值与实际值的偏离程度,本书通过求解偏离程度 D 的标准差,由此得到离散程度值 P 和离散系数 C。

如果 D＝各个指标的偏离程度,D_t＝各个指标的偏离程度的平均值,l＝各个预期的指标数量,那么有:

$$P = \sqrt[n]{\sum_{l=t}^{n} (D_t - D)^2 / n - 1} \tag{6-2}$$

这一公式的含义是,它表示各个预期值/实际值偏离程度的平均分布离散状况。P 值越大,它表明总体偏离越大。P 值越小,它表明总体偏离越小。

离散系数 C 表示的是将各个审计预期的标准差值与偏离平均值相比的系数。其计算方法为:

$$C = P/D \tag{6-3}$$

由于 D 可能为 0,这会导致 C 无解。它意味着会出现偏离程度越大而离散系数越小的可能。当然,它也意味着会出现偏离程度越小而离散系数越大的可能。为避免离散系数越大的可能,我们可以按倒数的方法将公式颠倒得到:

$$C = D/P \qquad (6\text{-}4)$$

这一公式从数学形式看不可能为 0。于是,这就保证了能够从计算中得到合理的解释。通过计算偏离系数,我们可以从总体上看出审计预期值与实际值的偏离情况。

6.3　审计结果预期差距

20 世纪 60 年代以来,国外形成了诉讼爆炸的局面,这种局面形成的原因之一是审计期望差距的产生。Liggio[①](1974)最早提出审计预期差距概念,认为审计预期差距是指独立审计师和财务报表使用者对审计业绩期望水平的差异。后来,不少审计学家、经济学家、管理学家、心理学家都从不同的角度研究了审计预期差距。目前,各主要发达国家都对审计预期差距进行了广泛深入的研究。我国为民众所接受的审计预期差距是指公众对审计的期望(公众预期)和审计者实际业绩的公众看法(业界期望)之间的差距。Poter(1993)指出,审计预期差距是社会对审计的期望和审计师实际业绩的公众看法之间的差距。他所说的审计预期差距主要是指社会对审计的看法。审计预期差距表现为,越来越多的公众对审计会产生不同的预期。审计者与被审计者的预期差距、公众与审计者的预期差距、公众与政府的预期差距等都是普遍存在的。审计不仅查错防弊而且反映被审计者资金、资产、权益状况。Grav 和 Manson(2003)指出,审计预期差距是描述那些依赖审计者报告的人对审计的期望与审计者认为所应当执行的行为标准之间的差距。需要说明的是,审计预期差距是一种复杂预期现象,这里主要研究的是审计结果预期差距。

---

① Liggio(1974)首次将期限期望差距应用于审计。

6.3.1　客　观　性

预期者对审计结果有不同的看法与估计,所以,审计结果预期差距是一种客观存在。从长远看,审计结果预期差距的存在是审计理论和审计方法发展的动力。审计结果预期差距的消除是暂时的、相对的,而审计结果预期差距的存在是持久的、绝对的。审计结果预期差距的存在表明,审计的实际表现未能满足全社会的期望。政府需要努力缩小审计结果预期差距,创造良好的执业环境,审计者才能更好地进行审计。需要说明的是,本章所说的审计结果预期差距是审计预期差距的一个重要表现。

(1) 预期者对审计信息的掌握与利用不同所带来的审计结果预期差距

审计结果预期差距(audit result expectation gap),是指公众对审计信息的需求与公众对目前审计执业即审计结果的认识之间所形成的差距。这种差距既包括由于审计者审计能力不足而形成的差距,也包括由于公众对审计执业即审计结果的错误认识而形成的差距。一般说来,政府与审计者掌握着充分而完全的信息,而被审计者与公众所掌握的信息既不充分又不完善。掌握信息的双方处于不对称状态。不仅如此,即使双方所掌握的信息都是充分与完全的,但不同群体对审计信息的利用程度不同,由此形成的审计预期也是有很大差距的。"通常,审计师检查公司的账目、监控公司发布的信息质量,以此减少公司管理者和公司股东之间的信息不对称问题。审计师在金融市场上扮演着重要的角色,因为公司管理者和公司股东之间不可避免地存在信息不对称问题,而他们的工作可以减少这种信息不对称现象的发生。"[①]由此可见,对审计信息的掌握与利用不同所带来的审计结果预期差距是最常见的审计结果预期差距。

(2) 预期方法的不同所带来的审计结果预期差距

不同的预期方法带来不同的审计结果预期差距。在众多的预期者中,有的采取的是理性预期的方法,有的采取的是非理性预期的方法,他们所形成的审计结果预期必然会有差异。审计者在审计时需要进行许多判断和决

---

① 弗雷德里克·S.米什金.2020.货币金融学[M].第 5 版.北京:机械工业出版社,302.

策,需要制定审计规划、评价审计风险、确定审计重要性、收集与评价审计证据、进行审计调整以及形成审计结论等,这样会使预期更加理性。被审计者配合审计、提供审计资料与证据、接受审计结论并进行整改的行为,对审计结果的认同,其预期的非理性方法占主要。公众接受审计结果,配合进行审计,知晓审计,其预期的理性与非理性兼有。政府规划审计、安排审计,制定审计规则,提出审计原则,指导审计,其预期更趋于理性。于是,出现审计结果预期差距在所难免。所以,预期方法会影响审计结果预期差距。

(3) 审计绩效与审计者的期望的不同所带来的审计结果预期差距

存在审计结果预期差距的原因除了预期者的信息不完全与预期方法不科学外,对审计绩效与审计者的不同的看法与期望也会导致预期差距的产生。审计结果预期差距有不同的表现,有的差距大,有的差距小。调查发现,绝大多数预期者对审计绩效与审计者有不同的看法与期望,期望审计者能查出或发现所有的问题。这些期望有合理的也有不合理的。他们会认为审计者应查出或发现所有的问题。但事实上,除了审计者在审计中的业绩缺陷,还有规则方面的缺陷导致审计不尽如人意。见图 6-1。

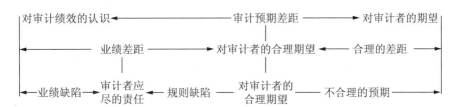

图 6-1 由审计绩效与期望所带来的审计结果预期差距表现

6.3.2 审计结果预期差距产生的原因

由于审计涉及各方利益,所以,在信息、不确定性和预期方法等因素的影响下,形成审计结果预期差距的原因是相当复杂的。产生审计期望差距的原因包括经济、心理和社会因素等。审计结果预期差距产生的主要机理是对于不同的审计主体期望准则未界定的审计内容和审计目标。这是从机理方面所形成的审计预期差距。对于审计结果预期差距的产生原因,国外各有看法。加拿大 CICA(1988)认为,它是公众对审计的需求或期望与公众感知到的审计者执业水平之间的差距,由公众对审计的不合理期望、审计准则的非完备性导致的合理期望差距、实际执业缺陷导致的合理期望差距和公众对现行执业质量的认识偏差导致的不合理认识组成。Porter(1993)将其分为合理差距和执行差距。不同的审计期望差距的影响是不同的。前者是社会期望与审计者能合理地完成的水准之间的差距,而后者是社会合理期望审计者完成的水准和感知到的审计者完成的水准之间的差距。对于审计结果,郑石桥(2015)以审计主题为基础,从审计目标和审计意见两个视角探讨了产生审计期望差距的原因①。这些认识为进一步研究审计结果预期差距提供了方向。

(1) 有限的审计规则

审计需要在相关规则的约束下进行,健全的审计规则有助于缩小审计结果预期差距。审计的质量标准坚持以效率为主要原则,确定社会可接受的审计成本水平。而社会在接受这一成本水平的同时,也接受了与成本相对应的审计失败率。如果审计行业的相关规则和相关流程不能有效保证审计者查错防弊的效率(efficiency),就会导致审计结果预期差距的出现。特别对于我国现行的审计准则的不完备和管理层的舞弊现象,注册会计师基本上是无能为力的。尤其对于审计规则不健全问题,无论如何引导与调节审计预期,其差距都可能存在。不仅如此,市场经济条件下的经济活动是一个动态的过程,而审计规则不可能涵盖所有事项。这也造成了审计结果预期差距的存在。

(2) 审计固有的局限性

审计不可能穷尽一切违纪违规违法行为,存在着固有的局限性。由于选择性测试方法的运用、内部控制的固有局限性,大多数审计证据是说服性而非结论性的,为形成审计意见而实施的审计涉及大量判断,某些特殊性质的事项可能影响审计证据的说服力等原因,审计者只能保证财务报告整体不存在重大错报,对财务报表提供合理保证,而不是保证查出所有的遗漏和

---

① 郑石桥.2015.审计目标、审计意见和审计期望差距:基于审计主题[J].会计之友,(5):126—130.

错误。不仅如此,审计者的职业能力水平等因素也影响着审计绩效。由于审计者本身知识、工作能力和经验水平的不足或者执业态度不能完全遵守相关准则所造成的审计结果的不准确或者不真实,以此造成的被公众的误解,使得审计结果预期误差越来越大。正是这种局限性使审计无法满足公众的全部期望,形成了审计结果预期差距。

（3）审计者的偏好

在审计中,审计者可能存在审计偏好,即偏向于某种倾向得出一种结论,从而出现审计者的偏好（auditor preference）。现实中存在的各种因素使得审计者在履行其职责时伴随着各种利益冲突,由此形成了特定的偏好与预期,审计者据此得出审计结论。审计者的行为常常远不能达到公众的预期,可信度受到很大质疑。尤其在中国,审计者很难发现舞弊或非法行为,甚至他们本身都对在执行审计时财务报表是否不存在重大舞弊或非法行为缺少足够的信心。公众对审计者行为存在不满也进一步加剧了审计结果预期差距的形成。审计者在审计中需要与被审计单位或者个别被审计者就各种问题进行沟通。彼此间的交往越多,双方的了解越深入,彼此的熟悉程度也就越高,审计者与他们之间的关系也就会越密切。过于密切的关系特别是不正常的审计关系可能导致审计的不客观公正。

（4）审计结果是否公开及公开方式

对于审计结果,审计结果公告涉及的利益相关者的利益与公告利益相关者的行为之间存在相互作用（郑小荣,2014）。审计结果报告方式有详细报告与简略报告这两种,审计结果有公开与不公开两种。审计结果报告方式与审计结果是否公开会带来审计结果预期差距,并且这种差距大小不同。见表6-2。

由于利益立场的不同,被审计者期望审计结果完全保密,反对任何实质性意义上的公开,期待模糊化披露。公众期望审计结果完全公开、透明,消除任何意义上的信息不完全或信息不对称。审计者和政府期望审计结果适当公开,既不完全保密又不完全透明。不同的期望者的审计结果公告预期影响不同。从表6-2看出,审计结果报告方式对审计结果预期差距有不同影响。准则界定的情形和利益相关者的期望都采取详细报告或简略报告的

表 6-2　审计报告方式、审计结果和审计结果预期差距

组合情形		准则界定的情形	利益相关者的期望	对审计结果预期差距影响的大小	有无审计结果预期差距
审计报告方式	1	详细报告	详细报告	—	无
	2	简略报告	简略报告	—	无
	3	详细报告	简略报告	大	有
	4	简略报告	详细报告	小	有
审计结果是否公开	5	公开	公开	—	无
	6	不公开	不公开	—	无
	7	公开	不公开	小	有
	8	不公开	公开	大	有

审计对审计结果预期差距均没有影响。只有对准则界定采取详细报告而利益相关者期望采取简略报告,或者只有对准则界定采取简略报告而利益相关者期望采取详细报告的审计报告方式才会对审计结果预期差距有影响,前者对审计结果预期差距的影响大于后者。审计结果是否公开对审计结果预期差距也有不同影响。采取都公开与都不公开的审计结果对审计结果预期差距均没有影响或影响不大。只有对准则界定采取公开而利益相关者期望采取不公开的审计结果公布方式,或者只有对准则界定采取不公开而利益相关者期望采取公开的审计结果公布方式才会对审计结果预期差距有影响,前者对审计结果预期差距的影响小于后者。

(5)利益冲突会带来审计结果预期差距

审计结果预期差距常常源于利益冲突(interest conflict)。"一些利益冲突会影响到审计的可靠性。当会计公司为其客户提供审计服务和非审计服务——一般称为管理咨询服务(诸如税务咨询、会计制度或管理信息系统以及公司战略等)时,广受关注的利益冲突问题就会产生。"[1]审计者与被审计者的利益冲突是普遍存在的,即使是在信息高度发达的现代社会也不例外。他们各自从自己的利益出发行事,由此具有不同的审计预期。

利益冲突来自何处呢? Mishkin(2020)进行了深入分析。他认为:"会

① 弗雷德里克·S.米什金.2020.货币金融学[M].第 5 版.北京:机械工业出版社,302.

计公司能够提供多种服务,从而可以凭借规模经济和范围经济而获得收益,但是也存在两种潜在的利益冲突来源。一是,客户会向审计师施加压力,要求更改他们的评论和观点,否则威胁将其会计和管理业务交给其他会计公司。二是,如果审计师所分析的信息系统,或者审计的税务和金融建议的对象来自其公司的非审计部门,那么他们将不愿意对这些系统或建议提出批评意见。每一种利益冲突都会潜在地导致审计偏差。随着提供给投资者的可靠信息越来越少,金融市场进行有效的资本配置将变得更加困难。"①受利益冲突的影响,有的审计预期良好,有的审计预期不良。利益冲突带来的审计偏差比比皆是。审计结果预期存在差距在所难免。

(6)公众对审计的误解

公众不合理的期望,从经济学的观点来看,公众对待审计者的业务都表现为风险偏好的倾向,他们都希望能够完全信任审计者披露的财务信息以此来进行诸多经济决策。"在审计机关公开被审计单位问题的同时,社会预期很高。社会也期望金融审计问题得到切实的纠正,实行问责制度,追究有关当事人的责任,避免类似问题的再次发生。"②但是,由于职业人员所处行业环境以及成本与效益的限制,审计往往达不到公众的期望。也就是说,公众常常误解审计,往往无限放大了审计者的职责(张强光,2017;马新月,2021)。研究发现,有许多审计结果预期差距主要源于信息不对称。公众对审计信息的需求是广泛的,而政府与审计者所能提供的信息是有限的,公众对审计信息需求过度,同时对审计职能的期望过高,并且对审计目标存在不恰当理解,都使得公众对审计结果不太满意,由此造成审计结果预期差距。简单来说,是公众对审计的服务范围和保证程度的要求超出了审计能力,因而形成了由于理解差异造成的审计结果预期差距。

6.3.3 审计结果预期差距的理论解释

审计结果预期差距可以用哲学理论、心理学理论、经济学理论和声誉理

---

① 弗雷德里克·S.米什金.2020.货币金融学[M].第 5 版.北京:机械工业出版社,302.

② 江世银.2019.当代中国金融审计研究(1983—2018)[M].北京:人民出版社,149—150.

论等进行解释。不同的理论说明了审计结果预期差距存在的理由和依据。运用这些理论解释审计结果预期,使研究得以更加深入、全面、系统。

(1) 哲学理论的解释

科学的哲学理论要求透过现象看本质,认为审计者应该通过被审计者提供的会计报表对其是否存在错误以及舞弊行为做出判断。由于审计所接触的各种经济活动现象是异常复杂的,所以,审计者需要透过复杂的经济现象才能看清被审计者违规违纪违法的本质。但人的认知能力是有限的,需要在实践中不断探索、不断发展和不断完善,形成从实践到理论、再实践、从理论到实践再上升到理论的过程,可以说是一个永续发展的过程。随着环境的变化,相关的理论也需要发展。有限次数的审计实践难以保证审计结果预期不会出现差距。由于受成本效益、审计目的以及审计目标等因素的限制,审计者根本无法仅仅通过被审计者提供的会计报表完全准确地对其所有经济活动进行监督。而相关利益方希望审计者可以完全透过现象看清本质,即审计者出具的审计报告是对被审计者所有经济活动的监督。但在实际过程中,由于认知能力的有限、审计环境的不断变化以及审计客观条件的限制,审计者不可能准确无误地对被审计者所有的经济活动进行监督。不仅如此,当旧的需求满足了,新的需求又产生了,审计结果预期差距由此产生。这表明,如果要缩小审计结果预期差距,这需要透过现象看本质,进行反复的审计实践,不断提高对审计结果的认识。

(2) 心理学理论的解释

心理学理论认为,人的需求是多种多样且有层次的。马斯洛(Maslow)的需求层次理论表明,人有不同的需求。低级的需求获得满足后又会产生高级的需求。审计中的利益各方的需求是千差万别的,存在不同的愿望。政府和审计者的愿望是查出问题并追究责任,完善管理制度。被审计者的愿望是查不出问题。公众的愿望(aspiration)是不仅要查出小问题还要查出大问题;不仅要查出当前的问题而且要查出历史的问题;不仅要查出问题,还要追究相关人员的责任。不同的人群具有不同的心理活动和个性心理特征。审计充满着各方心理活动的影响,且审计预期本身就是一种心理活动。这一理论认为,不同人群因各自的利益而形成审计预期,预期者对审计结果持有不同的预期。他们对有利于自身利益的审计结果预期良好,对不利于自身利益的审计结果预期不良,由此形成审计结果预期差距。心理学理论为审计结果预期差距提供了解释依据。发挥审计的监督作用,就要求注重审计预期心理的影响。从心理学角度分析审计结果预期差距,不同的预期者对审计的不同认知方式是产生审计结果预期差距的主要原因之一。

(3) *经济学理论的解释*

经济学理论对审计结果预期差距是从契约理论的角度进行解释的。契约理论(contract theory)指出,企业是一组契约(contract)的集合体。企业中存在着股东与经理、经理与雇员等众多的委托代理(principal-agent)关系。委托人和代理人是两个不同的利益主体,它们之间的利益存在一定程度上的冲突,委托人欲使自己的效益最大化必然要求代理人为其努力工作,而代理人却以努力工作为负效用(negative utility),往往倾向于偷懒,使自己的效用最大化,这样就形成了契约双方信息的不对称。信息不对称是指代理人知道的信息在充分性、可靠性、及时性等方面都高于委托人。在信息不对称条件下,每个人都掌握着私人信息,这些信息不为他人所知,从而占有某方面的信息优势,但也正处于其他方面的信息劣势地位。在现实中,审计者被期望作为信息风险的减少者和保险人的双重身份出现。一方面,审计者被雇佣来对财务报表的公允表达进行确认和查错纠弊,以减少财务报表隐含的错误。另一方面,委托人和代理人通过审计费用的支付将审计风险转嫁给审计者。由于信息不对称前提的存在,委托人和代理人的利益不一致,客观上期望独立的第三方审计来承担信息风险的减少者和保险者的角色,以协调他们的利益冲突,这就是审计需求产生的经济学动因之一。如果审计者因失职而没有察觉人为舞弊,这就出现了审计师的失职。一旦失职,审计业绩达不到全社会的预期,就会带来审计结果预期上的不一致。契约双方信息的不对称是形成审计结果预期差距的理论原因。

审计结果预期差距还可以从经济人假设(economic man hypothesis)去分析。对于经济人假设,有不少学者提出了不同的看法。Hales J. (1549)最先提出了人是追求最大化利润的看法。后来,Mandeville B. (1729)提出了人的自利性是社会发展动力的观点。在近代,Smith A. (1776)提出了经济人的看法。经济人假设人是理性的,利己是人的本性,个人利益的最大化只有在与他人利益的协调中才能实现。经济人的理性有完全理性与不完全理性。由于知识的非完备性、评价的不充分性和选择的有限性,人不可能有完全的理性。所以,Simon H.(1955)提出了有限理性经济人假说。有限理性经济人为自己的利益会做出有利于自身利益最大化的选择。经济人生活在现时,他既不回忆过去,也不预测未来(保罗·阿尔布,1992)。根据经济人假设理论,作为理性的经济人假设,因为人的行为受自己的利益所驱动,被审计者通过盈余管理获取最大化的利益,而审计者也需要权衡利弊以实现审计效用的最大化。所以,审计结果预期差距存在就不足为奇了。

(4) 声誉理论的解释

声誉(reputation)指的是某种事物在他人看来的印象、声望。声誉对审计中的涉事各方都非常重要。它对有社会地位、需要实现人生价值的人来说相当重要,有时甚至超过金钱的价值。在通常情况下,声誉就是一种间接的利益表示。声誉理论认为,良好的声誉所带来的长远效益相对较大,因而可从正面激发审计者履行职责的动力,从而促使审计者提高审计质量。审计者声誉的改善会改变利益主体的预期。审计声誉具有传递信号、节约社会成本、减少道德风险行为、规范审计行为、保证审计质量等作用。作为理性的经济人,有的审计者可能会只注重追求眼前利益而缺乏长远的战略眼光,进而产生审计者异化甚至合谋舞弊的现象。当然,也有保持客观公正,发表真实的非标准审计意见,披露真实的会计信息以保持良好声誉的审计者。这需要做出具体分析。作为被审计者,他们缺少保持良好声誉的动机,也难以形成对未来稳定回报的良好预期。他们考虑更多的是短期利益,忽视长期利益。在监督不到位情况下,他们为了获得利益会不惜违纪违规甚至违法。同样,公众与政府也存在声誉。只不过,公众对于声誉的注重程度不如政府所注重的程度高。

6.3.4 审计结果预期差距的影响因素

审计结果预期差距之所以存在,除了受审计期望和审计业绩影响外,还受人的素质、信息、预期方法、职业和偏好等因素的影响(第 10 章专门就此进行实证分析)。各种因素影响的程度存在着差别:有的影响范围大,有的影响范围小;有的影响持续时间长,有的影响持续时间短;有的影响直接,有的影响间接。

(1)人的素质

人的素质是影响审计结果预期差距的基本因素。人的素质(human quality)是指人的神经系统、大脑的特性以及感觉器官和运动器官的先天特点。不同的人具有不同的素质。它是人的心理活动或行为的自然前提。这些素质包括身体素质、心理素质、社会素质、专业素质和职业技能等多个方面。有的人不常生病,身体素质好,抵抗力或免疫力强,具有承受高强负荷的工作及应对突发事件的能力。有的人记忆力好、意志力强,对工作充满信心,具有良好的沟通协调能力,心理素质好。有的人做事果敢、决断,具有社会良知和责任或社会素质好。有的人博闻强记,具有较强的分析判断能力和较强的创新意识,专业素质好。有的人职业技能十分受人尊重、声望高,能够实现人生价值,服务于社会,主要原因是好的职业技能,能够使他人受益。人的素质是人的生理、心理、社会及职业诸种因素所决定的个人行为特征和能力的总和。

教育知识水平是影响审计结果预期差距的最基本的因素。它是最能体现人的素质的指标。教育知识水平(educational level)是指人接受教育与掌握知识的多少,是预期者素质的重要表现。一般说来,教育知识水平越高,懂得的经济、政治、文化、社会与生态等知识越多,看问题的角度越新颖,分析问题与解决问题越全面、深刻,形成的预期越理性、合理,越接近于现实。为此,Melinda Timea Fulop, Adriana Tiron-Tudor 和 George Silviu Cordos(2019)对学生进行的一项调查结果显示,审计教育对于弥补审计合理性差距是有效的,并建议采取更多的行动加以调节。[①]教育知识水平低的公众的预期通常不理性,也不切实际。他们的非理性的审计预期多,理性的审计预期少。所以,缩小审计结果预期差距需要重视教育知识水平,特别是

[①] Melinda Timea Fulop, Adriana Tiron-Tudor and George Silviu Cordos. 2019. Audit education role in decreasing the expectation gap[J]. Journal of Education for Business,94(5).

审计知识水平。

（2）信息

将审计与预期联系起来的桥梁是信息。信息是影响审计结果预期差距的基础因素。信息（information）是预期形成的前提和基础。没有信息，就没有预期。当然，我们不可以说信息就是预期。预期是对经济社会变量信息的加工与处理。审计预期就是预期者对审计监督活动信息的加工与处理。信息是客观的，而审计预期却是主观的。预期是主观见之于客观的活动。审计结果预期差距是审计信息被掌握与运用的不同的必然结果。

现代社会是信息社会，现代经济是信息经济。审计监督也是一种信息监督，审计预期也是一种信息预期。从2003年以来，审计结果公告制度被推行。审计信息受到社会广泛关注，审计结果公告成为社会公众关心的热点（周长信，2012）。不同的人对信息的感知、认识、理解、运用不同。对相同的经济监督活动，不同的人对信息的有效性产生不同的感知，对信息质量产生不对称的敏感性，由此形成不同的审计预期。虽然客观判断对个体更有利，但是由于偏好特定的信息与结果，他们依然采用不同的标准处理信息，所以，他们的预期也不同。偏好一致信息与偏好不一致信息的人处理特定事物程度的差异性，决定了他们偏向于通过得出特定结论需要的信息数量形成有偏的判断与预期。

（3）预期方法

预期方法是影响审计结果预期差距的重要因素。所谓预期方法（expectation method），是指人们形成预期所采取的方式与方法。用不同方法去看同一个问题，可能会得出不同的结论。用不同的方法去观察经济社会变量的变化趋势，可能会形成不同的预期。采用非理性预期的方法形成的审计预期一般都是非理性审计预期，而采用理性预期的方法形成的审计预期一般都是理性审计预期。专家能够严密地进行理性的逻辑推理，而缺乏科学方法的公众却难以进行理性的逻辑推理。对相同的审计信息，采取不同的预期方法所形成的预期可能会大不相同，有时甚至截然相反。特别地，审计预期的准确性与预期方法密切相关。可以说，审计结果预期差距是预期者在运用不同预期方法上所得出的不同审计结果造成的。

（4）职业

职业是影响审计结果预期差距不可或缺的因素。职业（occupation）是参与社会分工,利用专门的知识和技能为社会创造物质财富和精神财富而获取合理报酬,作为物质生活来源并满足精神需求的工作。职业不同,收入、社会地位与声望、价值观等也不同。不同的职业者会形成不同的预期。对于审计而言,不同的职业者也会对审计有不同的审计预期:有的高看审计,有的小看审计;有的重视审计,有的忽视审计。因此,因职业不同而产生不同的审计结果预期不足为奇。它恰恰反映了审计结果预期差距存在的客观性。

（5）偏好

偏好是影响审计结果预期差距的关键因素。如果有人问您,什么是偏好,您有没有偏好,您的偏好是什么等问题,一时间还真难以回答。所谓偏好（preference）,是指在众多的可选计划与执行方案中对某个计划与方案的倾向性。①如有的人好大喜功,有的人实事求是。人并非绝对理性,审计者与被审计者以及普通公众都是如此。他们在审计过程中各有一定的偏好,他们的偏好将不可避免地影响审计过程与审计结果。审计者偏好顺利完成任务行事,被审计者偏好简单易行,政府偏好按制度、规则与程序行事,公众偏好时间短、审计公告快行事。这就可以看出,为什么在素质相同、信息利用相似、预期方法相像、职业相当的预期者之间还会有相异的审计结果预期呢?关键是预期者对审计预期的偏好不同所致。他们各自的偏好都会影响审计结果预期的差距。对同一事项的审计,不同的预期者的偏好不同,形成的审计预期也不同。有的对审计预期期望过高,有的审计预期与实际相差无几,有的对审计预期期望过低。更有甚者,根本不看好审计监督,审计预期总是不看好。在这种情况下,审计结果预期差距必然存在。

6.3.5　审计结果预期差距对审计的影响

审计结果预期差距对审计的公正性产生影响,有时不利于社会和谐。

---

①　偏好与偏见不同。偏见（prejudice）是人们对某个人或团体所持有的一种不公平、不合理的消极否定的态度。它们二者都会偏向某个方面,没有平等地对待所面临的对象。偏见对行为活动产生不利的影响,而偏好本身对行为活动或计划、方案无所谓有利或不利的影响。

这说明审计结果预期差距对审计具有重要的影响。

（1）审计结果预期差距会影响审计的公正性

如果任由审计结果预期差距存在并扩大，可能会影响审计的公正性。审计者可能会顾及被审计者的感受，做出一些让步。政府也可能调整审计规划，甚至直接干预审计。被审计者也期望缩短审计时间，缩小审计范围。于是，审计的公正性受到影响。"随着社会对审计的期望越来越高，审计范围也得到了极大的拓展。"①范围宽广的审计使被审计者感觉非常麻烦，他们一般希望审计的范围有限。这也带来了审计结果预期差距。"审计期望差距的存在表明审计的实际表现未能满足社会的期望，如果任凭这种期望差存在甚至扩大，则审计的社会价值将受到负面影响。"②总的来看，审计结果预期差距影响审计的客观公正性。

（2）审计结果预期差距不利于社会的和谐

审计结果预期差距客观存在，但过大的差距对审计者、被审计者、公众与政府都是不利的。审计的目的是监督经济活动，防止出现偏差。各方为了自身的利益而形成的审计预期很难是一致的。这些审计预期可能会出现预期方向、预期作用大小的差距。当一些预期者难以接受过大的差距时，他们的预期会不利于审计的开展。特别是当审计结果预期差距到达一定程度后，全社会的预期会有损于社会和谐与稳定。

提高审计监督的效率，需要注重审计结果预期差距的影响。在完善国家治理体系和实现国家治理现代化过程中，只有努力缩小审计结果预期差距，才能缩小审计预期差距，也才能充分发挥审计的监督作用。

6.4 审计结果预期管理

正是因为审计结果预期会对审计结果产生重大影响，所以，加强审计结

① 晏维龙.2017.国家治理框架下国家审计体系和能力现代化研究[M].北京：人民出版社，247.

② 郑石桥.2015.审计目标、审计意见和审计期望差距：基于审计主题[J].会计之友，(5).

果预期管理,对充分发挥审计结果预期的积极作用,克服其消极影响十分重要。针对不同的影响因素,审计结果预期管理需要采取有针对性的措施,将审计结果预期差距缩小到最小范围之内。

6.4.1　审计结果预期管理的必要性

为了缩小审计结果预期差距,我们需要对审计预期进行管理,即引导与调节。过大的审计结果预期差距会影响审计监督的效率,不利于全社会的和谐与稳定。为了更好地发挥审计监督的作用,充分利用审计预期的积极作用,克服其消极影响,我们必须采取措施对审计结果进行预期管理。

管理审计结果预期差距需要加强审计者与审计结果报告使用者的沟通。审计的目的是满足信息使用者的需求,但是不能也不可能涵盖他们所需的任何信息。审计者要让信息使用者充分了解审计者的责任,尤其要分清审计责任和会计责任。审计使公众明确建立健全内部控制制度,保证会计资料的真实、合法、完整,是属于被审计单位和经济责任人的会计责任。按照独立审计准则的要求出具审计报告,保证审计报表的真实性、合法性是属于注册会计师的责任。审计者的责任是按既定的审计准则和业务约定书的要求对会计报表的合法性、公允性等发表审计意见,并对审计结果报告的真实性、合法性负责。提高管理与经营效率,保证财产的保值增值是被审计单位和经济责任人的基本职责。审计者的责任是对会计报表发表意见,这仅仅是一种合理的保证,而不是绝对的担保,更不是对被审计单位和经济责任人存续能力的承诺。因此,审计中利益各方的沟通使审计结果预期差距保持在合理的范围内是完全必要的。审计者不可能保证被审计单位和经济责任人不会发生管理低效或无效的情况,只要审计者在审计过程中遵守了独立审计准则的规定,最终出具的审计结果报告是真实合法的,管理低效或无效给委托人带来的损失就与审计者无关。只有利益各方保持持续的沟通,才能有效缩小审计结果预期差距。

6.4.2　审计结果预期的影响因素

审计结果预期受各方力量的较量、公众的素质和政府公信力等影响,所以,需要利用这些审计结果预期影响因素为审计监督服务。

(1) 各方力量的较量

各方力量的较量是影响审计结果预期的首要因素。审计监督涉及各方利益。在一个完整的审计活动中的关系人,包括所有人、管理人、审计人,他们都追求着各自的利益。利益各方站在各自的立场形成预期。审计政策的制定和实行都会或多或少地影响到他们的利益。所以,在审计结果预期引导与调节中存在着各方力量的较量。审计者希望审计发现或查出问题并责令被审计者进行整改,被审计者不希望审计查出问题,公众对审计抱有过高的预期,政府希望各方满意。当各方力量不均时,处于强势的一方的利益诉求容易得到满足,处于弱势的一方的利益往往被忽视。"被审计单位的违规违纪行为曝光后,单位有关领导及其责任人员一般都会寻找各种借口来掩饰自己的错误行为,以期达到'大事化小、小事化了'的目的。"①事实上,有很多审计结果都是审计者与被审计者双方力量较量的结果。在现有的制度安排下,从心理上来说,审计者要想保持超然的独立性和客观性几乎是不可能的(Bazerman M. H., Morgan K. 和 Loewenstein G. F., 1997)。现在来看,被审计者、公众更加关心审计的客观独立性。各方力量的较量决定了审计结果预期的变化。

(2) 公众的素质

公众的素质是影响审计结果预期管理的基本因素。公众的素质影响着审计结果预期的引导与调节程度。低素质的公众知识水平低、缺少包容性,对审计规则理解困难,难以相信审计报告结果的客观公正性,因而容易形成较差的审计结果预期。公众素质越高,审计结果预期越能得到引导与调节。相反,公众素质越低,审计结果预期引导与调节越难达到预期的目的。这时的审计预期不会趋向所引导的方向变化,其调节会出现上有政策、下有对策的状况。进行审计预期管理特别需要提高公众的基本素质。

(3) 政府的公信力

政府的公信力是审计结果预期引导与调节的重要影响因素。政府的公

---

① 汤效禹.2007.心理学在审计实践中的应用[M].北京:中国时代经济出版社,97.

信力(the credibility of the government)体现的是政府的威信和政策的执行力问题。现代社会的问题不少,造成人们往往对审计抱有过高的期望。社会满意度往往不高,政府有时缺少公信力。人们对政府的信任程度越高,越能较好地管理审计预期;相反,政府缺乏公信力,审计结果预期引导与调节不仅不会转变人们的不良审计预期,反而会强化人们的不良预期。审计能真正反映公众的愿望和利益诉求,是公众对政府依赖的基础。勇于接受纳税人和媒体监督的政府,一定是真正的负责任的政府;敢于正视自己的问题的政府,必定是强有力的政府。这样的政府的政策执行力强、公信力高。一个有公信力的政府,必定深得民众的信任和拥护,在有公信力的政府下所形成的审计预期一般都是正确、合理的预期。

　　除了以上这些因素外,信息、职业、偏好等都会影响审计结果预期管理。面对不同的审计结果预期,需要对不同情况的影响因素采取不同的引导、调节措施,从而达到缩小审计结果预期的目的。

6.4.3　审计结果预期管理的措施

　　正是存在审计结果预期对审计的影响,才需要采取及时、全面地公布审计结果,提高审计结果的公信力。只要措施得当,审计结果预期就能为审计监督服务。

　　(1)及时、全面地公布审计结果

　　由于信息影响审计结果预期,所以,及时、全面地公布审计结果,有助于预期者形成良好的审计结果预期。只有及时将经审计得到的审计报告、审计意见公布于众,让预期者能够及时、全面地知晓结果,才能防止审计结果预期发生偏差,进而影响审计。我们应尽力做到多渠道、多方式公布审计结果,从正面引导审计结果预期向有利于审计监督的方向转变。

　　(2)提高审计结果的公信力

　　审计结果影响着审计结果预期。审计结果的公信力的高低,会导致不同的审计结果预期。审计结果特别是审计结论要经得起历史的检验,防止其失信于民。审计结论客观、公正,审计结果报告实事求是,这些都有利于提高审计结果的公信力。我们应最大限度地提高审计结果的公信力,维护审计的权威性,引导审计结果预期向有利于审计监督的方向转变。

6.5 总 结

审计结果如何,直接影响着利益方的预期,进而影响其利益。审计结果预期是客观存在的。它是审计预期差距的一个重要组成部分。研究审计预期差距,除了其他差距外,我们特别需要研究审计结果预期差距。不同的审计结果预期产生不同的影响。审计结果预期差距是审计结果预期的重要表现。它受许多因素的影响,有不同的理论解释。为了更好地进行审计监督,我们需要加强审计结果预期差距管理,引导人们形成恰当的预期。为了提高审计监督效率,需要采取多种措施缩小审计结果预期差距。

第7章 公众审计预期论

7.1 公众审计认知

公众审计预期与公众审计认知密切相关。审计认知是人们对审计所产生的感知、看法等。不同的人对审计的认知是不同的。公众的审计认知具有面广、复杂多变等特点，对审计有重要的影响。管理审计预期需要注重对公众审计认知的认识，积极引导他们的审计认知趋向于客观实际，为形成良好的审计预期打下基础。

7.1.1 公　　众

公众是一个复杂的群体。公众(the public)是相对于政府而言的，是指一组具有某种社会角色、相互联系个体组成的社会单位。广义的公众包括被审计者、其他利益相关者和监管者等。狭义的公众就是指的普通群众，不包括被审计者、监管者等，他们彼此间有或多或少的联系。公众是一个普遍存在于社会中的群体。公众在对审计认知的基础上形成审计预期。公众审计预期是指公众对审计过程与结果所形成的预期。它包括审计过程预期与审计结果预期等。

从文化知识来说，公众文化有的高，有的低，甚至还有个别是文盲、半文盲。通常，他们基于以往经历会提出更为苛刻的要求，在评价时也受过去服务的影响，这使得他们认知水平降低，做出对审计服务不满意的评价。这就是说，公众关心审计，对审计抱有过高的期望。审计可以直接或间接影响到他们的利益。作为民生工程,公众非常关心资金与政策是否按规定执行,是否让其能真正享受到益处,因此他们关心资金管理者与政策执行者的行为。公众根据审计结果公告的情况形成而改变预期。公众对腐败深恶痛绝并期望通过审计监督维护他们的利益。

7.1.2 认 知

心理学将认知界定为人们获取及运用知识的过程,也称为信息加工(或信息处理)的过程。本研究中的期望和感知同属于认知的范畴。认知(cognition)是一种心理现象,是个体认识客观世界的信息加工活动。这种信息加工过程是认知主体对客体的间接反映,而非直接反映(乐国安等,2013)。感觉、知觉、记忆、分析、想象、判断、思维和反应等认知活动按照一定的关系组成一定的功能系统,从而实现对个体认识活动的调节作用。个体的感觉、知觉是较低层次的认知,想象、思维是较高层次的认知。公众通过心理活动获取知识,通过认知获得认识。在特定的社会群体中,只有特定的认知才会显现出来。当外界因素刺激人的大脑时,事件主体通过感知、记忆、想象等生理过程传导到大脑,由此进行分析和判断等思维活动,采取对应性的反应,产生出一个结果。这就是认知结果。见图 7-1。

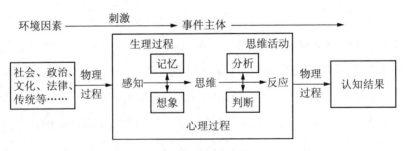

图 7-1 认知过程

事件主体受环境因素影响,得出认知结果。在认知上,期望是个体的预期和预期背后隐藏的愿望之间的关系,这种关系建立在认知基础上。公众对审计也有认知。它是较为专业领域的认知。这种认知需要一定的知识、社会阅历和实践经验。认知活动涵盖了思维、感知、想象、记忆等具体的心理过程。审计预期的形成与变化过程是一个认知过程,实质是审计信息输入和输出过程中发生的心理过程,也即审计预期者判断与估计的形成机理过程。审计预期的心理过程特别明显。

7.1.3　公众对审计的认知

公众对审计的认知,就是对所进行的审计的感知、看法等。认知心理学认为,认知是记忆信息的加工(车文博,1998)。接收到审计信息的刺激后,公众形成了感觉记忆,经过信息的滤波(wave filtering),有了审计知觉,从而形成对审计的认知。公众对为什么要审计,应该如何审计,审计结果如何公开等的想法,都是公众对审计的认知。审计结果公告是最受公众欢迎的认知,因为他们从中知道了许多对自己有用的信息。公众对审计目标的价值看得越大,估计能够实现预期的概率越高,他们的认知就会越深。公众对审计结果的接受度受最初期望的制约。如果最初期望过高,与实际情况相差过大,认知值更低,所获得的服务无法达到预期,进而就会产生不客观的评价。公众高度关注与既有认知信念一致的信息,而忽视与既有预期不一致的信息,这是基本的认知行为。

公众有什么样的认知,就会有什么样的审计预期。在一个良好的公众群体中,他们的预期不会不好。公众认知的变化决定审计预期的变化。公众对审计内容、方式、方法、手段和结果等的认知的变化,又会产生新的审计预期。所以,注重公众对审计的认知,对于管理审计预期具有重要的意义。

7.2　公众审计预期概述

公众审计预期在日常生活中普遍存在。然而,大多数公众对审计规划、审计过程知之甚少。因此,审计结果公告对公众审计预期的影响最大。他们的审计预期绝大多数都是通过审计结果公告与政府的审计宣传形成与改变的。公众的审计预期差异是非常大的。即便对同一审计在相同的时间点,不同的公众的审计预期也可能千差万别,有时甚至完全相反。

7.2.1 公众审计预期的含义

公众审计预期（public audit expectation），就是以公众为预期主体所形成的审计预期。它是相对于政府审计预期而言的。它包括公众对未来审计的看法，也包括公众对审计的期望。当公众对审计的期望超过了职业界对自身执业水平和业绩的看法时，会产生审计预期差距。审计预期差距是审计结果报告使用者对审计的期望与特定历史时期现实审计业绩或绩效看法的差距。它由审计者的现实审计绩效、审计规则等规范的约束与报告使用者对审计的期望三个要素构成。通常，审计者能力的局限会带来两个问题，其一是审计者对待问题的主观判断不同导致无法完全满足信息使用者的要求，其二是有时无法根据专业规则的要求发现所有的错误与舞弊。因审计者没有满足公众的期望而发现或查出所存在的违规违纪违法问题，所以，公众的预期出现问题是难免的。

公众通常期望审计者对报表进行详细、细致地审查，以期望发现存在的错误和舞弊现象，而审计者鉴于成本效益原则与专业准则的要求，在实际的审计过程中采取的审计程序和审计方法完全取决于审计者的判断，包括对由于舞弊或错误造成的财务报表重大错报风险的评估。所以，在信息不完全条件下，公众的审计期望高，预期不理性甚至不合理，这是难免的。公众对审计者提供的信息质量要求，大大超过了审计者的能力范围。

7.2.2 公众审计预期的特点

公众审计预期具有自身的特点。从预期主体来说，公众审计预期具有覆盖面广的特点。不管是广义的公众还是狭义的公众，由他们所形成的预期主体都是非常广泛的，占社会成员中的绝大多数。正因如此，公众审计预期是一种非常复杂的审计预期。由于不同的公众所掌握的信息不同，对信息的利用程度不同，以及形成预期方法不同，公众审计预期也不同。对于相同的审计结果，公众审计预期千差万别。

公众审计预期千差万别，往往很难进行分析，也很难进行管理。政府采取一些措施引导有利于审计监督的预期向好，但收效甚微，甚至完全无效。

当需要调节不合理的公众审计预期时,政府的调节措施往往难以奏效。这与公众审计预期陷阱相关。这就是说,当公众审计预期在进入一定区间后,这时的预期表现为全社会成员的预期,即公众十分广泛的特点。不管是什么样的审计预期管理都难以改变公众不合理的预期状况。

7.3　公众审计预期的形成与变化

与其他的审计预期相同,公众的审计预期有一个形成与变化的过程。受内外部条件的影响,公众的审计预期是伴随信息的传播与利用而形成的。在外部条件与自身原因的影响下,它是一个由低级向高级发展、变化的过程。一成不变的公众审计预期是不存在的。

7.3.1　公众审计预期的形成

公众审计预期是伴随信息的传播与利用、审计过程的深化而形成的审计预期。这种预期通常是公众的预期,不是一开始就有的。民主的政府是选举出来的,是有组织、有秩序的专门的特权机构。公众与政府比较起来,他们没有信息获得的特权。他们是审计预期管理的接受者。他们必须遵守法律,其言行需要符合现有的制度、行为规范。正因如此,有的人认为,公众是"没有装进麻袋的土豆",其所形成的预期千奇百怪,需要进行引导与调节,才能有利于审计监督作用的发挥。

经济越发达,人们对经济的关注度越高,越需要审计,审计监督也越能发挥作用。审计发挥了监督经济活动的作用,全社会才能形成合理、恰当的预期。对审计越满意的公众,其预期越好。相反,其预期越不好。本章根据研究的需要,对影响到审计预期形成的因素进行了调查,主要包括审计结果公告制度、审计规划、审计绩效、审计宣传、审计体制机制、审计者素质、审计整改、审计责任追究、审计反馈、审计媒体与公众监督、审计预期管理和其他等内容,对最满意的审计与最不满意的审计进行问卷调查,得到公众审计满意度情况所占的比例。审计满意度状况,见表 7-1。

表 7-1　审计满意度情况

序号	最满意的审计	百分比（%）	序号	最不满意的审计	百分比（%）
1	审计结果公告制度	21	1	审计预期管理	17
2	审计规划	17	2	审计责任追究	14
3	审计绩效	13	3	审计媒体、公众监督	13
4	审计宣传	10	4	审计整改	9
5	审计体制机制	8	5	审计绩效	8
6	审计者素质	6	6	审计反馈	8
7	审计整改	5	7	审计宣传	6
8	审计责任追究	4	8	审计体制机制	6
9	审计反馈	4	9	审计规划	4
10	审计媒体、公众监督	2	10	审计者素质	3
11	审计预期管理	1	11	审计结果公告制度	1
12	其　他	9	12	其　他	11

在表 7-1 中，对审计最满意的是审计结果公告制度，占 21%。实行审计结果公告制度，让全社会都能了解审计状况。所以，公众审计预期最看好的就是审计信息公开。审计责任追究是一种对获益者的成本追究。加大获益者的成本、减少利益相关者的收益，还原经济活动的客观事实，这是公众普遍的审计预期要求。从调查中得知，公众非常关注审计责任追究。当然，最不满意的是审计预期管理，占 17%。如何让审计完全暴露于阳光之下，正确地引导全社会的审计预期，调节过高的预期，稳定良好的预期，倡导合理的预期，缩小审计预期差距，满足公众对审计的期望，这是全社会对审计预期管理所期待的。

从公众自身的角度来说，预期的形成主要源于他们对经济利益的注重程度。公众越注重经济利益，他们会越主动收集与利用审计信息，形成有利于自己的审计预期。当然，公众的审计预期形成还受到专门的机构的引导与调节。出于对审计正常开展的需要，专门的机构总是采取各种办法和措施进行管理，包括制度层面的、政策层面的、供求层面的、心理层面的引导与调节。那些审计结果公告发布、专家对审计结果公告解读等就是一种审计预期管理。有的管理效果比较明显，有的管理效果一般。

7.3.2　公众审计预期的变化

公众审计预期形成后,并不是不变的,而是会随着外部条件与自身原因而发生改变。外部条件包括信息、预期管理等,自身原因包括预期形成方法,预期经验与教训,由预期所带来的利益得失等。一方面,所能获得的审计信息变了,预期或迟或早地也会发生变化。审计中很少存在完全相同的预期。也就是说,审计前的预期、审计中的预期、审计后的预期都是不完全相同的。审计预期管理也会导致公众审计预期的改变。加大审计力度、发挥审计监督作用、引导预期者向有利于审计方向的预期转变,都会引起公众审计预期的变化。另一方面,预期形成方法简单,但是采取不当的预期方法做出预期,会导致公众审计预期不准确,与实际差距过大。预期形成方法复杂,特别是采取正确的多种方法进行预期,预测值与实际值偏差较小。人们的预期经验与教训也会改变公众审计预期。他们总是从成功的预期经验和失败的预期教训中进行当前的预期,即吃一堑长一智,从而形成有利于自己的预期。预期不当带来的利益损失与预期恰当所获得的利益,使得他们会改变原先的预期,由此形成新的审计预期。

7.4　公众审计预期调查分析

为了研究的需要,本书进行研究的数据主要来源于审计预期调查。调查的对象包括审计者、被审计者、政府机关工作人员、公司企业员工、事业单位人员、自由职业者、大专院校学生、街道社区普通公众、农民和其他人员等。公众对审计业绩、审计者承担责任的看法不同,其审计预期也不同。

7.4.1　对审计预期调查对象的分析

研究审计预期非常困难。预期是人们的一种心理因素,难以进行量化分析。预期是一个既吸引人又折磨人的问题,因此研究预期就非常困难。研究由专门机构所进行的审计监督产生的审计预期更加困难。江世银

(2009,2017)借助经济社会变量进行了一些分析,但都还是初步的。即使备受关注的审计信息披露也是采取公开问卷调查的方法进行研究。2009 年 6 月,周长信就公众关注的政府审计信息披露、政府审计信息公告质量评价、政府审计信息质量影响因素评价及改进政府审计信息披露建议发放问卷 256 份,回收率 69.5%(周长信,2012)。这算是较为成功的审计问题调查研究。为了提高调查的准确度,选择备受全国上下关注、最具权威性的调查对象,郑小荣于 2010 年、2011 年(两次)和 2012 年分别在北京、南昌和西安主城区就审计署 2010 年 53 号审计结果公告进行了 4 次问卷调查。该调查以东、中、西部城市为典型代表,发放调查问卷 1 000 份,得到有效问卷 612 份,各占三分之一作为样本进行实证研究。结果表明,审计结果公告的质量涉及可信性、及时性、相关性、可理解性、透明度和信息含量,与公众感知的公告有用性正相关。其他类似的审计问题研究多数采取这种问卷调查研究方法。

本书进行审计预期实证分析所采取的研究方法是调查问卷法。为了得到较为准确的认识,尽可能保证调查样本的覆盖范围和解释力度,本研究采取了随机抽样的调查方法,调查一共发放问卷 1 200 份,回收 1 017 份。通过进一步地筛选和调查,我们剔除了一些不具有完整性、一致性和回答全部相同的非有效问卷。其中,无效问卷 17 份,有效问卷 1 000 份。调查对象为利益相关者,主要包括审计者、被审计者、政府机关工作人员、公司企业员工、事业单位人员、自由职业者、大专院校学生、街道社区普通公众、农民和其他等。见表 7-2。

表 7-2　问卷发放与回收情况

调查对象	对象符号	发放份数（份）	回收份数（份）	回收率（%）	各类调查对象占总体的比率（%）
审计者	Aas	100	99	99.0	10.0
被审计者	Bas	100	95	95.0	10.0
政府机关工作人员	Gas	100	98	98.0	10.0
公司企业员工	Eas	100	92	92.0	10.0
事业单位人员	Ias	100	94	94.0	10.0
自由职业者	Fas	100	90	90.0	10.0

（续表）

调查对象	对象符号	发放份数（份）	回收份数（份）	回收率（%）	各类调查对象占总体的比率（%）
大专院校学生	Uas	100	98	98.0	10.0
街道社区普通公众	Mas	100	93	93.0	10.0
农民	Pas	100	89	89.0	10.0
其他	Oas	100	88	88.0	10.0
合计		1 000	936	93.6	100.0

审计预期受学历、审计专业知识掌握情况、信息、预期方法、偏好和关注度等因素的影响。在不考虑其他因素的影响下，调查对象的学历水平在一定程度上能够反映其知识水平和判断力。学历调查内容主要包括大专以下、大专、本科、硕士、博士等。不同学历的人的年收入、年支出和累积资产积累都是不同的。见表7-3。

表7-3 调查对象的学历构成

学历调查内容	对象符号	数量（人）	比重（%）	年收入（元）	年支出（元）	累积资产积累（元）
大专以下	u	111	11.1	89 834	73 284	16 550
大专	c	380	38.0	101 081	81 874	19 207
本科	b	362	36.2	127 234	106 909	20 325
硕士	m	91	9.1	154 728	124 231	30 497
博士	d	56	5.6	200 032	146 606	53 426
合计		1 000	100.0	672 909	532 904	139 005

对于不同的审计专业知识掌握、信息获得与利用、预期方法使用、关注度不同的预期者，他们的审计预期是极不相同的。这里进行调查所涉及的预期者主要包括审计者、被审计者、政府机关工作人员、公司企业员工、事业单位人员、自由职业者、大专院校学生、街道社区普通公众、农民和其他。见表7-4。

从表7-4中可以看出，能够完全掌握审计专业知识的预期者只有审计者与政府，不掌握审计专业知识的预期者主要是自由职业者、街道社区普通公众与农民。介于二者之间的预期者主要是被审计者、公司企业员工、事业

表 7-4 预期者的审计专业知识掌握情况、信息、预期方法、偏好与关注度

调查对象	对象符号	审计专业知识掌握情况	信息	预期方法	偏好	关注度
审计者	Aas	完全掌握	完全信息	理性	依法审计	高
被审计者	Bas	较好掌握	较完全信息	准理性	客观公正	高
政府机关工作人员	Gas	完全掌握	完全信息	理性	全面审计	高
公司企业员工	Eas	较好掌握	较完全信息	较理性	抽样审计	较高
事业单位人员	Ias	较好掌握	较完全信息	较理性	抽样审计	较高
自由职业者	Fas	不掌握	不完全信息	非理性	全面审计	较低
大专院校学生	Uas	不完全掌握	不完全信息	较理性	根据需要	一般
街道社区普通公众	Mas	不掌握	不完全信息	非理性	全面审计	较低
农民	Pas	不掌握	不完全信息	无理性	全面审计	很低
其他	Oas	差别大	差别大	差别大	视具体情况而定	一般

单位人员和大专院校学生。这与他们各自所掌握的信息、预期方法、偏好和关注度密切相关。掌握完全信息的预期者是审计者和政府,不完全掌握信息的预期者是自由职业者、大专院校学生、街道社区普通公众和农民,介于二者之间的预期者主要是被审计者、公司企业员工和事业单位人员。从预期形成方法、偏好及关注度来看也十分类似。

7.4.2 对审计绩效的调查分析

审计绩效是指审计业绩的表现结果。在不考虑其他因素的条件下,对审计绩效的调查分析就是对审计者承担责任的履职分析。假定审计者承担责任的履职即审计绩效评价为很好、好、一般、不好和差五个选项,对应的分值分别为:20、10、0、-10、-20。均分为 0,表明人们对审计绩效基本满意。均分越高,表明人们对审计绩效越满意。反之,表明人们对审计绩效越不满意。见表 7-5。

从表 7-5 中可看出,审计者的绩效评价为 200 分,对自身各项业绩都自我感觉很好;被审计者对其评价为 20 分,认为审计业绩一般;政府机关工作人员对其评价为 140 分,认为审计业绩很好;公司企业员工对其评价为 30

表 7-5　对审计绩效的分析　　　　　　　　　　　　　单位:分

调查对象	审计者	被审计者	政府机关工作人员	公司企业员工	事业单位人员	自由职业者	大专院校学生	街道社区普通公众	农民	其他
	Uas	Bas	Gas	Eas	Ias	Fas	Uas	Mas	Pas	Oas
基本素质	20	0	20	0	10	0	20	0	10	10
审计独立性	20	0	20	0	10	0	20	0	10	10
发表审计意见	20	0	10	−20	10	0	20	−20	10	20
揭示虚假报告	20	0	10	−10	10	0	20	−20	10	10
测试和报告内控	20	0	10	−10	10	0	20	−20	10	10
查出的违法行为	20	0	10	0	0	−20	20	−20	0	0
查出的违纪行为	20	0	10	10	10	−10	10	−10	0	0
查出的违规行为	20	0	10	20	20	0	10	0	10	0
审计结果公告	20	10	20	0	10	0	20	−10	0	0
审计整改情况	20	10	20	10	20	0	20	0	10	0
合　计	200	20	140	30	110	−30	180	−100	80	60

分,认为审计业绩一般;事业单位人员对其评价为 110 分,认为审计业绩很好;自由职业者对其评价为−30 分,认为审计业绩不好;大专院校学生对其评价为 180 分,认为审计业绩很好;街道社区公众对其评价为−100 分,认为审计业绩很差;农民对其评价为 80 分,认为审计业绩一般。其他对其评价为 60 分,认为审计业绩一般。

审计绩效的高低通过审计预期影响着审计。人们对审计绩效具有不同的预期。不同的预期者对审计绩效有不同的看法,从而形成了不同的审计绩效预期。审计绩效预期(audit performance expectation)就是预期者对审计绩效的判断和主观看法。通过调查得来的审计绩效和审计预期数据信息,再进行预期分析,可以掌握审计绩效预期情况。一般说来,审计者与政府高估了审计的绩效,而自由职业者与街道社区公众却低估了审计的绩效。所以,对审计绩效的不同看法带来了不同的审计绩效预期。政府机关工作人员、事业单位人员、自由职业者、街道社区公众与农民都希望提高审计绩效,来维护经济活动的正常秩序。审计者也有类似的预期。而被审计者却不完全认同。公司企业员工介于审计者与被审计者之间。从调查中获知,政府机关工作人员、事业单位人员、自由职业者与街道社区公众都希望审计者承担更多的监督责任。

7.4.3　对审计者承担责任的调查分析

对于审计者承担责任的调查分析,可以更好地掌握审计预期情况。审计者因其职责规定,承担审计任务,对审计过程与审计结果负责。本次调查发放问卷 1 200 份,回收 1 017 份,其中有效问卷 1 000 份。按照非常满意、很满意、满意、不满意和非常不满意分类,可以看出全社会对审计者承担责任的满意度情况。见表 7-6。

表 7-6　全社会对审计者承担责任的满意度调查情况　　　　单位:%

调查对象	对象符号	非常满意	很满意	满意	不满意	非常不满意
审计者	Aas	95	2	2	1	0
被审计者	Bas	63	16	11	8	2
政府机关工作人员	Gas	92	3	2	2	1
公司企业员工	Eas	88	5	3	3	1
事业单位人员	Ias	90	4	3	2	1
自由职业者	Fas	72	13	10	3	2
大专院校学生	Uas	92	4	1	2	1
街道社区普通公众	Mas	69	14	11	4	2
农民	Pas	66	15	12	4	3
其他	Oas	70	14	11	3	2
合计	1 000	797	90	66	32	15

资料来源:根据调查整理而得。

全社会对审计者承担责任的满意度不同。总的来看,全社会对审计者承担的责任是较为满意的。非常满意的是审计者、大专院校学生和政府机关工作人员。对审计者承担责任最满意的是审计者,达 95%。其次是政府机关工作人员及大专院校学生,都达 92%。他们都认为审计者客观公正地进行了审计,承担了应承担的责任,发挥了审计监督的作用。对审计者承担责任最不满意的是被审计者,达到 10%。再次是农民,占 7%。公司企业员工、事业单位人员、自由职业者和街道社区普通公众的满意程度介于审计者、政府机关工作人员、大专院校学生与被审计者、农民之间。

7.4.4　公众审计预期状况分析

对公众审计预期状况,我们主要选择自由职业者、大专院校学生、街道社区普通公众、农民和其他等作为调查对象,分别对 1984 年、2003 年、2012 年、2021 年的审计监督效果满意度进行调查。之所以选择这个时间点,是基于以下考虑。

1983 年是审计署成立的时间,当时的审计监督处于起步阶段,审计监督的作用极其有限,于是以 1984 年开始时的审计作为一个调查时间点。1983 年前,中国未设立独立的国家审计机构,没有形成独立的审计监督制度,经济活动缺少必要的监督。1984 年年底,全国审计机关共有 2.9 万人。当年,全国审计的单位共有 1.4 万家。这时,审计开始引起社会的注意。

随着审计监督发挥的作用越来越大,1998 年,东南亚金融危机爆发,国家加大了审计监督力度。2003 年,李金华同志的审计报告的公开,中国出现了审计风暴①,审计监督效果越来越受到全社会的关注。因此,2003 年审计风暴的出现被作为一个调查时间点。不仅如此,审计署发布了审计结果公告,这是当代中国审计史上首次进行的审计结果公告。从此以后,审计署加大了披露审计报告问题的力度,让各类违规、管理不规范问题和案件线索问题暴露于阳光之下,接受全社会的监督。②从 2003 年后,由审计署掀起的审计风暴愈来愈大,不仅内容越来越多,而且范围也越来越广,其影响也越来越深远。这种做法得到了社会各界的广泛关注和普遍认同。审计风暴的警醒属于事后督查,而审计的真正作用是做好事前防范。

2012 年是党的十八大召开的时间,之后审计成为推进完善国家治理的重要手段。也就是说,在 2012 年召开的党的十八大提出了健全权力运行和

---

①　2003 年 6 月 25 日,李金华代表审计署提交了一份长达 22 页的审计报告。报告首次在第一时间披露了牵涉很多重要部门的审计报告。一大批存在问题的中央部委被公开曝光,审计风暴被用来形容报告所带来的冲击。经过此次审计结果公布后,后来的审计整改效果明显。全社会的预期发生了很大的变化。

②　江世银.2019.当代中国金融审计研究(1983—2018)[M].北京:人民出版社.

监督体系,健全经济责任审计等,让人民监督权力,让权力在阳光下运行。之后,中国加大了改革开放的力度,审计监督进入了推进完善国家治理的时期。此后,审计在推进国家治理体系完善和治理能力现代化中发挥着越来越重要的作用,成为国家治理的基石和重要保障。国家治理体系得到了不断的完善,治理能力越来越现代化。人们的审计预期逐渐变好。于是,2012年党的十八大的召开被作为一个调查时间点。

到目前,审计基本实现了全覆盖。审计监督受到全社会广泛的关注。因2022年是党的二十大召开的时间,本书将二十大前的一年即2021年也作为一个调查时间点。目前,推进国家治理体系和治理能力现代化已经取得阶段性成绩,审计在其中发挥了经济监督的积极作用,因而得到全社会的广泛关注。审计始终围绕推进完善国家治理这一主题发挥监督作用。审计预期开始受到重视。但是,对于审计监督效果,不同预期者的满意度却是不同的。我们将满意度划分为非常满意、很满意、满意、不满意和很不满意五个层级,对1984年、2003年、2012年和2021年审计监督效果进行满意度调查,得出基本情况。见表7-7。

从表7-7中可知,全社会在不同时间点对审计监督效果的满意度不同。对审计效果最满意的是审计者,对审计效果最不满意的是被审计者与农民。坦白地说,农民因知识与获取信息的局限,他们几乎无法进行监督,只是被动地接受审计结果。自由职业者与街道社区公众也基本如此。值得注意的是,他们几乎都期望加强全面的审计监督。

审计预期随着审计实践的开展而发生变化。为了知道全社会的预期状况,本书对审计者、被审计者、政府机关工作人员、公司企业员工、事业单位人员、自由职业者、大专院校学生、街道社区公众、农民和其他进行了审计预期调查。以1983年审计署成立、2003年审计风暴、2012年党的十八大后审计进入国家治理为时点,回顾当时的看法,以2021年对未来审计的预期进行回答,经整理为审计预期调查情况,见表7-8。

在表7-8中,从对1984年、2003年和2012年的审计看法的调查得知,对审计看法非常好的分别为33%、29%和27%;对审计看法很好的分别为29%、27%和24%;对审计看法好的分别为30%、25%和27%;对审计看

表7-7 全社会对1984年、2003年、2012年、2021年的审计监督效果满意度的调查情况

单位：%

调查对象 时间	符号	非常满意				很满意				满意				不满意				很不满意			
	—	1984	2003	2012	2021	1984	2003	2012	2021	1984	2003	2012	2021	1984	2003	2012	2021	1984	2003	2012	2021
审计者	Aas	96	97	97	98	2	2	2	1	1	0	0	0	1	1	1	1	0	0	1	0
被审计者	Bas	77	74	73	78	8	16	12	10	5	6	7	9	4	2	3	2	6	2	4	1
政府机关工作人员	Gas	90	92	92	94	7	6	5	6	1	1	1	0	1	0	1	0	1	1	1	0
公司企业员工	Eas	93	95	94	95	2	1	4	3	1	1	0	0	2	1	1	2	2	2	1	0
事业单位人员	Ias	96	94	88	94	1	2	4	3	1	2	3	2	1	0	4	0	1	2	1	1
自由职业者	Fas	90	83	84	89	2	10	11	9	2	3	2	0	4	2	2	2	2	2	1	0
大专院校学生	Uas	92	97	91	92	4	1	4	5	2	1	3	2	1	1	2	1	1	0	0	0
街道社区普通公众	Mas	83	75	67	69	7	12	11	14	3	6	10	11	5	4	7	4	2	3	5	2
农民	Pas	77	75	67	76	10	8	12	15	7	8	11	6	2	6	5	2	4	3	5	1
其他	Oas	85	73	69	80	6	10	14	14	4	7	8	3	3	6	6	2	2	4	3	1
合计		879	855	822	865	49	68	79	80	27	35	45	33	24	23	32	7	21	19	22	7

资料来源：根据调查整理而得。

表7-8 全社会对1984年、2003年、2012年的审计看法和2021年的审计预期调查情况

单位:%

预期状况 调查对象	非常好				很好				好				不好				很不好			
	1984	2003	2012	2021	1984	2003	2012	2021	1984	2003	2012	2021	1984	2003	2012	2021	1984	2003	2012	2021
审计者 Aas	43	39	37	47	20	27	25	22	28	21	24	25	6	8	9	5	3	5	5	1
被审计者 Bas	32	27	26	35	28	16	15	19	22	19	16	20	7	18	27	18	11	20	16	8
政府机关工作人员 Gas	40	38	36	42	22	20	20	18	23	18	19	24	10	14	13	11	5	10	12	5
公司企业员工 Eas	38	36	34	40	22	20	18	23	25	21	23	26	9	15	16	7	6	11	9	4
事业单位人员 Ias	40	39	37	42	21	19	19	19	22	19	18	23	10	15	13	10	7	8	11	6
自由职业者 Fas	34	31	30	36	18	17	16	14	21	20	16	18	17	20	26	17	10	12	8	15
大专院校学生 Uas	44	40	39	47	21	30	26	20	29	20	26	19	4	6	6	2	2	4	3	2
街道社区普通公众 Mas	33	29	28	35	19	18	17	20	18	24	25	21	18	20	8	16	12	7	4	8
农民 Pas	34	30	29	37	20	22	20	21	22	21	18	22	15	18	20	12	9	9	12	8
其他 Oas	36	34	33	39	23	21	20	22	24	22	19	23	10	14	10	10	7	9	8	6
审计预期 AE	33	29	27	37	29	27	24	30	30	25	27	26	5	7	9	3	3	12	13	2

资料来源:根据调查整理而得。

法不好的分别为 5％、7％和 9％；对审计看法很不好的分别为 3％、12％和 13％。2021 年,经调查得知,审计预期最好的是审计者,审计预期最不好的是公众。全社会审计预期非常好、很好、好、不好与很不好的比例分别为：37％、30％、26％、3％和 2％,也就是好的为 95％,不好的为 5％。公众对 1984、2003 和 2012 年的审计看法好的分别为 92％、81％和 22％,不好的分别为 8％、19％和 78％。

7.5 公众审计预期问题

一般说来,普通公众会关心审计者是否发现问题以及发现了什么问题,同时更加关心审计者审计过的单位与经济责任人究竟存不存在问题、存在多少问题、存在的问题的严重程度以及如何惩处相关责任人的问题等。这也就是公众审计预期问题。公众对审计的认知通常是通过媒体或其他沟通渠道获得,如果他们在沟通过程中没有掌握完全的信息,就会影响公众最初的预期状况。一旦没有满足他们对审计质量的要求,他们的预期就会受到影响。公众审计预期普遍存在过高预期和非理性预期的情况。

7.5.1 公众审计预期过高

从已进行的调查发现,目前,公众审计预期表现为对审计监督和治理作用抱有过高的期望。审计查出的问题越多,对审计监督和治理作用抱有的期望越高。他们都希望能查出、发现所有问题,特别是能尽快查出和发现经济中存在的所有问题。审计抽样的局限性使得审计者只能发现被审计者重大的财务舞弊,不会也不可能发现所有的舞弊行为。

存在过高的审计期望的原因在于,公众混淆了管理层与审计者各自所应承担的经济责任。过去,因人们对腐败知之甚少,对审计者有过高的期望。随着信息的公开和监督治理的完善,在涉及纳税人切身利益上,他们更关注于审计监督的作用。国家财政资金收支、预算使用直接或间接地使他们受益,如民生支出等,所以,他们期望通过审计监督使自己获益更多。

7.5.2　公众审计预期的非理性

公众审计预期是一种复杂的预期,人们难以理性地认识。目前,公众审计预期适应性预期多、理性预期少,是介于适应性预期与理性预期之间的准理性预期或亚理性预期(quasi-rational or para-rational expectation),更谈不上孔明预期(Kong-ming expectation)了。公众审计预期有大量的非理性表现。如有的认为审计能查出、发现所有的问题,有的认为审计是经济监督的唯一手段,有的认为审计是客观公正的替身。不少公众认为,有了审计监督,经济就不再需要党和政府的监督、人民的监督、舆论的监督、媒体的监督、统计的监督和其他监督等。审计的结果要面向公众,而公众掌握的审计知识有限,所以,审计报告要采用简明扼要的方式,而现有的审计报告通常都是长篇大论,没有满足公众的要求,导致公众非理性的审计预期多。

7.5.3　公众审计预期差距大

公众是一个复杂的社会群体,知识文化、信息的掌握与利用、职业的不同、偏好的差异等使其审计预期差距较大。也就是说,公众审计预期参差不齐。这种过大的审计预期差距使得审计受到影响,管理审计预期难度也很大。所以,研究公众审计预期问题不得不注重过大的审计预期差距问题。只有将公众的审计预期差距控制在合理的范围内,才更有利于审计工作的开展。缩小审计预期差距有利于发挥审计监督的作用。

7.6　公众审计预期的调适

在公众审计预期形成后,预期者通常还会调适自己的预期。这是因为公众之间的认知分布并不是完全独立的,彼此之间还会产生作用和影响,因而存在公众审计预期的不断调适。此外,由于他们拥有的知识不完全、信息不对称且对将来难以预料,他们对现在及未来的审计不是很清楚,所以,他们要相互观察以获得启示。这些调适包括:不合理的预期调适为合理的预期,过高的预期调适为一般的预期,不恰当的预期调适为恰当的预期,非理性的预期调适为理性的预期。预期的调适特别容易受其周围人群的预期的影响。周围的人群有什么样的预期,其他人也会盲目跟风而形成大体相同的预期,这是从众心理作用的结果。之所以需要调适公众的审计预期,主要是为审计监督服务。调适使公众审计预期有利于审计的正常开展。

审计预期引导与调节形式能够改变公众的预期行为,引导公众预期行为的动态变化。在审计实践中,公众的审计预期有预期乘数(expectation multiplier)的作用和影响。这个预期乘数的大小取决于公众对审计的了解程度和对信息的处理能力。预期乘数可以成倍地放大或缩小其影响。公众的预期行为过程具有动态变化的特征,而这种动态变化在严格的预期下是不存在的。通常,它会在政府预期协调下伴随着公众的预期行为而逐渐消失。

7.6.1 不合理的预期调适为合理的预期

不仅审计预期,其他一般的预期都可能存在不尽合理之处。那种预期审计一次就能充分发挥监督作用的看法是不合理的。在审计中,有的屡犯违规违纪违法。只有当制度体制机制建立健全后,才能避免再次发生违规违纪违法行为。在金融审计中,就曾出现"屡犯屡查,因为屡查屡犯是相当明显的"[1]。"屡犯屡查,因为是屡查屡犯,说明这个问题不是个案,而是制度性的问题。试图通过一次审计揭露就彻底改掉难上加难。这需要不断变革制度、改革体制解决这些问题"[2]。"由于经营目的不明确,内部控制和风险防范机制不完善,经营管理和内部控制不严格,导致违规经营屡禁不止,资产质量不高,会计信息不实,给违法犯罪分子留下了可乘之机"[3]。这种制度性的问题使公众容易形成不合理的预期。不合理的预期调适为合理的预期,需要政府采取多种办法和措施引导与调节。这些办法和措施主要包括建立完善的审计预期形成机制与传导机制,让预期者在合情合理思维下

---

① 江世银.2019.当代中国金融审计研究(1983—2018)[M].北京:人民出版社,123.

② 江世银.2019.当代中国金融审计研究(1983—2018)[M].北京:人民出版社,125.

③ 江世银.2019.当代中国金融审计研究(1983—2018)[M].北京:人民出版社,199.

观察与思考问题,形成有利于审计正常开展的预期。

7.6.2　过高的预期调适为一般的预期

过高的审计预期是相当普遍的。经调查,90％以上的被调查者都希望审计能完全监督经济活动。特别是当公众得知审计查出、发现的问题的严重性之后,普遍期望审计能查出、发现所有的问题。尽管审计的作用很大,但也不能无限地夸大,否则,公众审计预期会过高。审计是对经济活动的监督,就是为了查出、发现问题。经济活动可能存在问题,也可能不存在问题。如果存在问题而审计没有查出、发现问题,这需要进行具体分析。如果不是主观故意而是受客观条件特别是审计方法等的制约,那么,这是情有可原的。审计预期也没有必要那么高。由过高的预期调适为一般的预期,需要政府的审计预期管理,引导审计预期的变化,实现由过高的预期调节为一般的预期,防止预期者长期失望。

7.6.3　不恰当的预期调适为恰当的预期

审计本应客观、公正地监督经济活动。由于多方面因素的影响,公众的审计预期还存在许多不恰当的预期。有的认为审计就是查问题、整人。如果没有查出问题、没有人被整,他们就会形成对审计监督经济活动只是形式摆设的预期。有这种审计预期的预期者通常是知识水平低下的部分被审计者或公众。事先获知的负面审计结果信息会带来不恰当的审计预期。作为审计者来讲,他们可能形成自卑的心理,产生查问题、整人就是不受人喜欢的看法。审计者的预期也可能不恰当。研究发现,相当多的不恰当的审计预期源于缺少信任。信任是指基于对不受自己控制的他人的意图或行为的积极预期,接受存在伤害性的意愿。信任是一种影响建议采纳或建议来源的关键因素(Snizek and Swol,2001;Yaniv,2004;Komiak and Benbasat,2006)。因而,由不恰当的预期调适为恰当的预期,需要转变过时的观念,在审计者、被审计者、公众与政府之间建立信任机制,通过经常性的沟通达到互信互任。

7.6.4　非理性的预期调适为理性的预期

中国审计预期的非理性非常明显,特别是公众审计预期的非理性更是如此。由于受信息掌握与利用、预期方法等因素的影响,审计的非理性预期占了将近90%。审计预期适应审计监督的需要,并不断地调适。其调适的方向是由非理性的预期调适为理性的预期,其调适的标准是对审计监督是否有利。一般说来,有利于审计监督的审计预期通常是较为理性的预期。见图7-2。

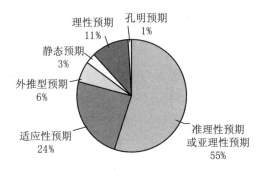

图 7-2　审计预期的非理性情况

在图7-2中,能进行审计理性预期的仅占11%,大量的是非理性预期,占89%。准理性预期或亚理性预期占55%,适应性预期占24%,外推型预期占6%,静态预期占3%,孔明预期占1%。各种不同的审计预期相互转化,从来就没有一成不变的审计预期。大量的非理性预期需要调适,向有利于审计监督的方向转变。调适需要根据审计信息、经验、采取恰当的预期方法形成审计预期。

7.7　公众审计预期的趋同与差异

公众审计预期受各种因素的影响,可能会趋同也可能出现差异。这表明了公众审计预期的变化趋势。掌握公众审计预期的变化趋势,有利于管理好审计预期,提高审计监督的效率。

7.7.1 趋同的客观性

公众审计预期伴随时间的流逝，有的会出现趋同（convergence），有的会出现差异（discrepancy）。公众审计预期的趋同表明各种不同的审计预期逐渐趋于相同，大家都有相同或相近的预期。公众审计预期的差异表明不同阶级、不同阶层、不同利益集团的预期形形色色、千差万别。例如，审计应如何更好地监督经济活动，全社会都各有不同的预期。但因为他们有共同的利益，所以，公众审计预期总有趋同趋势。

审计是由团队配合完成的经济监督，有时也需要处理人与人之间产生的摩擦，调适他们的预期。互相矛盾甚至敌对的同事关系会使负面情绪影响整个团体，进而影响审计。源于动物精神和信念分散的存在，个体的审计预期对信息的利用存在差异并相互影响。良好的审计团队需要内部的协调一致及相互配合，才能为公众审计预期趋于一致，形成有利于审计的合力提供条件。

由于审计博弈等的影响，公众审计预期逐步趋同，形成审计的同构预期（isomorphism expectation）。有时，审计预期还会固化（solidification），如公众的不良预期固化或过高的预期固化。一旦某种审计预期固化，想要改变它，那是非常困难的，有时在某种情况下是根本不可能改变的。所以，防止审计预期固化是审计预期管理的一个重要环节。重视审计预期的趋同，有利于利用审计预期来做好审计监督。

7.7.2 趋同的表现

审计预期在一定条件下会趋同。不同的审计预期在不同条件的影响下趋于相同，会向着同样或相同的方向变化即不同的审计预期趋于一致（convergence）。审计信息的获得，预期方法的改变，政府的审计预期管理等，会在不同的时间、不同的条件特别是不同的环境下改变已经存在的审计预期。个体的不同预期趋于群体的相同预期。这些不同的审计预期逐步趋于一致。审计预期的趋同使不良预期更加不良，良好的预期更好。要对趋同的审计预期做好引导与调节，才会有利于审计监督。审计预期趋同表现出它有利于预期管理。

7.7.3　差 异 的 表 现

受众多因素的影响,公众的审计预期存在各种差异。在公众中,不同预期主体的审计预期千差万别。特别是受素质、信息、不确定性、预期方法和经验等的影响,审计预期五花八门。有的审计预期是理性预期,绝大多数是非理性预期。有的审计预期与实际差距较小,绝大多数差距较大。有的审计预期是积极的预期,有不少审计预期却是消极的预期。有的审计预期变化得快,有的审计预期变化得慢。有的预期者能提前形成审计预期(超前审计预期),有的预期者跟不上时代的步伐,总是滞后于普遍性的预期(滞后审计预期)。有的审计预期会变为全社会主导的预期,而绝大多数审计预期被引导与调节而消失。有的审计预期是同质的预期,绝大多数审计预期是异质的预期。有的审计预期是确定性的预期,绝大多数审计预期是不确定性的预期。总之,从不同角度去看,审计预期是千差万别的。审计预期差异增加了预期管理的难度。

7.8　公众审计预期的影响因素

公众审计预期受许多因素的影响,除了素质、职业和偏好外,还包括信息、审计绩效、不确定性和预期方法等。不同的因素的影响程度与范围又是有差异的。掌握公众审计预期的影响因素,可以为管理好审计预期提供充分的条件,从而更好地为审计服务。

7.8.1　信 　 息

信息是影响公众审计预期的首要因素。没有信息,就没有公众的审计预期。公众的审计预期问题长期存在并影响着审计,主要问题是信息渠道不畅。公众形成审计预期面临的主要问题是经济信息的不对称性(asymmetry)。信息是现代经济运行的血液,代理关系的存在加剧了信息分布的不对称(陈力生,2012)。如果政府及其审计机关增加审计信息的透明度并及时、全面地公布审计信息,完善审计信息的披露机制,这就能从一定程度上减少审计信息的不对称程度,从而减少公众审计过程与结果的预期误差。政府审计结果公开是披露审计信息的最好途径。没有审计结果的公开,公众难有良好的审计预期。

由于信息不对称和不完善,知情较少的公众不知道自己的利益是否被忽视甚至被损害,他们只能凭借所了解或掌握的信息进行判断并做出反应(reaction)。官方的审计信息通常有一个滞后期,即时滞(time lag),公众的审计预期形成就更带有不确定性(uncertainty)。由于无法分辨出审计信息的真假,所以,公众很容易受到错误信息的误导。如果相信错误信息的人越多,错误信息就越会被误认为是真实的信息,因而就越有可能得到更多人的相信,公众基于这样的判断而形成的审计预期就会越不好。公众难以获得正确的信息,特别是错误的信息误导了他们的审计预期。

通常,公众可能会关心审计是否发现了问题以及发现了什么问题,审计过的单位和经济责任人究竟存在多少问题。如果公众感觉信息含量不够,不能获得期望审计报告中比较全面的相关信息,那么,他们就会失望甚至感觉利益受损。公众一旦发现因为审计者所提供的信息使得自己的利益受损,要么归咎于审计者的不负责任,要么归咎于审计者的审计失败。因公众对审计监督抱有过高的期望,所以,他们通常难有良好的审计预期。他们的审计预期可能不恰当,与实际偏差较大。公众的审计预期与审计者的预期、政府的预期是有很大差距的。

7.8.2 审 计 绩 效

审计绩效是影响公众审计预期的主要因素。如果审计能够发挥公众所预期的监督作用,那么,公众的审计预期就不会很差。根据调查所得到的情况,被审计项目和单位数量与被审计者的预期呈高度的正相关。被审计者通常会认为,审计就是找他们在经济活动中存在的问题,所以,他们的预期通常不会看好。而公众对审计绩效给予高度关注,因为审计绩效直接或间接影响到他们的利益。审计绩效越好,公众的审计预期越好。反之,审计绩效越差,公众的审计预期往往不看好。1987—1991 年时期被审计项目和单位数量是最多的,审计绩效是最好的。从 1992—2020 年时期的审计绩效波动较小。见图 7-3。

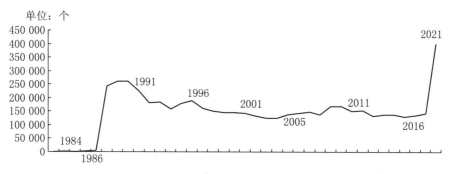

图 7-3　1983 年审计署成立以来的被审计项目和单位情况

因时间跨度长,个别数据没有公开,公开的数据不完全统一,有较大起伏的数据是因为一些仅有中央数据,2007 年后的审计结果公告包括了中央与地方的数据。

从 1983 年审计署成立以来,被审计项目和单位在不断地增加,从最初的 1984 年的 159 个到 2021 年的 142 867 个。1986—1991 年和 2018—2021 年,被审计项目和单位呈直线上升。其中,全国审计最多的一年是 1991 年,中央与地方共审计了 261 875 个项目和单位。总的来看,从 1993 年建立市场经济体制以来,被审计项目和单位的数量基本是持平的,均在 130 000 与 180 000 个之间波动。与之相适应,公众的审计预期也保持相对的稳定,波动性不大。

7.8.3　不 确 定 性

不确定性是影响公众审计预期的重要因素。现代经济的发展都存在着大量的不确定性。由于不确定性的存在,特别是经济的不确定性和审计的不确定性,使得公众的审计预期不确定。更有甚者,公众的预期有时因不确定性而杂乱无章。经济运行如何、宏观经济环境和政策如何变化、如何适应外部经济环境和政策的变化开展审计、审计监督能发挥什么样的作用,这些都会影响公众审计预期的不确定性。在一个不确定的世界中,我们确定的是公众的审计预期很不确定。如 2003 年所爆发的审计风暴,带来了公众审计预期的不确定。推进完善国家治理的审计能够让公众形成确定的审计预期,使审计成为经济治理、国家治理的重要手段。

7.8.4 预 期 方 法

预期方法是影响公众审计预期形成与改变的不可忽视的因素。同样,预期方法也是影响审计预期形成与改变的重要力量。公众采取什么样的预期方法,就会形成与之相适应的预期。如果采取适应性预期的方法,公众的审计预期不会是理性的审计预期。据调查,基于自身利益的考虑,即使公众的审计预期呈现准理性预期的特征,但他们的审计预期更多带有适应性的特点。科学的预期方法有利于利益各方形成良好的预期。如果采取理性预期的方法,公众的审计预期就会表现出理性的特点。如果公众的审计预期达到了孔明预期,那也是非常少的预期者,不可能人人都达到孔明预期。否则,如果人人都能达到孔明预期,那孔明预期也就不复存在了。预期方法使公众的预期与实际发生的结果总是出现一定的偏差。

7.8.5 其 他

除了上述影响因素外,公众的审计预期还受公众的素质、职业、偏好、审计规划、审计结果公告、审计整改结果和政府审计预期管理的影响。各种因素在不同的时间、地点和条件下的影响又是不同的。即使在相同的时间、地点和条件下,审计预期也会表现出不同的特点。

7.9 总 结

公众审计预期是伴随信息的传播与利用、审计过程的深化而形成的审计预期。随着信息技术的发展和制度的完善,公众监督已成为各种监督方式中最经济、最方便、最有效的方式。公众通常期望审计者在执行审计监督中尽可能关注民生资金政策情况、生态环境保护情况、社会政策托底情况、注重政策执行效果情况或与自身利益密切相关的经济活动情况。公众审计预期存在期望过高、非理性等特点。公众审计预期还需要通过调适,形成大体一致的预期。公众审计预期千差万别,会随着时间的推移而出现趋同现象。由于受信息、不确定性、审计绩效、预期方法和其他众多因素的影响,公众的审计预期的表现千差万别。

在公众审计预期形成与变化中,沟通十分重要。它可以缩小不同预期者的审计预期差距。沟通的内容从审计结果扩展到对审计范围和审计过程的说明、审计者责任以及审计管理机构的责任界定。凡是涉及审计有关的内容都应让公众知晓,引导他们形成符合实际的预期。在审计结果报告中与公众进行审计规划、审计内容、审计范围、审计过程、审计者与审计管理机构双方责任的沟通与告知,其目的是缩小公众与审计者之间的不合理审计预期差距,更好地开展审计,更好地满足报告使用者的要求。审计结果报告中对被审计单位管理当局与审计人员责任的明确区分、对审计事项的解释说明以及对合理保证和重要性的表述等一系列术语的使用,可以提醒与告知报告使用者审计只能降低但难以完全消除信息风险。

第 8 章　基于不同预期者的
审计预期问题的实证研究

8.1　基于不同预期者的审计预期问题概述

审计预期有审计者的预期,被审计者的预期,政府的预期和公众的预期等。这些预期之间或多或少地存在一些差距即审计预期差距。审计预期过高会盲目乐观,一旦不能实现或达不到预期,预期者容易受到打击、挫折。审计预期过低会悲观泄气,长期下去,预期者容易失去信心,放弃努力。只有恰当的预期或与实际较为接近的预期才有利于审计的开展。

审计预期问题是审计中客观存在的问题。审计预期问题对审计产生或多或少的影响。审计越发展,越有审计预期的作用和影响。如果忽视审计预期的影响,审计监督的治理作用是会受到影响的。通常,审计预期过高且不符合实际。中国现阶段的审计预期表现为理性的预期少、非理性的预期多,不合理的预期多于合理的预期,审计预期与实际发生的结果差距较大。为了更好地进行国家治理,需要充分发挥审计监督的治理作用,恰当地利用审计预期服务于审计,不断提高审计监督的效率。

审计预期问题颇多并且非常复杂。我们需要通过调查获得信息,在进行深入的实证分析后才能准确地找出或发现审计中存在的预期问题。由于研究问题的复杂性,不少学者提及但并未进行深入研究。章争鸣(2011)、江世银(2016)等进行过尝试,之后一直在探索。他们以审计主体作为划分依据进行研究后,发现了一些不同的审计预期问题,并提出了对策建议。不过,他们的分析都还是初步的,特别是还没有进行基于不同预期者的审计预期问题的实证分析。审计者、被审计者、公众和政府等不同的预期者有什么样的审计预期,特别是有什么样的审计预期问题,基于此,本章通过建立与修正数学模型,对审计者、被审计者、政府机关工作人员(指机关公务员)、公司企业员工、事业单位人员、自由职业者、大专院校学生、街道社区普通公众、农民和其他等的审计预期与审计监督满意度进行分析,利用相关的数据进行实证研究,从而更好地发现审计预期问题。

8.2　审计预期实证研究准备

由于审计预期是一种复杂的预期现象,受利益驱动,社会关注度高,所以进行审计预期问题实证分析,需要选择并定义变量,进行描述性分析,对所进行的实证研究做出具体说明。这就是对审计预期问题的实证分析做好准备。做好这一步是研究不同预期者的审计预期问题的前提和基础。

8.2.1　变量选择与说明

1. 审计者的审计监督效果满意度对审计预期的影响,用 Aas 表示。

2. 被审计者的审计监督效果满意度对审计预期的影响,用 Bas 表示。

3. 政府机关工作人员的审计监督效果满意度对审计预期的影响,用 Gas 表示。

4. 公司企业员工的审计监督效果满意度对审计预期的影响,用 Eas 表示。

5. 事业单位人员的审计监督效果满意度对审计预期的影响,用 Ias 表示。

6. 自由职业者的审计监督效果满意度对审计预期的影响,用 Fas 表示。

7. 大专院校学生的审计监督效果满意度对审计预期的影响,用 Uas

185

表示。

8. 街道社区普通公众的审计监督效果满意度对审计预期的影响,用Mas表示。

9. 农民的审计监督效果满意度对审计预期的影响,用Pas表示。

10. 其他审计监督效果满意度对审计预期的影响,用Oas表示。

考虑到调查的便利及研究方法的需要,本研究对审计预期实证分析选择的对象为审计者、被审计者、政府机关工作人员、公司企业员工、事业单位人员、自由职业者、大专院校学生、街道社区普通公众、农民和其他等十大类。需要说明的是,审计者与政府机关工作人员可能会有重复,被审计者与政府机关工作人员、企事业员工、农民等也可能会有重复。本书对此的研究不包括重复人员。

(1)被解释变量

审计预期(AE):在保证各样本数据完整性和足够长度的样本区间的基础上,本书借鉴周长信(2012)和郑小荣(2014)等的做法,选取1984—2021年共38年间的审计监督效果和审计预期调查情况整合后作为审计预期的度量指标,即被解释变量(explained variable)。因此,本书选取的是调查问卷所得到的数据。选择审计预期作为被解释变量,可以深入地研究审计预期的影响因素。这对于通过审计预期管理来做好审计监督和提高审计治理水平具有重要的参考价值与意义。

(2)解释变量

审计监督效果满意度(SJXM):解释变量为审计监督效果满意度。这个变量是通过发放问卷获得的数据,带有明显的主观性。

(3)控制变量

影响审计预期的因素很多。除了一些影响审计预期的因素,包括预期理论和预期方法等外,本书选取的控制变量(control variable)主要是1983—2021年的《中国审计年鉴》中关于审计项目与单位数,信息量,审计结果公告,整改资金数量,违背公众利益资金数量,整改落实资金数量和挽回损失资金数量等。需要说明的是,由于资料、数据相距的时间越长,这些资料、数据可能越不齐全。

（4）影响机制变量

影响机制变量主要是通过中介环节如信息、不确定性、风险、收益等传导。涉及的预期理论和预期方法主要是静态预期，外推型预期，适应性预期，理性预期。此外，江世银还提出了孔明预期，并进行了论证（江世银，2005）。限于研究篇幅与数据收集的困难，本书暂不涉及这些变量。

8.2.2 数据估测与选取

为了研究不同预期者的审计预期问题，本书对 1984—2021 年期间全社会对审计的看法和审计预期与审计监督效果满意度进行了调查后得到相关数据，见表 8-1 和表 8-2。

表 8-1 全社会对 1984—2012 年的审计看法和 2021 年的
审计预期与审计监督效果满意度调查情况

	调查样本数	回收样本数	审计预期状况 AE	审计监督效果满意度 SJXM
1984	1 200	1 000	871	955
2003	1 200	1 000	839	958
2012	1 200	1 000	807	946
2021	1 200	1 000	910	976

表 8-2 全社会审计预期表现为好与审计监督效果表现为满意的状况 单位：%

序号	预期者	符号	审计预期状况 AE 为好的比例	审计监督效果满意度 SJXM 为满意的比例
1	审计者	Aas	94	99
2	被审计者	Bas	74	97
3	政府机关工作人员	Gas	74	100
4	公司企业员工	Eas	89	98
5	事业单位人员	Ias	84	99
6	自由职业者	Fas	68	98
7	大专院校学生	Uas	86	99
8	街道社区公众	Mas	86	94
9	农民	Pas	80	97
10	其他	Oas	84	95

资料来源：根据调查整理而得。

在发放的 1 200 份调查问卷中剔除无效问卷,得到 1 000 份有效样本数,得出了审计预期状况与审计监督效果满意度。有效回收率达到83.3%,可以进行后续计量统计分析。

审计预期的数据估测采取平均值预测得出。预测是指由已知的或预先测定的解释变量去预测审计预期在所观测的样本数据以外的数值。它可以是对审计预期未来时期的动态预测,也可以是对审计预期在不同状况的动态预测。如果能通过相关检验,在现实中也是有实际意义的,那么,估计出的参数的回归模型就可以用于对审计预期的预测。本书选取将解释变量预测期的数值代入估计的模型,对审计预期的预测期或样本以外的数值做出定量的估计。其主要步骤是进入 Eviews 9.0 软件包,确定样本范围,编辑输入数据;选择估计方程菜单,得到估计结果,最后确定研究所需要的数据。在此基础上,整理得出历年全社会的审计预期状况与审计监督效果满意度数据,并由此计算出它们的均值、标准差、最大值和最小值等。除特别说明外,其变量数据均来自 1983—2021 年的《中国审计年鉴》和调查所得到的数据。见表 8-3。

为了得到平稳的关系数据,克服心理预期因素的影响,防止这些预期因素的影响所导致的滞后效应,我们对表 8-3 的数据取对数,经整理后得到相应的数据。见表 8-4。

经过取对数的数据,我们可以看出均值比较接近,标准差也得到了缩小。基本数据基本介于 4—7 之间。这为研究不同预期者的审计预期提供了可靠的数据来源。

8.2.3 实证方法说明

本书根据调查问卷所获得的数据,运用 Eviews 9.0 给出的 VAR 模型最佳滞后阶数的信息准则判断结果,选取建立单一的一阶分布滞后模型和 10 个变量之间的 10 阶分布滞后模型等进行分析。为了分析得更准确,此部分不包括复杂的变量如影响机制变量等,然后在此基础上进行综合分析。

表 8-3　1984—2021 年全社会的审计预期状况 AE 与审计监督效果满意度 SJXM 调查情况

单位：%

	审计者 Aas		被审计者 Bas		政府机关工作人员 Gas		公司企业员工 Eas		事业单位人员 Ias		自由职业者 Fas		大专院校学生 Uas		街道社区公众 Mas		农民 Pas		其他 Oas		合计 总计		均值	
	A	B	A	B	A	B	A	B	A	B	A	B	A	B	A	B	A	B	A	B	A	B	A	B
1984	91	99	82	90	85	98	85	96	83	98	73	94	94	98	70	93	76	94	83	95	822	955	82.2	95.5
1985	91	99	80	90	85	98	85	96	83	98	73	94	94	98	70	93	76	94	83	95	820	955	82	95.5
1986	90	98	80	91	84	98	84	96	83	98	72	94	95	98	70	93	76	94	83	95	817	955	81.7	95.5
1987	89	97	79	92	84	97	84	97	83	98	72	94	95	98	70	94	77	95	84	94	817	956	81.7	95.6
1988	91	98	79	92	85	97	84	96	84	97	71	95	94	97	69	92	77	94	84	94	818	952	81.8	95.2
1989	90	99	79	92	84	97	83	96	84	97	70	95	94	97	69	92	78	94	85	94	816	952	81.6	95.2
1990	90	98	78	93	84	96	82	95	85	96	70	95	93	97	70	92	77	93	84	93	813	948	81.3	94.8
1991	88	98	78	93	83	97	81	96	85	96	72	95	94	97	70	93	76	93	83	93	810	950	81.0	95.0
1992	88	98	77	93	83	97	82	96	84	97	72	95	93	97	70	93	76	93	82	94	807	953	80.7	95.3
1993	89	96	77	95	82	98	82	95	83	97	71	94	93	97	69	93	75	92	81	94	802	951	80.2	95.1
1994	88	97	75	94	83	98	80	95	82	97	70	96	93	97	71	92	76	92	80	93	798	951	79.8	95.1
1995	87	98	75	94	84	98	80	95	82	97	69	95	92	98	71	92	75	92	80	93	795	952	79.5	95.2
1996	86	97	74	94	84	98	79	95	81	98	69	95	92	98	71	92	76	92	79	92	791	951	79.1	95.1
1997	88	97	70	95	84	98	78	96	80	98	69	96	91	98	72	93	75	91	79	92	786	954	78.5	95.4

（续表）

	审计者 Aas		被审计者 Bas		政府机关工作人员 Gas		公司企业员工 Eas		事业单位人员 Ias		自由职业者 Fas		大专院校学生 Uas		街道社区公众 Mas		农民 Pas		其他 Oas		合计 总计		均值	
	A	B	A	B	A	B	A	B	A	B	A	B	A	B	A	B	A	B	A	B	A	B	A	B
1998	87	96	68	94	86	97	78	96	80	97	70	96	91	98	72	93	75	92	79	92	786	951	78.6	95.1
1999	86	98	67	95	84	97	78	96	80	97	70	97	91	99	72	92	75	90	78	91	781	952	78.1	95.2
2000	86	98	66	95	82	98	77	97	79	97	69	96	90	98	72	92	74	90	78	91	773	952	77.3	95.2
2001	87	98	65	96	80	98	76	96	79	97	69	96	91	98	73	93	74	91	77	90	771	953	77.1	95.3
2002	87	99	64	96	78	99	75	96	78	98	69	96	90	99	75	93	74	91	78	91	768	958	76.8	95.8
2003	87	99	62	96	76	99	74	97	77	98	68	96	90	99	77	93	73	91	77	90	761	958	76.1	95.8
2004	87	99	62	96	76	99	74	97	77	98	68	95	90	98	79	92	73	90	77	90	763	954	76.3	95.4
2005	86	98	63	95	75	98	76	96	77	97	67	95	90	98	80	91	72	90	76	90	761	949	76.1	94.9
2006	85	97	62	95	75	98	74	97	77	96	66	94	90	99	82	91	72	90	76	90	761	947	76.1	94.7
2007	85	98	62	95	74	98	74	97	78	96	66	94	90	97	80	90	72	91	75	91	757	946	75.7	94.6
2008	85	96	63	93	76	99	74	97	77	96	66	95	90	96	83	90	70	91	73	91	758	943	75.8	94.3
2009	84	96	62	93	75	98	74	97	76	96	65	95	91	96	84	90	71	90	73	90	757	942	75.7	94.2
2010	85	97	60	93	74	98	73	98	76	96	65	95	91	97	85	90	70	89	73	90	753	943	75.3	94.3
2011	86	98	59	93	74	98	74	97	76	96	66	96	90	98	86	89	69	89	72	89	752	943	75.2	94.3
2012	86	99	57	92	75	98	75	98	76	95	66	97	91	98	88	88	68	90	72	91	754	946	75.4	94.6

（续表）

	审计者 Aas		被审计者 Bas		政府机关工作人员 Gas		公司企业员工 Eas		事业单位人员 Ias		自由职业者 Fas		大专院校学生 Uas		街道社区公众 Mas		农民 Pas		其他 Oas		合 计 总计		合 计 均值	
	A	B	A	B	A	B	A	B	A	B	A	B	A	B	A	B	A	B	A	B	A	B	A	B
2013	86	98	58	92	76	98	76	97	76	97	66	96	91	98	85	88	69	91	73	90	756	945	75.6	94.5
2014	87	96	60	92	77	99	77	97	78	96	67	96	92	98	85	89	70	92	75	90	768	945	76.8	94.5
2015	88	96	64	94	79	99	78	97	79	96	67	97	92	97	83	90	73	94	76	91	779	951	77.9	95.1
2016	89	95	66	95	80	99	80	96	79	97	67	97	92	97	82	91	74	95	77	92	786	954	78.6	95.4
2017	90	96	67	94	81	99	80	97	78	98	68	97	93	97	80	91	75	93	77	93	789	958	78.9	95.8
2018	90	97	69	95	81	98	82	97	79	98	68	98	93	98	79	92	76	95	79	94	796	962	79.6	96.2
2019	91	98	70	96	82	98	86	97	80	97	68	98	93	98	77	93	77	96	80	95	804	966	80.4	96.6
2020	92	99	73	97	84	99	88	98	82	98	69	98	94	98	77	93	79	97	82	94	820	971	82.0	97.1
2021	94	99	74	97	84	100	89	98	84	99	68	98	94	99	76	94	80	97	84	95	827	976	82.7	97.6
均值	87.95	97.61	69.11	93.87	80.53	97.97	79.24	96.50	80.03	97.08	68.71	95.66	92.03	97.71	76.16	91.71	74.24	92.37	78.68	92.16	786.66	952.63	78.67	95.26
标准差	2.28	1.11	7.39	1.76	3.86	0.90	4.34	0.82	2.86	0.87	2.21	1.22	1.60	0.76	5.93	1.55	2.84	0.76	3.69	1.84	24.04	7.17	2.40	0.72
最大	94	99	82	97	86	100	89	98	85	99	73	98	95	99	88	94	80	97	85	95	827	976	82.7	97.6
最小	84	95	57	90	74	96	73	95	76	95	65	94	90	96	69	88	68	89	72	89	752	942	75.2	94.2

注：A 为全社会的审计预期为好的状况 AE，B 为审计监督效果满意度为满意的状况 SJXM。

表 8-4　1984—2021 年全社会的审计预期状况 AE 的对数与审计监督效果满意度 SJXM 调查数据的对数

	审计者 Aas		被审计者 Bas		政府机关工作人员 Gas		公司企业员工 Eas		事业单位人员 Ias		自由职业者 Fas		大专院校学生 Uas		街道社区公众 Mas		农民 Pas		其他 Oas		合计 sum		合计 mean	
	lnA	lnB	lnA	lnB	lnA	lnB	lnA	lnB	lnA	lnB	lnA	lnB	lnA	lnB	lnA	lnB	lnA	lnB	lnA	lnB	lnA	lnB	lnA	lnB
1984	4.5	4.6	4.4	4.5	4.4	4.6	4.4	4.6	4.4	4.6	4.3	4.5	4.5	4.6	4.2	4.5	4.3	4.5	4.4	4.6	6.7	6.9	4.4	4.6
1985	4.5	4.6	4.4	4.5	4.4	4.6	4.4	4.6	4.4	4.6	4.3	4.5	4.5	4.6	4.2	4.5	4.3	4.5	4.4	4.6	6.7	6.9	4.4	4.6
1986	4.5	4.6	4.4	4.5	4.4	4.6	4.4	4.6	4.4	4.6	4.3	4.5	4.6	4.6	4.2	4.5	4.3	4.5	4.4	4.6	6.7	6.9	4.4	4.6
1987	4.5	4.6	4.4	4.5	4.4	4.6	4.4	4.6	4.4	4.6	4.3	4.5	4.6	4.6	4.2	4.5	4.3	4.6	4.4	4.5	6.7	6.9	4.4	4.6
1988	4.5	4.6	4.4	4.5	4.4	4.6	4.4	4.6	4.4	4.6	4.2	4.6	4.5	4.6	4.2	4.5	4.3	4.5	4.4	4.5	6.7	6.9	4.4	4.6
1989	4.5	4.6	4.4	4.5	4.4	4.6	4.4	4.6	4.4	4.6	4.2	4.6	4.5	4.6	4.2	4.5	4.4	4.5	4.4	4.5	6.7	6.9	4.4	4.6
1990	4.5	4.6	4.4	4.5	4.4	4.6	4.4	4.6	4.4	4.6	4.3	4.6	4.5	4.6	4.2	4.5	4.3	4.5	4.4	4.5	6.7	6.9	4.4	4.6
1991	4.5	4.6	4.4	4.5	4.4	4.6	4.4	4.6	4.4	4.6	4.3	4.6	4.5	4.6	4.2	4.5	4.3	4.5	4.4	4.5	6.7	6.9	4.4	4.6
1992	4.5	4.6	4.3	4.5	4.4	4.6	4.4	4.6	4.4	4.6	4.3	4.5	4.5	4.6	4.2	4.5	4.3	4.5	4.4	4.5	6.7	6.9	4.4	4.6
1993	4.5	4.6	4.3	4.6	4.4	4.6	4.4	4.6	4.4	4.6	4.2	4.6	4.5	4.6	4.2	4.5	4.3	4.5	4.4	4.5	6.7	6.9	4.4	4.6
1994	4.5	4.6	4.3	4.5	4.4	4.6	4.4	4.6	4.4	4.6	4.2	4.6	4.5	4.6	4.3	4.5	4.3	4.5	4.4	4.5	6.7	6.9	4.4	4.6
1995	4.5	4.6	4.3	4.5	4.4	4.6	4.4	4.6	4.4	4.6	4.2	4.6	4.5	4.6	4.3	4.5	4.3	4.5	4.4	4.5	6.7	6.9	4.4	4.6
1996	4.5	4.6	4.3	4.5	4.4	4.6	4.4	4.6	4.4	4.6	4.2	4.6	4.5	4.6	4.3	4.5	4.3	4.5	4.4	4.5	6.7	6.9	4.4	4.6
1997	4.5	4.6	4.2	4.6	4.4	4.6	4.4	4.6	4.4	4.6	4.2	4.6	4.5	4.6	4.3	4.5	4.3	4.5	4.4	4.5	6.7	6.9	4.4	4.6

（续表）

	审计者 Aas		被审计者 Bas		政府机关工作人员 Gas		公司企业员工 Eas		事业单位人员 Ias		自由职业者 Fas		大专院校学生 Uas		街道社区公众 Mas		农民 Pas		其他 Oas		合计 sum		合计 mean	
	lnA	lnB	lnA	lnB	lnA	lnB	lnA	lnB	lnA	lnB	lnA	lnB	lnA	lnB	lnA	lnB	lnA	lnB	lnA	lnB	lnA	lnB	lnA	lnB
1998	4.5	4.6	4.2	4.5	4.5	4.6	4.4	4.6	4.4	4.6	4.2	4.6	4.5	4.6	4.3	4.5	4.3	4.5	4.4	4.5	6.7	6.9	4.4	4.6
1999	4.5	4.6	4.2	4.6	4.4	4.6	4.4	4.5	4.4	4.6	4.2	4.6	4.5	4.6	4.3	4.5	4.3	4.5	4.4	4.5	6.7	6.9	4.4	4.6
2000	4.5	4.6	4.2	4.6	4.4	4.6	4.3	4.6	4.4	4.6	4.2	4.6	4.5	4.6	4.3	4.5	4.3	4.5	4.4	4.5	6.7	6.9	4.3	4.6
2001	4.5	4.6	4.2	4.6	4.4	4.6	4.3	4.6	4.4	4.6	4.2	4.6	4.5	4.6	4.3	4.5	4.3	4.5	4.3	4.5	6.6	6.9	4.3	4.6
2002	4.5	4.6	4.2	4.6	4.4	4.6	4.3	4.6	4.4	4.6	4.2	4.6	4.5	4.6	4.3	4.5	4.3	4.5	4.4	4.5	6.6	6.9	4.3	4.6
2003	4.5	4.6	4.1	4.6	4.3	4.6	4.3	4.6	4.3	4.6	4.2	4.6	4.5	4.6	4.3	4.5	4.3	4.5	4.3	4.5	6.6	6.9	4.3	4.6
2004	4.5	4.6	4.1	4.6	4.3	4.6	4.3	4.6	4.3	4.6	4.2	4.6	4.5	4.6	4.4	4.5	4.3	4.5	4.3	4.5	6.6	6.9	4.3	4.6
2005	4.5	4.6	4.1	4.6	4.3	4.6	4.3	4.6	4.3	4.6	4.2	4.6	4.5	4.6	4.4	4.5	4.3	4.5	4.3	4.5	6.6	6.9	4.3	4.6
2006	4.4	4.6	4.1	4.6	4.3	4.6	4.3	4.6	4.3	4.6	4.2	4.5	4.5	4.6	4.4	4.5	4.3	4.5	4.3	4.5	6.6	6.9	4.3	4.6
2007	4.4	4.6	4.1	4.6	4.3	4.6	4.3	4.6	4.4	4.6	4.2	4.5	4.5	4.6	4.4	4.5	4.3	4.5	4.3	4.5	6.6	6.9	4.3	4.6
2008	4.4	4.6	4.1	4.5	4.3	4.6	4.3	4.6	4.3	4.6	4.2	4.6	4.5	4.6	4.4	4.5	4.3	4.5	4.3	4.5	6.6	6.8	4.3	4.5
2009	4.4	4.6	4.1	4.5	4.3	4.6	4.3	4.6	4.3	4.6	4.2	4.6	4.5	4.6	4.4	4.5	4.3	4.5	4.3	4.5	6.6	6.8	4.3	4.5
2010	4.4	4.6	4.1	4.5	4.3	4.6	4.3	4.6	4.3	4.6	4.2	4.6	4.5	4.6	4.4	4.5	4.2	4.5	4.3	4.5	6.6	6.8	4.3	4.5
2011	4.5	4.6	4.1	4.5	4.3	4.6	4.3	4.6	4.3	4.6	4.2	4.6	4.5	4.6	4.5	4.5	4.2	4.5	4.3	4.5	6.6	6.8	4.3	4.5
2012	4.5	4.6	4.0	4.5	4.3	4.6	4.3	4.6	4.3	4.6	4.2	4.6	4.5	4.6	4.5	4.5	4.2	4.5	4.3	4.5	6.6	6.9	4.3	4.5

（续表）

	审计者 Aas		被审计者 Bas		政府机关工作人员 Gas		公司企业员工 Eas		事业单位人员 Ias		自由职业者 Fas		大专院校学生 Uas		街道社区公众 Mas		农民 Pas		其他 Oas		合计 sum		合计 mean	
	lnA	lnB	lnA	lnB	lnA	lnB	lnA	lnB	lnA	lnB	lnA	lnB	lnA	lnB	lnA	lnB	lnA	lnB	lnA	lnB	lnA	lnB	lnA	lnB
2013	4.5	4.6	4.1	4.5	4.3	4.6	4.3	4.6	4.3	4.6	4.2	4.6	4.5	4.6	4.4	4.5	4.2	4.5	4.3	4.5	6.6	6.9	4.3	4.5
2014	4.5	4.6	4.1	4.5	4.3	4.6	4.3	4.6	4.4	4.6	4.2	4.6	4.5	4.6	4.4	4.5	4.2	4.5	4.3	4.5	6.6	6.9	4.3	4.5
2015	4.5	4.6	4.2	4.5	4.4	4.6	4.4	4.6	4.4	4.6	4.2	4.6	4.5	4.6	4.4	4.5	4.3	4.5	4.3	4.5	6.7	6.9	4.4	4.6
2016	4.5	4.6	4.2	4.6	4.4	4.6	4.4	4.6	4.4	4.6	4.2	4.6	4.5	4.6	4.4	4.5	4.3	4.6	4.3	4.5	6.7	6.9	4.4	4.6
2017	4.5	4.6	4.2	4.5	4.4	4.6	4.4	4.6	4.4	4.6	4.2	4.6	4.5	4.6	4.4	4.5	4.3	4.6	4.3	4.5	6.7	6.9	4.4	4.6
2018	4.5	4.6	4.2	4.6	4.4	4.6	4.4	4.6	4.4	4.6	4.2	4.6	4.5	4.6	4.4	4.5	4.3	4.6	4.4	4.6	6.7	6.9	4.4	4.6
2019	4.5	4.6	4.2	4.6	4.4	4.6	4.5	4.6	4.4	4.6	4.2	4.6	4.5	4.6	4.3	4.5	4.3	4.6	4.4	4.5	6.7	6.9	4.4	4.6
2020	4.5	4.6	4.3	4.6	4.4	4.6	4.5	4.6	4.4	4.6	4.2	4.6	4.5	4.6	4.3	4.5	4.4	4.6	4.4	4.6	6.7	6.9	4.4	4.6
2021	4.5	4.6	4.3	4.5	4.4	4.6	4.4	4.6	4.4	4.6	4.2	4.6	4.5	4.6	4.3	4.5	4.3	4.5	4.4	4.5	6.7	6.9	4.4	4.6
均值	4.5	4.6	4.2	4.5	4.4	4.6	4.4	4.6	4.4	4.6	4.2	4.6	4.5	4.6	4.3	4.5	4.3	4.5	4.4	4.5	6.7	6.9	4.4	4.6
标差	0.8	0.1	2.0	0.6	1.4	−0.1	1.5	−0.2	1.1	−0.1	0.8	0.2	0.5	−0.3	1.8	0.4	1.0	0.8	1.3	0.6	3.2	2.0	0.9	−0.3
最大	4.5	4.6	4.4	4.6	4.5	4.6	4.5	4.6	4.4	4.6	4.3	4.6	4.6	4.6	4.5	4.5	4.4	4.6	4.4	4.6	6.7	6.9	4.4	4.6
最小	4.4	4.6	4.0	4.5	4.3	4.6	4.3	4.6	4.3	4.6	4.2	4.5	4.5	4.6	4.2	4.5	4.2	4.5	4.3	4.5	6.6	6.8	4.3	4.5

注：A 为全社会的审计预期状况 AE，B 为审计监督效果满意度 SIXM。

8.2.4　主要指标分析

为了剔除异常值影响,本书对所有变量按照 1% 的标准进行了缩尾处理(winsorize)。主要变量描述性统计结果如表 8-5 所示。

表 8-5　主要变量定义及描述性统计

种类	名称	变量描述	变量定义	均值	标准差	最小值	最大值
被解释变量	AE	审计预期	对审计预期调查结果取对数	4.4	0.9	4.3	4.4
解释变量	SJXM	审计监督效果满意度	对审计监督效果满意度取对数	4.2	1.4	3.6	4.4
控制变量	Aas	审计者	对审计者预期调查结果取对数	4.5	0.8	4.5	4.4
	Bas	被审计者	对被审计者预期调查结果取对数	4.2	2.0	4.0	4.4
	Gas	政府机关工作人员	对政府公职人员审计预期调查结果取对数	4.4	1.4	4.5	4.3
	Eas	企业员工	对企业员工审计预期调查结果取对数	4.4	1.5	4.3	4.5
	Ias	事业员工	对事业员工审计预期调查结果取对数	4.4	1.1	4.3	4.4
	Fas	自由职业者	对自由职业者审计预期调查结果取对数	4.2	0.8	4.2	4.3
	Uas	大专院校学生	对学生审计预期调查结果取对数	4.5	0.5	4.6	4.5
	Mas	街道社区普通公众	对街道社区公众审计预期调查结果取对数	4.3	1.8	4.2	4.5
	Pas	农民	对农民审计预期调查结果取对数	4.3	1.0	4.2	4.4
	Oas	其他	对其他人员审计预期调查结果取对数	4.4	1.3	4.3	4.4

（续表）

种类	名称	变量描述	变量定义	均值	标准差	最小值	最大值
影响机制变量	inf	信息因素	对信息影响审计预期的调查结果取对数	1.45	1.15	0.73	1.99
	ext	预期理论	对预期理论影响的审计预期调查结果取对数	1.33	1.88	0.48	1.78
	exw	预期方法	对预期方法影响的审计预期调查结果取对数	1.27	1.76	0.65	1.64

资料来源：根据调研整理而得。

　　正如前述，因数据收集的困难，本书暂不涉及不确定性、风险、收益等的分析。在此条件下，为了进一步分析审计预期与审计监督效果满意度之间的关系，我们进一步进行变量的描述性指标分析。见表 8-6。

表 8-6　主要变量描述性统计指标

	LNAE	LNSJXM
平均数	6.667 327	6.859 200
中位数	6.666 957	6.858 565
最大值	6.717 805	6.883 463
最小值	6.622 736	6.848 005
标准差	0.030 946	0.007 596
峰度	0.056 905	1.183 702
偏度	1.579 704	4.946 802
J-B 统计量	3.214 474	14.874 85
概率	0.200 441	0.000 589
偏差平方累加和	0.035 433	0.002 135
样本容量	38	38

　　在表 8-6 中，审计预期 AE 与审计监督效果满意度 SJXM 的平均数、中位数、最大值、最小值、峰度、偏度、J-B 统计量、概率和偏差平方累加和等表明了变量之间的相关关系。除了二者的偏差与 J-B 统计量相差 10 个单位以上外，其他的统计指标都相差不大。

8.3　审计预期数学建模

审计预期难以测定,建立一个非常适合现有状况的审计预期数学模型是相当困难的。因为审计监督涉及各方利益,是非常复杂的,影响因素众多,但也许我们能够用适当的数学关系式近似地、简要地表达出来就已经很好了。同其他预期相似,审计预期具有惯性(inertia)或迟滞性(hysteresis),即无论是谁形成审计预期,都会持续下去,不会立即消失。审计预期惯性作用逐步减弱并最终消失。在审计绩效的提高或降低时期,审计预期一般都会持续一段时间。这使得审计预期与审计绩效可能表现为一定程度的自相关。经济活动中的违法违纪违规情况可能已经非常严重了,因此非常需要审计监督立刻发挥它的监督作用,但监督作用总是滞后的,即审计监督具有滞后效应(lag effect)。与之相适应,审计预期也具有同步的滞后效应。我们运用调查研究方法对审计预期问题进行研究,其目的是考察自变量与因变量之间的因果关系。是否能够有效地实现这一目的主要取决于调查问卷的设计和我们所要达到的目标。而研究的设计应尽可能有效、客观,被调查者能准确且简明、具体地回答调查问题。

解释变量对被解释变量的影响不可能在短时期内消失。在这一过程中,通常有时间滞后现象(time lag phenomenon)。滞后效应就是指被解释变量受自身或其他经济变量过去值影响的延续现象(continuation phenomenon)。审计监督的滞后效应是指审计变量对审计预期变量的影响不仅限于当期,而是延续若干期,由此带来变量的自相关(autocorrelation)。也就是说,审计绩效需要通过一段时间才能完全作用于审计预期,引起审计预期发生变化。由于对未来的审计预期要依据过去的经验和方法对审计绩效进行深入的认识,所以,由预期因素影响的审计预期可能产生不同程度的滞后效应。

审计预期的变化或多或少、或快或慢地受到审计绩效预期值的影响。为了分析审计预期与审计绩效的自相关关系,探索受时滞因素影响的审计预期的变化规律,建立和完善审计预期自相关模型、在回归模型中引入滞后变量进行分析是非常必要的。自相关又称序列相关(sequence correlation),是指总体回归模型中的随机误差项之间存在相关关系(correlation)。自相关的程度可以用自相关系数去表示。假如审计预期仅仅受审计绩效的影响,在不考虑其他因素如满意度的影响下,所建立的审计预期自相关模型如下。

包含一个预期解释变量的审计预期模型表示为:

$$Y_t = a + bX_t^e + u_t \qquad (8-1)$$

式中,Y_t 为被解释变量,X_t^e 为解释变量的预期值,u_t 为随机扰动项。a、b 为常数。

因审计预期是人们对未来审计的看法且不可观测,所以,在进行回归分析时,获取解释变量预期值是运用审计预期模型的难点。尽管如此,我们可以借助其他变量来研究。假如审计预期的形成机理满足自适应预期(auto-adaptive expectation),人们会根据自己过去在形成审计预期时所犯错误的程度来修正他们以后在每一时期的预期。也就是说,他们按照过去预测偏差的某一比例对当前期望进行修正,使其适应新的经济形势,那么,我们可以对其进行量化分析。审计预期的自适应过程可用数学公式来表示为:

$$X_t^e = X_{t-1}^e + \theta(X_t - X_{t-1}^e) \qquad (8-2)$$

式中,参数 θ 为适应系数(adaption coeffecient)即调节系数(adjustment coeffecient)。它的含义是:本期预期值 X_t^e 等于前一期预期值 X_{t-1}^e 加上一个修正量(correction quantity)。此修正量 $\theta(X_t - X_{t-1}^e)$ 是前一期预期误差 $(X_t - X_{t-1}^e)$ 的一部分。整理上式还可表示为:

$$X_t^e = \theta X_t + (1-\theta)X_{t-1}^e \qquad (8-3)$$

上式表示本期预期值是前一期预期值和本期实际值的加权平均。θ 和 $1-\theta$ 为加权的权数,且 $0 \leqslant \theta \leqslant 1$。如果 $\theta = 0$,说明本期实际值被忽略,审计预期没有得到修正。如果 $\theta = 1$,那么,以本期实际值作为预期值,本期审计预期与前一期的审计预期无关。

由此可见,审计预期的自适应预期模型(auto-adaptive expectation model)是解释变量预期值满足自适应调整过程的预期模型。根据上述假

设,我们还可以将其转化为自回归形式。于是有:

$$Y_t = a + b[\theta X_t + (1-\theta) X_{t-1}^e] + u_t \tag{8-4}$$

将上式滞后一期并乘以 $1-\theta$,得:

$$(1-\theta) Y_{t-1} = a(1-\theta) + b(1-\theta) X_{t-1}^e + (1-\theta) u_{t-1} \tag{8-5}$$

再整理后得:

$$Y_t = a\theta + b\theta X_t + (1-\theta) Y_{t-1} + [u_t - (1-\theta) u_{t-1}] \tag{8-6}$$

令 $a^* = a\theta$, $b_0^* = b\theta$, $b_1^* = 1-\theta$, $u_t^* = u_t - (1-\theta) u_t$

则上式可变为:

$$Y_t = a^* + b_0^* X_t + b_1^* Y_{t-1} + u_t^* \tag{8-7}$$

这就是一个一阶自回归审计预期模型。如果能得到这一模型参数 a^*、b_0^*、b_1^* 和 u_t^* 的估计值,即可求得自适应预期模型的参数估计值。

因无限分布滞后模型不能直接估计,所以,首先对滞后结构进行假定,再通过变形形成可以直接估计的审计预期的自回归模型。由于在模型中加入了难以测量的心理预期因素,所以,对审计预期自回归模型中的预期形成提出假设,再变换为自回归的审计预期模型,由此进行量化分析。

向量自回归模型简称 VAR 模型,是一种不根据理论就可以进行操作的经济统计模型(economic statistical model)。由于那些以经济理论为基础的模型常常会受到太多假设条件的限制,从定性的角度出发无法准确说明变量之间的现实动态关系,所以经济类问题通常需要使用非结构性的模型和真实有效的经济数据来分析相关变量间的联系。简而言之,VAR 模型促进了对多个变量之间动态关系的研究。对被解释变量 A_t^e 及多个解释变量作 n 次观测,所得到的 n 组观测值(A_t^e, A_{t-1}, A_{t-2}, …, A_{t-n})(i=1,2, …, n)的线性关系,实际可写成方程形式:

$$A_t = a_1 + a_2 A_{21} + a_3 A_{31} + \cdots + a_n A_{n1} + u_t \tag{8-8}$$

根据此方程,还可以进行类推,得到方程组,但这会越来越复杂。因篇幅所限,以及此次研究的需要和条件,这里不再讨论下去。

根据上述模型,本书采用向量自回归模型即 VAR 模型来分析它们之间的关系。VAR 模型的主要特点有:首先,VAR 模型所采取的方法是根据数据来运行的模型方法,不需要太多理论作为模型支撑。其次,VAR 模型是无约束的(unconstrained),但是由于模型中参数较多,需要保证模型中的数据是平稳数列,因此变量的选择和滞后期数的选择十分重要。最后,由于 VAR 模型存在着参数量庞大的问题在实际操作过程中通常会通过脉冲函数分析和方差分解这两步来进一步分析数据间的联系。

根据向量自回归模型特点,我们可以将 VAR 模型的数学表达式表示为:

$$A_t^e = a_1 A_{t-1}^e + a_2 A_{t-2}^e + a_3 A_{t-3}^e + a_4 A_{t-4}^e + a_5 A_{t-5}^e + a_6 A_{t-6}^e$$
$$+ a_7 A_{t-7}^e + a_8 A_{t-8}^e + a_9 A_{t-9}^e + a_{10} A_{t-10}^e + u_t \tag{8-9}$$

其中,a_1、a_2、a_3、a_4、a_5、a_6、a_7、a_8、a_9、a_{10} 是参数矩阵,A_t^e 是指时间序列列向量,u_t 是指误差项。为了研究的方便与简化,在本书中,审计预期 A_t^e 受不同的预期影响,与 Aas、Bas、Gas、Eas、Ias、Fas、Uas、Mas、Pas、Oas 共同构成模型中的内生变量即 $A_t^e = A_{t-1}^e$、A_{t-2}^e、A_{t-3}^e、A_{t-4}^e、A_{t-5}^e、A_{t-6}^e、A_{t-7}^e、A_{t-8}^e、A_{t-9}^e、A_{t-10}^e 的共同作用。为此,本书构建模型如下:

$$
\begin{bmatrix} A_{t-1}^e \\ A_{t-2}^e \\ A_{t-3}^e \\ A_{t-4}^e \\ A_{t-5}^e \\ A_{t-6}^e \\ A_{t-7}^e \\ A_{t-8}^e \\ A_{t-9}^e \\ A_{t-10}^e \end{bmatrix} = \sum_i^n \begin{bmatrix} a_1 1i & a_1 2i & a_1 3i & a_1 4i & a_1 5i & a_1 6i & a_1 7i & a_1 8i & a_1 9i & a_1 10i \\ a_2 1i & a_2 2i & a_2 3i & a_2 4i & a_2 5i & a_2 6i & a_2 7i & a_2 8i & a_2 9i & a_2 10i \\ a_3 1i & a_3 2i & a_3 3i & a_3 4i & a_3 5i & a_3 6i & a_3 7i & a_3 8i & a_3 9i & a_3 10i \\ a_4 1i & a_4 2i & a_4 3i & a_4 4i & a_4 5i & a_4 6i & a_4 7i & a_4 8i & a_4 9i & a_4 10i \\ a_5 1i & a_5 2i & a_5 3i & a_5 4i & a_5 5i & a_5 6i & a_5 7i & a_5 8i & a_5 9i & a_5 10i \\ a_6 1i & a_6 2i & a_6 3i & a_6 4i & a_6 5i & a_6 6i & a_6 7i & a_6 8i & a_6 9i & a_6 10i \\ a_7 1i & a_7 2i & a_7 3i & a_7 4i & a_7 5i & a_7 6i & a_7 7i & a_7 8i & a_7 9i & a_7 10i \\ a_8 1i & a_8 2i & a_8 3i & a_8 4i & a_8 5i & a_8 6i & a_8 7i & a_8 8i & a_8 9i & a_8 10i \\ a_9 1i & a_9 2i & a_9 3i & a_9 4i & a_9 5i & a_9 6i & a_9 7i & a_9 8i & a_9 9i & a_9 10i \\ a_{10} 1i & a_{10} 2i & a_{10} 3i & a_{10} 4i & a_{10} 5i & a_{10} 6i & a_{10} 7i & a_{10} 8i & a_{10} 9i & a_{10} 10i \end{bmatrix} \begin{bmatrix} A_{t-1}^e \\ A_{t-2}^e \\ A_{t-3}^e \\ A_{t-4}^e \\ A_{t-5}^e \\ A_{t-6}^e \\ A_{t-7}^e \\ A_{t-8}^e \\ A_{t-9}^e \\ A_{t-10}^e \end{bmatrix} + \begin{bmatrix} u_1 \\ u_2 \\ u_3 \\ u_4 \\ u_5 \\ u_6 \\ u_7 \\ u_8 \\ u_8 \\ u_{10} \end{bmatrix}
$$

$$\tag{8-10}$$

根据 Eviews 9.0 给出的 VAR 模型最佳滞后阶数的信息准则判断结果,我们选择建立十个变量之间的四阶分布滞后模型。按照审计监督效果满意度对审计预期的影响,并依次为审计者、被审计者、政府机关工作人员、公司企业员工、事业单位人员、自由职业者、大专院校学生、街道社区普通公众、农民和其他等次序确定影响大小,发现影响审计预期的传导路径,本书将内生变量的顺序确定为 AE、Aas、Bas、Gas、Eas、Ias、Fas、Uas、Mas、Pas 和 Oas 等。

8.4　审计预期数学模型修正与完善

在审计预期中,没有一个模型可以涵盖影响审计预期影响因素的方方面面,因为这些因素在本质上都是随机出现的。由于许多不确定性因素影响审计预期的形成与变化,所以,我们很难得到一个普遍适用于任何审计预期的一般数学模型。这为研究审计预期数学模型带来了不小的困难(problem)。于是,为了克服可能出现的困难,我们需要对审计预期数学模型进行修正与完善。

对审计预期数学模型进行修正与完善,主要是根据理论依据、模型中的变量的可观测性、数据的可得性、未来经济活动的不确定性、审计制度的变化、预期方法的改变、信息的收集与利用等影响因素进行改善。由于受到复杂利益因素的影响,本书主要基于审计业绩和审计监督满意度进行分析,并由此进行修正。

8.4.1　审计预期数学模型的初步修正与完善

在审计监督中,通常会遇到为了适应解释变量的变化,被解释变量是一个由预期的最佳值与之相对应的变量。解释变量的现值影响着被解释变量的预期值,存在局部修正模型,其关系为:

$$Y_t^* = a + bX_t + u_t$$

式中,Y_t^* 为被解释变量的预期最佳值,X_t 为解释变量的现值。一般说来,被解释变量的预期水平在单一周期内不会完全实现。这就需要我们修改上述审计预期自回归模型。假如被解释变量的实际变化与预期变化仅仅只是预期变化的一个特例,则有:

$$Y_t - Y_{t-1} = \sigma(Y_t^* - Y_{t-1}) \tag{8-11}$$

上式中,σ 为修正系数,代表修正程度。σ 越接近于 1,表明修正到预期最佳水平的程度越大。如果 $\sigma=0$,那么有:$Y_t = Y_{t-1}$。它表明本期值与前一期值相同,完全没有进行修正。如果 $\sigma=1$,那么有:$Y_t = Y_t^*$。它表明实际变动等于预期变动,进行了完全修正。可见,这个模型是通过对被解释变量的修正而得到的模型。根据研究的需要,自回归审计预期模型也可表示为:

$$Y_t = \sigma Y_t^* + (1-\sigma)Y_{t-1} \tag{8-12}$$

被解释变量实际值是本期预期最佳值与前一期实际值的加权和,权数分别是 σ 和 $1-\sigma$。对上述模型再进行整理得:

$$Y_t = \sigma(a + bX_t + u_t) + (1-\sigma)Y_{t-1} = a\sigma + b\sigma X_t + (1-\sigma)Y_{t-1} + \sigma u_t \tag{8-13}$$

令 $a^* = a\sigma$,$b_n^* = b\sigma$,$b_1^* = 1-\sigma$,$u_t^* = \sigma u_t$

则上式可变为:

$$Y_t = a^* + b_0^* X_t + b_1^* Y_{t-1} + u_t^* \tag{8-14}$$

8.4.2 审计预期自回归综合修正模型

为了能更深入地反映审计预期受审计监督效果满意度和审计绩效的影响,我们还可将自回归审计预期模型与审计预期模型结合起来,得到审计预期自回归综合修正模型。其模型为:

$$Y_t^* = a + bX_t^* + u_t \tag{8-15}$$

这一模型反映了被解释变量的预期水平与解释变量预期值的关联性

（relevance）。对 $Y_t = Y_t^*$ 作修正假设，对 $Y_t = Y_{t-1}^*$ 作自适应假设，那么，我们可将审计预期自回归综合修正模型转化为一般的自回归模型。于是有：

$$Y_t = a^* + b_0^* X_t + b_1^* Y_{t-1} + b_2^* Y_{t-2} + u_t^* \qquad (8\text{-}16)$$

上述一阶自回归模型的解释变量中含有滞后被解释变量 Y_{t-1} 和 Y_{t-2}。这个滞后变量是随机变量（random variable），可能与随机扰动项相关。不仅如此，随机扰动项也可能自相关。所以，我们对自回归模型的估计存在很大困难。假如自回归审计预期模型中的随机扰动项满足古典假定（classical hypothesis），那么其模型可表示为：

$$
\begin{aligned}
& u_t^* = u_t - (1-\theta)u_{t-1} \\
& E(u_t) = 0 \\
& \mathrm{Var}(u_t) = \tau^2 \\
& \mathrm{Cov}(u_i, \ u_j) = 0 (i \neq j) \\
& \mathrm{Cov}(u_t^*, \ u_{t-1}^*) \neq 0 \\
& \mathrm{Cov}(Y_{t-1}, \ u_t^*) \neq 0
\end{aligned}
\qquad (8\text{-}17)
$$

为了缓解随机解释变量与随机扰动项之间出现的相关影响带来的估计偏差（estimation bias），根据具体的情况，可在进行参数估计时选择适当的工具变量来代替回归模型中与随机扰动项存在相关性的解释变量。

不同预期者的审计监督效果对审计预期的影响，其审计预期模型为：

$$AE_t = a + a_1 SJXM_t^{Aas} + a_2 SJXM_t^{Bas} + a_3 SJXM_t^{Gas} + a_4 SJXM_t^{Eas} + a_5 SJXM_t^{Ias} +$$
$$a_6 SJXM_t^{Fas} + a_7 SJXM_t^{Uas} + a_8 SJXM_t^{Mas} + a_9 SJXM_t^{Pas} + a_{10} SJXM_t^{Oas} + u_t$$
$$(8\text{-}18)$$

根据本书研究的需要，将式（8-18）归结为审计预期 AE 与不同预期者的审计监督满意度 SJXM 的结果构建方程为：

$$AE_t = a + a_t SJXM_t + u_t \qquad (8\text{-}19)$$

8.4.3　简要的总结

修正与完善审计预期模型，需要根据实际情况进行。如果修正与完善模型更有利于实证分析,那么,这种修正与完善是有价值且是非常必要的。如果仅仅是为了修正与完善而修正与完善模型,再精美的审计预期模型也是无用的。本着简单、明了、实用出发,修正与完善审计预期模型是完全必要的。它为审计预期问题的实证研究和检验提供了基本的条件。

8.5 审计预期的实证分析与检验

在模型建立与主要变量定义后,一般说来,我们还需要对其进行一些检验。否则,得出的结论令人难以信服,更不用说提出可供操作的政策建议了。到目前为止,不仅研究审计预期的成果较少,对其进行检验的则更少。国内外对审计预期的研究主要集中在审计期望差距领域(李娜,2011;曹瑀,2018;Masood A. et al., Olojede P. et al., 2020;黄世忠,马新月,Astolfil CA P, 2021;Ellul L. et al., 2022)。何敬(2011)基于审计期望差距的调查问卷结果进行了实证分析,得到了 Logit 回归结果。本书根据他们的思路并进行改进后深入研究下去,以期获得准确的审计预期认识。进行审计预期的检验,特别需要将参数估计的模型用于实际经济活动的预期比较,将模型预测的结果与实际的审计预期结果相对比,以此检验模型的有效性。审计预期的检验,就是利用估计了参数的数学模型,由已知的或预先测定的解释变量去预测被解释变量在所观测的样本数据以外的数值。

8.5.1 初步的实证分析

由于不同预期者的预期不同且审计预期较为复杂,本章还分别分析他们的不同情况,再从总体上分析审计监督满意度对审计预期的影响。审计预期可以是对被解释变量未来时期的动态预测,也可以是对被解释变量在不同空间状况的空间预测。本章为研究的便利,分别对 2021 年调查得到的审计预期 AE 与 Aas、Bas、Gas、Eas、Ias、Fas、Uas、Mas、Pas、Oas 的审计监督效果满意度的影响进行分析。见表 8-7。

表 8-7　审计预期 AE 与不同预期者的审计监督效果满意度的对数

	lnAE	lnAas	lnBas	lnGas	lnEas	lnIas	lnFas	lnUas	lnMas	lnPas	lnOas
1984	4.4	4.6	4.5	4.6	4.6	4.6	4.5	4.6	4.5	4.5	4.6
1985	4.4	4.6	4.5	4.6	4.6	4.6	4.5	4.6	4.5	4.5	4.6
1986	4.4	4.6	4.5	4.6	4.6	4.6	4.5	4.6	4.5	4.5	4.6
1987	4.4	4.6	4.5	4.6	4.6	4.6	4.5	4.6	4.5	4.6	4.5
1988	4.4	4.6	4.5	4.6	4.6	4.6	4.6	4.6	4.5	4.5	4.5
1989	4.4	4.6	4.5	4.6	4.6	4.6	4.6	4.6	4.5	4.5	4.5
1990	4.4	4.6	4.5	4.6	4.6	4.6	4.6	4.6	4.5	4.5	4.5
1991	4.4	4.6	4.5	4.6	4.6	4.6	4.6	4.6	4.5	4.5	4.5
1992	4.4	4.6	4.5	4.6	4.6	4.6	4.6	4.6	4.5	4.5	4.5
1993	4.4	4.6	4.6	4.6	4.6	4.6	4.5	4.6	4.5	4.5	4.5
1994	4.4	4.6	4.5	4.6	4.6	4.6	4.6	4.6	4.5	4.5	4.5
1995	4.4	4.6	4.5	4.6	4.6	4.6	4.6	4.6	4.5	4.5	4.5
1996	4.4	4.6	4.5	4.6	4.6	4.6	4.6	4.6	4.5	4.5	4.5
1997	4.4	4.6	4.6	4.6	4.6	4.6	4.6	4.6	4.5	4.5	4.5
1998	4.4	4.6	4.5	4.6	4.6	4.6	4.6	4.6	4.5	4.5	4.5
1999	4.4	4.6	4.6	4.6	4.6	4.6	4.6	4.6	4.5	4.5	4.5
2000	4.3	4.6	4.6	4.6	4.6	4.6	4.6	4.6	4.5	4.5	4.5
2001	4.3	4.6	4.6	4.6	4.6	4.6	4.6	4.6	4.5	4.5	4.5
2002	4.3	4.6	4.6	4.6	4.6	4.6	4.6	4.6	4.5	4.5	4.5
2003	4.3	4.6	4.6	4.6	4.6	4.6	4.6	4.6	4.5	4.5	4.5
2004	4.3	4.6	4.6	4.6	4.6	4.6	4.6	4.6	4.5	4.5	4.5
2005	4.3	4.6	4.6	4.6	4.6	4.6	4.6	4.6	4.5	4.5	4.5
2006	4.3	4.6	4.6	4.6	4.6	4.6	4.5	4.6	4.5	4.5	4.5
2007	4.3	4.6	4.6	4.6	4.6	4.6	4.5	4.6	4.5	4.5	4.5
2008	4.3	4.6	4.5	4.6	4.6	4.6	4.6	4.6	4.5	4.5	4.5
2009	4.3	4.6	4.5	4.6	4.6	4.6	4.6	4.6	4.5	4.5	4.5
2010	4.3	4.6	4.5	4.6	4.6	4.6	4.6	4.6	4.5	4.5	4.5
2011	4.3	4.6	4.5	4.6	4.6	4.6	4.6	4.6	4.5	4.5	4.5
2012	4.3	4.6	4.5	4.6	4.6	4.6	4.6	4.6	4.5	4.5	4.5
2013	4.3	4.6	4.5	4.6	4.6	4.6	4.6	4.6	4.5	4.5	4.5
2014	4.3	4.6	4.5	4.6	4.6	4.6	4.6	4.6	4.5	4.5	4.5
2015	4.4	4.6	4.5	4.6	4.6	4.6	4.6	4.6	4.5	4.5	4.5
2016	4.4	4.6	4.6	4.6	4.6	4.6	4.6	4.6	4.5	4.6	4.5
2017	4.4	4.6	4.5	4.6	4.6	4.6	4.6	4.6	4.5	4.6	4.5
2018	4.4	4.6	4.6	4.6	4.6	4.6	4.6	4.6	4.5	4.6	4.5
2019	4.4	4.6	4.6	4.6	4.6	4.6	4.6	4.6	4.5	4.6	4.6
2020	4.4	4.6	4.6	4.6	4.6	4.6	4.6	4.6	4.5	4.6	4.5

（续表）

	lnAE	lnAas	lnBas	lnGas	lnEas	lnIas	lnFas	lnUas	lnMas	lnPas	lnOas
2021	4.4	4.6	4.6	4.6	4.6	4.6	4.6	4.6	4.5	4.6	4.6
均值	4.4	4.6	4.5	4.6	4.6	4.6	4.6	4.6	4.5	4.5	4.5
标差	0.9	0.1	0.6	−0.1	−0.2	−0.1	0.2	−0.3	0.4	0.8	0.6
最大	4.4	4.6	4.6	4.6	4.6	4.6	4.6	4.6	4.5	4.6	4.6
最小	4.3	4.6	4.5	4.6	4.6	4.6	4.5	4.6	4.5	4.5	4.5

从表 8-7 可以看出，各变量的均值在 4.5 左右。在进行检验之前，非常需要对变量之间的相关性、描述性指标进行分析。基于上述数据，首先进行变量的相关分析。见表 8-8。

从表 8-8 可以看出，这些变量之间的主要统计指标的基本情况。相关性分析是测量变量之间的相关性程度，只有显著相关的变量之间才有可能存在线性关系。变量之间的相关系数，可见表 8-9。

在表 8-9 中，审计预期 AE 与 Aas、Bas、Gas、Eas、Ias、Fas、Uas、Mas、Pas、Oas 的审计监督效果满意度之间存在着相关性。变量之间的线性趋势大致呈正相关关系，但并非完全的线性关系。我们可以进一步做散点图分析变量之间的关系。由此，本章在变量的统计指标和相关系数的基础上再进一步分析变量的散点图。见图 8-1。

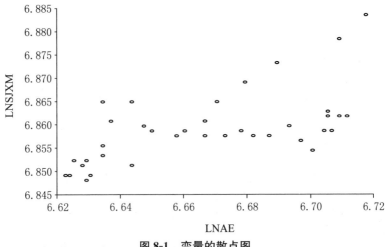

图 8-1　变量的散点图

表 8-8 变量的主要统计指标

	LNAE	LNAAS	LNBAS	LNGAS	LNEAS	LNIAS	LNFAS	LNUAS	LNMAS	LNPAS	LNOAS
平均数	4.360 526	4.486 842	4.226 316	4.600 000	4.600 000	4.600 000	4.581 579	4.600 000	4.500 000	4.518 421	4.513 158
中位数	4.400 000	4.500 000	4.200 000	4.600 000	4.600 000	4.600 000	4.600 000	4.600 000	4.500 000	4.500 000	4.500 000
最大值	4.400 000	4.500 000	4.400 000	4.600 000	4.600 000	4.600 000	4.600 000	4.600 000	4.500 000	4.600 000	4.600 000
最小值	4.300 000	4.400 000	4.000 000	4.600 000	4.600 000	4.600 000	4.500 000	4.600 000	4.500 000	4.500 000	4.500 000
标准差	0.049 536	0.034 257	0.117 828	0.000 000	0.000 000	0.000 000	0.039 286	0.000 000	0.000 000	0.039 286	0.034 257
峰度	−0.430 706	−2.179 797	0.180 051	NA	NA	NA	−1.629 226	NA	NA	1.629 226	2.179 797
偏度	1.185 507	5.751 515	1.859 942	NA	NA	NA	3.654 378	NA	NA	3.654 378	5.751 515
J-B 统计量	6.387 820	42.080 09	2.263 226	NA	NA	NA	17.489 06	NA	NA	17.489 06	42.080 09
概率	0.041 011	0.000 000	0.322 513	NA	NA	NA	0.000 159	NA	NA	0.000 159	0.000 000
偏差平方累加和	0.090 789	0.043 421	0.513 684	0.000 000	0.000 000	0.000 000	0.057 105	0.000 000	0.000 000	0.057 105	0.043 421
样本容量	38	38	38	38	38	38	38	38	38	38	38

表 8-9 变量的相关系数

	LNAE	LNAAS	LNBAS	LNGAS	LNEAS	LNIAS	LNFAS	LNUAS	LNMAS	LNPAS	LNOAS
LNAE	0.002 4	0.000 8	0.004 5	1.475 1	1.475 1	1.475 1	-0.000 2	1.475 1	1.475 1	0.000 7	0.000 5
LNAAS	0.000 8	0.001	0.001 7	0	0	0	0.000 3	0	0	0.000 2	0.000 1
LNBAS	0.004 5	0.001 7	0.013 5	0	0	0	-0.001 4	0	0	0.000 6	0.001 5
LNGAS	1.475 1	0	0	0	0	0	0	0	0	0	0
LNEAS	1.475 1	0	0	0	0	0	0	0	0	0	0
LNIAS	1.475 1	0	0	0	0	0	0	0	0	0	0
LNFAS	-0.000 2	0.000 3	-0.001 4	0	0	0	0.001 5	0	0	7.617 7	-0.000 5
LNUAS	1.475 1	0	0	0	0	0	0	0	0	0	0
LNMAS	0	0	0	0	0	0	0	0	0	0	0
LNPAS	0.000 7	0.000 2	0.000 6	0	0	0	7.617 7	0	0	0.001 5	0.000 2
LNOAS	0.000 5	0.000 2	0.001 5	0	0	0	-0.000 5	0	0	0.000 3	0.001 1

在图 8-1 中,变量的趋势图表明审计预期 AE 与审计监督效果满意度 SJXM 之间不是完全的非线性关系,但审计预期与审计监督效果满意度之间仍存在一定的关系。为了进行深入分析,我们给出变量的相关特征,以揭示它们之间的关系。见图 8-2。

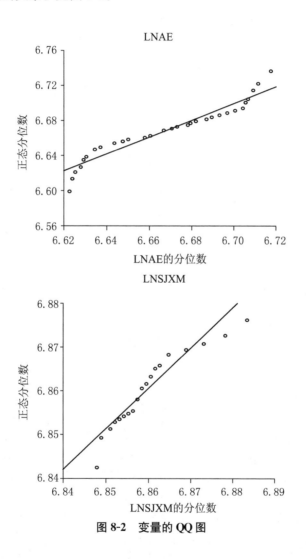

图 8-2　变量的 QQ 图

在图 8-2 中,尽管变量的分布没有表现出标准的线性关系分布,但在一定区间具有这样的特点。审计预期 AE 在 6.62—6.72 区间有线性关系分布的特征,审计监督效果满意度 SJXM 在 6.84—6.89 区间也有线性关系分布的特征。总之,变量的分布在一定程度上呈现出线性关系分布的特征。

8.5.2 参数估计与回归结果

假如所建模型及其中的随机扰动项 u_t 满足研究的假定,可以用 OLS 估计其参数。根据式(8-19)的 VAR 方程,进行回归估计,得到回归结果。见表 8-10。

表 8-10   VAR 回归估计

	LNAE	LNSJXM
LNAE(−1)	1.616 556	0.231 623
	(0.144 70)	(0.074 21)
	[11.171 7]	[3.121 22]
LNAE(−2)	−0.668 088	−0.216 112
	(0.137 69)	(0.070 61)
	[−4.852 26]	[−3.060 58]
LNSJXM(−1)	0.304 139	1.180 640
	(0.321 34)	(0.164 80)
	[0.946 48]	[7.164 23]
LNSJXM(−2)	−0.156 290	−0.265 015
	(0.358 63)	(0.183 92)
	[−0.435 80]	[−1.440 92]
C	−0.670 367	0.475 803
	(1.172 95)	(0.601 54)
	[−0.571 52]	[0.790 97]
判定系数	0.974 566	0.900 708
调整后的判定系数	0.971 284	0.887 896
残差平方和	0.000 801	0.000 211
方程标准误差	0.005 083	0.002 607
F 统计量	296.956 4	70.302 51
对数似然估计值	141.756 2	165.796 3
赤池信息准则	−7.597 564	−8.933 125
施瓦茨准则	−7.377 631	−8.713 192
被解释变量的均值	6.664 927	6.859 061
被解释变量的标准差	0.029 996	0.007 786

（续表）

	LNAE	LNSJXM
行列式残差协方差修正结果		1.75E－10
行列式残差协方差		1.29E－10
对数似然估计值		307.650 8
赤池信息准则		－16.536 15
施瓦茨准则		－16.096 29

根据上述分析，可以得到变量之间的数量关系的 VAR 模型为：

$\text{AE}_t = -0.670\ 367 + 1.616\ 556\text{SJXM}_t + 1.75$

$R^2 = 0.974\ 566$　修正的 $R^2 = 0.971\ 284$　F=296.956 4

由表 8-10 可知，$R^2 = 0.974\ 566$，修正的 $R^2 = 0.971\ 284$，这说明模型对样本的拟合很好，即自变量可以解释因变量97.1％的变异。VAR 方程回归结果清楚地表明了审计预期 AE 受审计监督满意度 SJXM 的影响情况。其参数估计与回归结果，见表 8-11。

表 8-11　参数估计与回归结果

变量	相关系数	标准误	t 统计量	概率
C	－10.344 83	3.694 762	－2.799 863	0.008 2
LNSJXM	2.480 195	0.538 658	4.604 400	0.000 0

判定系数	0.370 635	被解释变量的均值	6.667 327
调整后的判定系数	0.353 153	被解释变量的标准差	0.030 946
回归标准误差	0.024 889	赤池信息准则	－4.497 594
残差平方和	0.022 300	施瓦茨准则	－4.411 406
对数似然估计值	87.454 29	汉南—奎因准则	－4.466 929
F 统计量	21.200 50	德宾—沃森统计量	0.099 646
F 统计量的相伴概率	0.000 050		

参数估计和检验的结果为：

$$\ln\text{AE}_t = -10.344\ 83 + 2.480\ 195\ln\text{SJXM}_t$$

$$(3.694\ 762)\quad(0.538\ 658)$$

$$t = (-2.799\ 863)(4.604\ 400)$$

$$R^2 = 0.370\ 635\quad F=21.200\ 50\quad n=38$$

方差分析的检验结果显示 F 值为 21.200 50，P＝0.000 050＜0.01，即表明在 0.01 水平下，自变量显著影响因变量。回归校准误差为 0.024 889，表明也具有显著性影响。可见，计量模型效果显著，且不存在多重共线性关系。

8.5.3　ADF 单位根检验

本章采用向量自回归模型来考察审计预期与众多审计预期者的审计监督效果满意度之间的关系，主要采取 ADF 单位根检验，AR 检验，进行脉冲响应分析和方差分解。

在对变量进行脉冲响应分析和方差分解之前，需要对变量的平稳性进行检验确定其是否为平稳时间序列。为验证研究结论的稳健性，确保实证结论可信，本书先构建 ADF 检验模型。如果不是，则要通过取对数和一阶差分的方法使其符合平稳时间序列的要求，否则无法进行实证分析。前面已经取的对数数据正好能满足其需要。

ADF 检验的基本模型为：

$$Y_t = \theta Y_{t-1} + u_t \tag{8-20}$$

$$Y_t = a + \theta Y_{t-1} + u_t \tag{8-21}$$

$$Y_t = a + bt + \theta Y_{t-1} + u_t \tag{8-22}$$

式中，u_t 为随机扰动项，可以是一个一般的平稳过程。当 u_t 存在且为消除自相关时，引入新项 $\Delta Y_{t-i}(i=1, 2, 3, \cdots, n)$，则 ADF 检验的模型可以变为：

$$Y_t = \theta Y_{t-1} + \sum_{i=1}^{n} a_i \Delta Y_{t-i} + \varepsilon_t \tag{8-23}$$

$$Y_t = a + \theta Y_{t-1} + \sum_{i=1}^{n} a_i \Delta Y_{t-i} + \varepsilon_t \tag{8-24}$$

$$Y_t = a + bt + \theta Y_{t-1} + \sum_{i=1}^{n} a_i \Delta Y_{t-i} + \varepsilon_t \tag{8-25}$$

如果使用 DF 检验相同的临界值表，这就是 ADF 检验。

一般地，当时间序列具有不平稳性时，它会导致伪回归现象及各项指标检验没有实际意义,因此,为了保证单位根检验的有效性,我们需要对各变量进行单位根检验以确定其平稳性。见表 8-12。

表 8-12　ADF 单位根检验结果

方法	统计量	概率*
ADF-Fisher Chi-square	3.009 61	0.556 2
ADF-Choi Z-stat	−0.082 82	0.467 0

* Fisher 检验的概率是使用渐近 Chi 来计算的平方分布。所有其他测试都假设渐近正态性。

中间 ADF 测试结果未测试

序列	概率	滞后	最大滞后	观察数
LNAE	0.551 4	0	9	37
LNSJXM	0.402 7	0	9	37

对上述 10 个变量进行的 ADF 单位根检验结果显示:SJXM 的 ADF 值大于 1%、5% 和 10% 显著性水平的临界值均不平稳。对其进行二阶差分处理后的值是平稳的。于是,这就可以进一步地分析下去。

8.5.4　AR　检　验

一般在进行 VAR 实证检验时,需要保证变量是平稳的才能继续进行脉冲响应分析等操作。目标点落在单位圆内,说明其满足稳定性条件。进行 AR 检验主要是为了判断序列变量中是否存在单位根,如存在,则表示时间序列不平稳。由于系统惯性(system inertia)的作用,经济时间序列往往存在着前后依存关系,所以,这就需要进行 AR 检验。一般说来,AR(1)值小于 0.5,表明存在一阶自相关;AR(2)大于 0.5 表明不存在二阶自相关,那就不需要做更高阶的检验了。见图 8-3。

从图 8-3 中可以看出,没有特征根出现在单位圆外,结果表示时间序列稳定。因序列稳定,所构建的 VAR 模型合适,因此我们可以对 SJXM 与 AE 进行方程回归估计和脉冲响应分析。

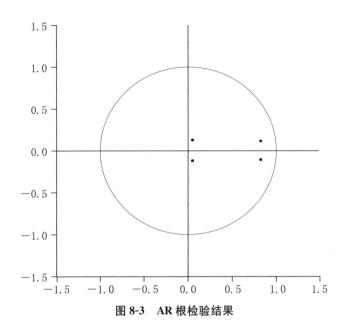

图 8-3 AR 根检验结果

8.5.5 脉冲响应分析

脉冲响应分析图用于研究当一个变量发生变化时,其余变量受到的冲击效果。本书的脉冲响应分析图分别是 SJXM 影响审计预期 AE 变化后的反映路径图,显示了审计预期变动一个标准差后,其余变量的动态变化路径。纵轴表示 SJXM 受到审计预期 AE 变化冲击的响应程度,横轴表示滞后期数。由于在第 10 期之后波动基本趋于平稳,所以本书只考虑前 10 期的波动情况。见图 8-4。

当给出 SJXM 一个标准单位的冲击时,立即对审计预期带来正向影响,并且这种正向影响持续到第十期且达到最大。这说明审计监督效果满意度对审计预期的影响是直接持续的。反过来,审计预期无论在哪一时期都会受到审计监督效果满意度的影响。这种影响也具有持续性。

8.5.6 方 差 分 解

方差分解旨在测量各变量之间的贡献程度及观测随机扰动项对各变量的影响程度。为了深入分析 SJXM 对审计预期 AE 波动的影响程度,进一步的研究还需要对 AE 进行方差分解。简单来讲,方差分解可以理解为假

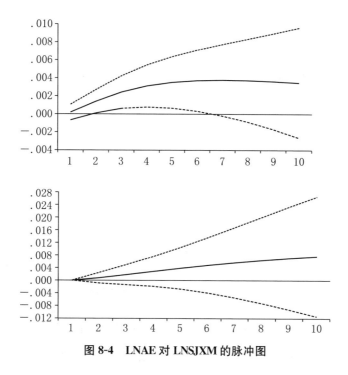

图 8-4　LNAE 对 LNSJXM 的脉冲图

如长期方差分解趋于 15％左右,说明这个冲击对变量波动的贡献在 15％左右。因此,本书从 SJXM 等对审计预期 AE 进行方差分解,期限设定为 10(单位:年)。见表 8-13。

表 8-13　LNAE 与 LNSJXM 的方差分解

LNAE 的方差分解			
Period	S.E.	LNAE	LNSJXM
1	0.024 161	100.000 0	0.000 000
2	0.032 605	99.959 45	0.040 554
3	0.038 066	99.161 66	0.838 343
4	0.042 081	97.639 00	2.360 997
5	0.045 108	95.798 83	4.201 169
6	0.047 388	93.927 31	6.072 686
7	0.049 087	92.190 15	7.809 852
8	0.050 335	90.671 25	9.328 747
9	0.051 234	89.401 64	10.598 36
10	0.051 870	88.379 55	11.620 45

（续表）

LNSJXM 的方差分解			
Period	S.E.	LNAE	LNSJXM
1	0.023 353	23.976 07	76.023 93
2	0.030 580	24.260 04	75.739 96
3	0.034 269	28.731 84	71.268 16
4	0.036 628	34.136 36	65.863 64
5	0.038 355	39.124 78	60.875 22
6	0.039 722	43.184 52	56.815 48
7	0.040 842	46.219 12	53.780 88
8	0.041 765	48.337 23	51.662 77
9	0.042 516	49.725 08	50.274 92
10	0.043 117	50.574 86	49.425 14

乔利斯基排序：LNAE LNSJXM

表 8-13 列示了不同观测期的方差分解结果。除了受自身影响,不同预期者在审计预期形成与变化方面有显著的作用。这表明审计预期不仅会影响到 LNSJXM 等变量,而且它也会受到来自 LNSJXM 的影响。

8.5.7 实 证 小 结

本书根据研究的需要,在对数据进行平稳性检验与调整后建立了 SJXM 与审计预期的 VAR 模型,通过脉冲响应分析和方差分解得出如下实证结论。根据审计预期受到的影响与影响其他预期的情况,本书对以上 10 个方面进行分组,将审计者、政府分为一组,将被审计者、公司企业员工、事业单位人员分为一组,将自由职业者、街道社区公众、农民、大专院校学生和其他分为一组。需要说明的是,受到复杂的审计预期的影响,这种区分只是相对的。

1. 通过脉冲响应分析,本书得出的结论是,审计预期受被审计者、公司企业员工、事业单位人员的预期形成与改变影响较大且影响时间较长,存在惯性。这种影响具体表现为前期脉冲响应出现下降冲击,路径波动剧烈,后期开始逐渐上升并最终趋向于 0。这表明进行审计预期引导与调节不仅非常必要而且任务很艰巨。

2. 通过脉冲响应分析,本书认为,审计预期受审计者、政府的预期形成与改变存在较为复杂和长期的影响。这具体表现为刚开始时是下降冲击,之后转变为反向冲击,脉冲响应值回升但上升程度较小,于较长时期后路径趋于平稳,围绕着 0 上下波动。

3. 通过脉冲响应分析,本书发现审计预期对自由职业者、街道社区公众、农民、大专院校学生和其他等存在着大概率的正面影响。这具体表现为总体上都是在 0 以上波动,但在脉冲过程中,我们可以看出路径波动复杂且持续时间较长。我们需注意到审计预期对自由职业者、街道社区公众、农民、大专院校学生和其他的正向冲击在后期有所减缓,边际效用下降,说明其对自由职业者、街道社区公众、农民、大专院校学生和其他仍存在一定的负面作用。

4. 通过进一步的方差分解,从总体上来看,我们还可以看出各预期者的 SJXM 在改变审计预期方面都发挥着或大或小的作用。换句话讲,SJXM 与审计预期 AE 之间存在相互影响的关系,并且这种影响是持续存在的。

总之,本书通过向量自回归模型即 VAR 模型做定量分析,并在 VAR 模型的基础上进行了相关变量之间的脉冲响应函数分析和方差分解,以此观察各个变量之间的动态联系。

8.6　审计预期问题的表现

审计的过程是一个预期形成和改变的过程。审计是一种充满预期作用和影响的经济活动。审计存在着审计者的预期问题、被审计者的预期问题、公众的审计预期问题和政府的审计预期问题(江世银,2016)。各种不同的审计预期问题或多或少地影响着审计的正常进行。只有找准了审计中的各种预期问题,才有可能发挥审计预期的积极作用,克服审计预期的消极影响。在现实审计工作中,审计者只可能掌握有限充分的信息,因此难以进行理性审计预期,更不可能进行孔明预期,只能进行相对准确的审计预期。

8.6.1　审计者的预期问题

审计者预期形成的信息不充分,通常受定势思维预期的影响,预期具有不确定性,这就是审计者的预期问题。基于此,注重审计事前、事中、事后的预期问题,可以更好地开展审计。

(1) 审计者形成预期的信息不充分

预期的产生是以反映客观经济现实的各种信息为依据的。预期与信息密切相关,审计预期当然离不开信息,特别是符合实际的审计预期更是如此。审计是一项具有独立性的经济监督活动。独立性是审计区别于其他经济监督的特征;审计的基本职能是监督,而且是经济监督,是以第三者身份在掌握信息的基础上所进行的监督。目前,审计监督的视野早已超越传统财务收支范围即查账式的审计,审计已经成为一项政策性、政治性、法治性、专业性较强的工作。在推进完善国家治理条件下,审计受到了许多挑战,特别是在形成预期时出现的信息不充分、不完全或不对称情况会严重影响预期,进而影响审计结果。即便是在现代高度信息化的社会,审计者要掌握被审计者违法违规的信息也可能会面对不充分、不完全,甚至双方信息不对称的局面,这就给审计者形成恰当的预期带来困难。如果审计中不存在任何限制和约束,在信息不充分的条件下,审计者就会不择手段地进行任何一种边际收益大于边际成本的活动,使其个人利益最大化。

(2) 审计者受定势思维的预期的影响较大

审计预期能使审计者在纷纭复杂的表观现象中理出主要矛盾并抓住重点,不断优化整合有限的资源,进而达到资源的最充分利用。比如对长期应付款的审计中,审计者根据经验会产生预期,确定重点关注的方面,如长期应付款的真实性、计价的正确性、租赁合同和经济合同的履约情况、信息披露的正确性及何处容易出现舞弊问题的风险点等,这种经验预期对审计工作无疑是有指导性作用的。审计者通常认为,如果不能查出被审计者存在的经济问题,就是自身存在失职渎职,难以向社会交出合格的答卷。但是,如果审计者一味地为了完成审计指标或为了提出问题而不考虑事实写出类似的审计报告,就会大大降低审计结果的可信性。尽管如上所述,审计者会形成被审计者一定存在违规违纪违法的定势思维预期,且这种预期存在的可能性较大,但随着市场经济的发展和法律法规的健全以及观念的改变,绝大多数被审计者是守法守纪的且尽量减少定势思维带来的影响,减少出现舞弊问题。

(3) 审计者的预期具有不确定性

预期本身就是不确定的。有不确定性才会有预期的存在和作用。信息的不断变化,不确定性的增加或减少,风险大小的变化,都会使审计者的预期具有不确定性。审计者难以把握审计中会出现什么问题,审计的结果是否与已发生的事实存在差距,有多大的差距。被审计者是否认同审计结果,公众如何看待所进行的审计,政府是否认为已达到预期的审计目的。特别是审计持续较长时期内所发生的变化,这些都难以被审计者所预期到,都增加了审计预期的不确定性。从 1984—2021 年期间的审计者预期来看,其数据在 84—94 之间波动,波幅达 11.9%。

审计者在可能获得的信息条件下,面对环境的不确定性,只能在力所能及的范围内趋利避害,依照有限的思维能力做出实现个人效用最大化的最优决策,即尽最大可能查出或发现所存在的问题。审计者的预期也有不确定性,有的审计结果证实了其正确性,有的审计结果不是所预期的那样复杂。有时,受一些因素的影响,审计者的不确定性预期带来全社会预期的不确定性,这时只有增加确定性的预期,才能解决审计者预期不确定性问题,防止审计预期陷阱(audit expectation trap)。

8.6.2　被审计者的预期问题

被审计者存在着不正确的预期,通常表现为预期审计不存在问题或问题不大,形成对审计者故意发难预期,特别是表现为消极的预期。找准被审计者的预期问题,可以更好地消除它们,为审计服务。

(1) 被审计者预期审计不存在问题或问题不大

在审计过程中,被审计者也有预期。被审计者的最大预期是希望已发生的财务收支是合法合规的,没有舞弊问题或违法行为。如果有不合理不合法不合规之处,那其预期也是最低限度的不合法不合规,或只是不合情理。由于种种原因,他们通常预期审计不存在问题或问题不大,特别是可能形成审计不出问题或审计不出大问题的预期,抱有侥幸预期心理。甚至被审计者通过审计检查后有可能会形成他们是遵纪守法的预期。审计实践表明,大多数被审计者对自己的违纪问题及性质是一清二楚的。他们认为审计部门也可能查不出来自己的问题。这种心理预期现象较为普遍。

(2)被审计者会形成对审计者的故意发难预期

通常,由于审计的繁琐性,当被审计者没有完全了解和认识审计的实质和内涵时,通常会一致认为审计者是专门找岔子、挑毛病、揪辫子的,被审计者会形成对审计者的故意发难预期。他们认为他们的会计信息是真实的、财务收支是合规的。他们的预期也是正确的。被审计者通常会从"审"字中推理出"查",又从"查"字推出一定有问题或找问题。他们认为,审计者为了履行职责或完成任务,一定要去审计出问题来,把没有问题的事实审计出问题来,甚至把小问题说成是大问题,夸大问题的严重性。没有出现这种审计结果则罢,有了这种审计结果自然就会产生对审计者的故意发难预期。他们担心一旦查出某些问题,工作成效被否定,就会使自己难堪。这种被审计者的预期很不利于审计监督的顺利进行。

(3)被审计者的预期消极

被审计者常常依据"审"字简单地认为,审计部门及其人员是来者不善,因而被审计者往往会形成消极的预期。因此,在审计时,被审计者常表现出伪装,愁眉不展,敷衍塞责,惴惴不安等行为,在形成十分消极的审计预期前提下,消极地面对审计者。从1984—2021年期间的被审计者预期来看,其数据在57—82之间波动,波幅达43.9%。他们要么埋怨自己倒霉,怨天尤人,要么强调客观原因,隐瞒自己的违规违纪违法行为的真实动机。这种消极预期或多或少地影响了审计的正常开展。在政府对审计工作的宣传不到位的情况下,被审计者心态不正,对审计者抱有敌视态度。被审计者对审计的目的和意义不了解、不明确,就会认为审计就是针对自己的体现,就是找自己的错误和瑕疵,进而他们的审计预期十分消极。这种消极的预期反过来又影响他们与审计者的配合、积极参与被审,从而导致其不能自觉地接受审计监督。

8.6.3　公众的审计预期问题

除了 7.5 涉及公众审计预期问题外,公众作为预期者还有更具体的表现。一般说来,公众对审计的期望本身就是很高的。他们特别期望审计报告中有更多的相关信息供他们知晓。当审计者未能满足公众的期望时,公众对审计者的审计信心便受到了损害,由此形成了公众的审计预期问题。根据调查所得到的情况,公众的审计预期与查出的问题资金呈高度的正相关。他们总是认为,审计查出或发现的问题资金越多,审计的成绩越大。与此相适应,审计预期越不看好,而审计绩效预期就会越好。公众存在着各种审计预期问题。见图 8-5。

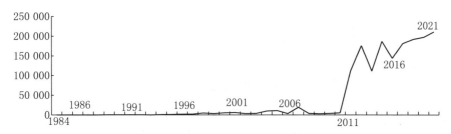

图 8-5　1983 年审计署成立以来审计查出的问题资金情况

从审计署 1983 年成立以来,审计查出的问题资金在不断地增加,从最初的 1984 年的 1.0 亿元到 2021 年的 21.1 万亿元,增幅达 21.1 万倍。1984 年到 2001 年,审计查出的问题资金在两位数与四位数之间波动。其中,全国审计查出问题资金最多的一年是 2019 年,中央与地方共审计查出了 21.6 万亿元。从 1984 年到 2011 年的相当长一个时期,审计查出的问题资金都相对稳定。总的来看,从 2012 年党的十八大以来,审计查出的问题资金在 11.2 万亿元到 21.1 万亿元之间。与之相适应,公众的审计预期也保持相对的稳定,其波动性不大。

(1)公众对审计抱有过高的期望

伴随经济快速发展、市场失灵所出现的会计造假行为问题,公众都希望审计机关尽快解决。他们期待政府进行全面的审计,期待审计审深、审透;期待违规违纪违法能得到最大的惩罚,期待审计规则、制度健全等。社会分配越不公平,给他们所带来的损失越大,他们要求审计快速曝光的愿望越强烈。这种愿望或期望表现在希望审计尽快地把舞弊问题降到最低限度。据有关学者调查,对 2015 年出现的股灾要求立即审计曝光的公众占被调查的 82%,期望半年的占 15%,无所谓的占 2%,弃权的占 1%。事实上,解决这一问题是有一个过程的。可见,公众对审计快速曝光抱有过高的期望。见图 8-6。

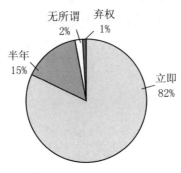

图 8-6 公众对审计的期望

(2) 公众对审计不出问题会形成审计失职的预期

审计的对象是被审计单位的财政、财务收支及其他经济活动,这就是说审计对象不仅包括会计信息及其所反映的财政、财务收支活动,还包括其他经济信息及其所反映的其他经济活动。审计能够真实地反映客观事实,需要审计者具有较高的理论素养和政策水平。否则,由于舞弊问题的复杂性,加之审计技术、方法、水平和经验的局限,最终审不出存在会计问题的审计对象情况。在这种情况下,公众对审计不出问题会形成审计失职的预期。这种预期会降低审计的公信力。

(3) 公众对审不出大问题会形成审计是走过场的预期

由于审计会受人情关系与利益的影响,公众往往形成审计没有到位的预期或审计是走过场的预期。审计机关及其审计人员(即审计者)审计被审计者时,他们客观存在许多受被审计者影响的利益关系。例如,审计者的升迁,审计活动的开展,审计者子女的升学就业和亲朋好友的利益关系,审计的被宣传等,都可能会使审计者受制于被审计者。当出现这种情况时,如果审计者没有依理依法进行严格地审计,那么,审计者和被审计者可能存在着利益的博弈。二者各自形成博弈预期,并且预期本身就是一个各自利益博弈的预期。那么,公众考虑到以上情况,往往会形成审计是走过场的预期。他们可能会认为审计形同虚设。

8.6.4　政府的审计预期问题

政府也有审计预期并存在问题。政府的审计预期问题表现为政策审计完美无缺。不管是什么预期主体,除了政府外,他们的预期都不完全符合事实。事实上,政府审计预期也有不当或不准确的时候。只有认识到自身审计预期问题,政府才能更好地利用预期来为审计监督服务。

(1)政府对政策审计的预期问题

政府是向社会提供经济秩序的担当者。它制定各种经济政策、确保经济的良性运行和协调发展。政策规定涉及各方利益,就会产生政策审计的预期。这种预期主要表现在所制定和实施的经济政策是否能够达到预期的目的。通过政策跟踪审计,判断经济政策是不是符合现实经济运行的需要,如促进经济发展,规范经济运行,提供经济秩序等。近年来,在我国所进行的经济政策跟踪审计过程中,就存在政府对政策审计的预期。通常,这种预期高于实际的情况。政府有完美无缺的政策审计预期,如认为政策没有任何缺陷,形成对政策审计能够将所有问题揭示出来的预期。显然,这种预期与实际偏差太大。

(2)政府自身的预期不恰当

政府中的经济管理者认为,所制定和实施的政策是没有问题的,所出现的问题是被管理者没有按政策行事,是"上面有政策,下面有对策"的利益博弈而导致经济运行产生了各种问题,如不可持续发展问题、分配不公问题、通货膨胀问题、失业问题、经济波动问题和经济失序问题等。政府没有从自身的政策寻找原因,而是形成了不恰当的预期。这种政府自身不恰当的预期表现在其认为被管理者或被审计者有问题,审计者有问题,而政府自身没有问题。事实上,这种预期是不符合客观实际的。

8.7 总　　结

　　进行不同预期者的审计预期的实证分析,有助于发现审计预期存在的问题。为更好地为审计监督服务,本书通过审计预期模型的建立、修正与完善以及检验,发现了审计者、被审计者、公司企业员工、事业单位人员、政府机关工作人员、自由职业者、街道社区普通公众、大专院校学生、农民和其他利益相关者之间的预期关系,找出了审计者、被审计者、公众、政府等利益相关者之间存在的审计预期问题。不管是审计者还是被审计者,不管是政府还是公众,他们之间都存在着预期问题。为了进一步发挥审计监督的治理作用,我们需要高度重视审计预期问题所带来的影响。准确地发现各种不同的审计预期问题,充分发挥不同预期者的审计预期的积极作用,克服他们的审计预期的消极影响,这是解决审计预期问题的主要任务。

第9章　基于审计业绩的
审计预期问题的实证研究

9.1　基于审计业绩的审计预期问题概述

审计预期除了受审计者的预期,被审计者的预期,公众的预期和政府的预期等影响外,还受审计业绩差异的影响。对于审计业绩,理论界有不同的看法。本书根据数据的可得性,认为审计业绩差异包括由审计所查出的问题金额、整改金额、侵害公众利益资金、处理处罚资金、整改落实资金和挽回或避免损失资金等。从资金审计的业绩来讲,由审计查出的问题资金是审计业绩的基本表现,整改金额、侵害公众利益资金是审计业绩的主要表现,处理处罚资金、整改落实资金、挽回或避免损失资金是审计业绩的重要表现。从审计后处理相关经济责任人来看,审计业绩主要包括约谈、通报批评、降级、降职、撤职、开除和判刑等。从审计后建立和完善制度规定来说,审计业绩主要包括完善相关制度、体制、机制、规定、操作流程等。根据研究的需要,本章基于审计业绩差异的审计预期问题研究,主要是从资金所表现出来的审计业绩。

不同预期者对审计业绩的看法不同,导致有不同的审计预期。审计查出的问题越多、越大,审计预期差异越大。经研究发现,审计预期受审计业绩差异的影响十分明显。

审计预期问题颇多并且非常复杂。我们需要调查获得信息,进行深入的实证分析才能准确地找出或发现审计中存在的各种预期问题。Jennings

(1993)、刘明辉和何敬(2010)、章争鸣(2011)、江世银(2016)和马新月(2021)等进行过尝试,获得了一些认识,后一直探索。他们以审计主体作为划分依据,发现了一些不同的审计预期问题并提出了对策建议。不过,他们的分析都还是初步的,特别是还没有进行审计业绩对审计预期问题的影响的实证分析。基于此,本章通过建立与修正数学模型,利用相关的数据进行实证分析,从而更好地发现由审计业绩差异带来的各种审计预期问题。

9.2　变量选择与说明

9.2.1　核心被解释变量

本章研究的被解释变量是审计预期 AE,是基于审计业绩差异的审计预期。它主要受到信息、主观判断、个人情绪、心理预期、利益驱动和周围环境等因素的密切影响,很难通过定量数据来刻画。如果对审计预期进行量化研究,这只有通过借助其他变量来体现。国外对信心和预期的研究是从银行信贷开始的,后来逐步发展到社会预期心理的研究。1964 年,美国联邦储备委员会率先开展了对银行高级信贷负责人的意见调查(SLOOS),欧洲中央银行自 2003 年开始在其管辖地区统一实施银行信贷调查制度(BLS),英格兰银行在 2007 年建立银行高管信贷环境调查制度(CCS)等。目前,世界各国中央银行均陆续建立起了银行家调查问卷数据库,该类数据库的建立为包括银行管理者信心在内的各种银行预期研究提供了相关的数据支持。在学术研究中,学者们(周长信,2012;郑小荣,2014)大多采用调查问卷形式,通过向一些特定的目标群体(如关心审计的利益相关者)发放有关审计的调查问卷来考察公众等对审计的信心与预期。对于审计预期研究,可以仿照其调查问卷收集数据开展实证研究。

本书以关心审计的利益相关者为调查对象,并采取全面调查与抽样调查相结合的调查模式。调查问卷的总样本量包含 1 200 多人,在职业方面尽量实现不同类型的全面覆盖。此问卷调查报告囊括了不同审计的共

12 项调查数据,采用主成分分析法将审计信心指数、审计感受指数、审计监督满意度指数、审计预期指数等 4 个有代表性的指数合成为一个指数来代表审计预期,同时,将该指数的原始数据进行对数差分处理,将其增长率作为衡量审计预期的代理变量,增长率越大表明审计预期程度越强。从构造与概念内涵两方面来看,该指数完全符合作为衡量审计预期程度的指标。由于审计预期普遍受审计期望的影响,所以,本章首先进行审计期望与审计业绩的相关分析,为实证研究审计预期问题提供基础。

9.2.2　核心解释变量

审计绩效(AA):解释变量为衡量审计预期变化的一系列指标。审计绩效是直接影响审计预期形成与变化的重要因素。而审计绩效可以从多方面去衡量。除了不能用以量化的数据外,衡量审计绩效主要是从审计所查出的问题金额、整改金额、侵害公众利益资金、处理处罚资金、整改落实资金、挽回或避免损失资金等视角进行分析。本书选取的是 1983—2022 年的《中国审计年鉴》中关于问题资金的数量。此外,本书也参考审计结果公告情况、整改情况以及审计规则完善情况等。选择审计绩效作为解释变量,可以通过对它的实证分析看出审计绩效对审计预期形成与变化的重要影响程度。本书的核心解释变量是审计业绩,这一变量的具体数据根据历年《中国审计年鉴》数据整理而得。

9.2.3　其他解释变量指标的构建

其他解释变量即由审计所查出的问题资金、整改金额、侵害公众利益资金、处理处罚资金、整改落实资金、挽回或避免损失资金等根据历年的《中国审计年鉴》整理所得。之所以选择上述数据为研究样本有以下几点原因:

(1) 真实性。通过调查所得到的审计业绩数据可得性较弱,且缺乏真实性,容易出现数据失真。而《中国审计年鉴》公开的数据具有权威性与真实性。

(2) 代表性。以上述审计业绩数据为研究依据,选择其为研究样本具有相当大的代表性。它们能代表本研究所需要的审计业绩数据。

（3）经验性。由于本研究用于测度审计预期的问卷调查报告并由此获得的数据与信息资料还仅仅是开始，缺少经验积累。历年的《中国审计年鉴》数据避免了调查数据整理经验的不足。

（4）完整性。由于各数据所开始的时间各异，所以部分时间点存在数据缺失，除了审计预期是由调查得来的外，本文采用的其他数据为《中国审计年鉴》《中国统计年鉴》的数据和经相关报告整理所得到的数据，最终共得到 228 个样本数据。

9.2.4 数据来源与估测

根据研究的需要与数据资料的可得性，本书主要以《中国审计年鉴》上的数据作为审计业绩，以调查所得的数据作为审计预期，由此进行实证分析，从中发现审计预期的影响因素与变化规律。这些数据来源相对较容易。见表 9-1。

表 9-1　审计期望与审计业绩

单位:亿元

	审计期望 AE	查出问题金额 WZ	整改金额 ZJ	侵害公众利益 QL	处理处罚 CC	整改落实 ZL	挽回(避免)损失 WS
1984	5	1.0	10.6*	10.0*	1.5*	10.9*	3.0*
1985	15	12.1	11.2*	8.4*	1.2*	10.5*	3.3*
1986	20	8.1	13.7*	10.2*	2.7*	17.4*	4.9*
1987	30	30.1	20.4*	17.7*	1.6*	24.5*	6.0*
1988	100	126.2	12.9*	24.9*	1.8*	29.3*	5.8*
1989	200	240.0	117.1	30.0*	1.5	30.0*	5.1
1990	300	342.9	36.7	50.2*	2.0	50.0*	10.9
1991	400	261.9	15.8	80.0*	1.8	80.0*	17.6
1992	500	224.9	17.6	100.1*	2.6	100.0*	15.8
1993	600	182.2	17.5	100.0*	2.1	100.0*	27.9
1994	700	844.4	91.4	172.3	18.1	109.5	11.4
1995	800	998.6	107.3	141.8	28.0	135.3	9.9
1996	1 000	2 058.6	137.8	273.0	50.2	188.1	23.2
1997	2 000	1 770.8	109.9	241.1	44.0	153.9	11.4
1998	3 000	5 030.7	198.4	224.7	41.6	240.0	31.6
1999	4 000	3 301.0	2 595.0	167.9	706.0	166.7	121.8
2000	5 000	5 530.6	3 958.5	262.2	1 572.2	268.4	202.3

（续表）

	审计 期望 AE	查出问题 金额 WZ	整改 金额 ZJ	侵害公众 利益 QL	处理 处罚 CC	整改 落实 ZL	挽回（避免） 损失 WS
2001	6 000	6 025.7	4 117.5	268.0	1 908.1	236.0	172.6
2002	7 000	3 292.8	3 145.2	257.9	1 148.0	3 569.6	132.3
2003	8 000	3 761.6	249.0	148.2	93.5	3 611.2	272.6
2004	9 000	9 819.2	9 669.3	262.1	64.7	5 293.3	262.1
2005	10 000	10 907.5	9 771.8	357.8	1 136.2	5 327.8	248.7
2006	11 000	3 371.8	1 220.6	267.2	2 153.3	1 927.9	405.6
2007	15 000	19 652.8	4 519.9	28.8	857.0	2 503.0	66.6
2008	20 000	3 653.2	30 418.0	57.7	1 839.9	1 558.2	127.7
2009	22 000	3 228.6	1 400.2	52.2	305.5	1 806.7	164.0
2010	24 000	3 890.1	33 226.6	37.2	842.0	1 336.6	212.6
2011	26 000	5 439.3	56 871.5	82.4	1 288.6	838.6	437.8
2012	28 000	111 686.0	2 644.9	468.0	12 187.1	8 126.6	408.5
2013	30 000	175 855.1	2 005.7	194.0	17 244.6	13 748.0	767.0
2014	34 000	111 174.2	3 349.4	64.9	17 815.9	8 918.4	764.9
2015	30 000	186 927.2	3 295.9	1 074.8	20 796.0	28 545.1	901.6
2016	32 000	143 352.0	3 235.8	217.3	17 589.1	13 311.6	1 055.4*
2017	28 000	181 338.1	6 494.8	265.5	18 683.9	18 619.4	1 076.9*
2018	26 000	240 177.6	4 771.9	277.3	32 431.2	20 092.1	910.4
2019	22 000	216 747.0	3 940.3	717.5	17 870.0	18 036.7	5 719.5
2020	20 000	200 543.5*	7 255.9	320.4	19 887.7	21 832.8	2 200.1*
2021	23 000	210 545.7*	7 375.0	346.7	21 276.5	22 327.4	2 307.3*

注：带 * 的数据在《中国审计年鉴》中没有，根据当时的官方规划、工作总结、领导讲话，各方面审计数据的汇总综合估算而得，可能存在误差，但误差不会太大。审计期望 AE 是通过问卷调查"您认为审计业绩好的期望的金额是多少?"得到的回答整理而得。

1984—1988 年的侵害公众利益资金、处理处罚资金、整改落实资金、挽回（避免）损失资金数据根据《中国审计年鉴》及审计报告整理而得。

资料来源：根据 1984—2021 年《中国审计年鉴》整理而得。

从 1984 年到 2021 年，审计查出问题金额从 1.0 亿元增加到 187.3 万亿元，年均增长 47.6%；整改金额从 10.6 亿元增加到 7 375.0 亿元，年均增长 19.4%；公众利益资金从 10.0 亿元增加到 346.7 亿元，年均增长 10.1%；处理处罚金额从 1.5 亿元增加到 2.1 万亿元，年均增长 29.4%；整改落实资金从 10.9 亿元增加到 2.2 万亿元，年均增长 22.8%；挽回（避免）损失金额从 3.0 亿元增加到 2 307.3 亿元，年均增长 19.7%。经调查同期全社会所期望的审计业绩从 5.0 亿元增加到 2.3 万亿元,年均增长 25.6%。总的来看,审计业绩是较为突出的。

为了克服共线性,根据研究的需要,对上述数据取对数整理后得到了审计业绩数据。见表 9-2。

表 9-2　审计期望与审计业绩

	LNAE	LNWZ	LNZJ	LNQL	LNCC	LNZL	LNWS
1984	1.609 438	0.000 000	2.360 854	2.302 585	0.405 465	2.388 763	1.098 612
1985	2.708 05	2.493 205	2.415 914	2.128 232	0.182 322	2.351 375	1.193 922
1986	2.995 732	2.091 864	2.617 396	2.322 388	0.993 252	2.856 470	1.589 235
1987	3.401 197	3.404 525	3.015 535	2.873 565	0.470 004	3.198 673	1.791 759
1988	4.605 170	4.837 868	2.557 227	3.214 868	0.587 787	3.377 588	1.757 858
1989	5.298 317	5.480 639	4.763 028	3.401 197	0.405 465	3.401 197	1.629 241
1990	5.703 782	5.837 439	3.602 777	3.912 023	0.693 147	3.912 023	2.388 763
1991	5.991 465	5.567 963	2.760 010	4.382 027	0.587 787	4.382 027	2.867 899
1992	6.214 608	5.415 656	2.867 899	4.605 170	0.955 511	4.605 170	2.760 010
1993	6.396 930	5.205 105	2.862 201	4.605 170	0.741 937	4.605 170	3.328 627
1994	6.551 080	6.738 626	4.515 245	5.149 237	2.895 912	4.695 925	2.433 613
1995	6.684 612	6.906 354	4.675 629	4.954 418	3.332 205	4.907 495	2.292 535
1996	6.907 755	7.629 781	4.925 803	5.609 472	3.916 015	5.236 974	3.144 152
1997	7.600 902	7.479 187	4.699 571	5.485 212	3.784 190	5.036 303	2.433 613
1998	8.006 368	8.523 314	5.290 285	5.414 766	3.728 100	5.480 639	3.453 157
1999	8.294 050	8.101 981	7.861 342	5.123 369	6.559 615	5.116 196	4.802 380
2000	8.517 193	8.618 052	8.283 620	5.569 108	7.360 231	5.592 478	5.309 752
2001	8.699 515	8.703 789	8.323 001	5.590 987	7.553 863	5.463 832	5.150 977
2002	8.853 665	8.099 494	8.053 633	5.552 572	7.045 777	8.180 209	4.885 072
2003	8.987 197	8.232 600	5.517 453	4.998 563	4.537 961	8.191 795	5.608 006
2004	9.104 980	9.192 095	9.176 711	5.568 726	4.169 761	8.574 197	5.568 726
2005	9.210 340	9.297 206	9.187 256	5.879 974	7.035 445	8.580 694	5.516 247
2006	9.305 651	8.123 202	7.107 098	5.587 997	7.674 757	7.564 187	6.005 367
2007	9.615 805	9.885 975	8.416 245	3.360 375	6.753 438	7.825 245	4.198 705
2008	9.903 488	8.203 359	10.322 790	4.055 257	7.517 467	7.351 287	4.849 684
2009	9.998 798	8.079 804	7.244 370	3.955 082	5.721 950	7.499 257	5.099 866
2010	10.085 810	8.266 190	10.411 110	3.616 309	6.735 899	7.197 884	5.360 353
2011	10.165 850	8.601 406	10.948 550	4.411 585	7.161 312	6.731 734	6.081 762
2012	10.239 960	11.623 450	7.880 389	6.148 468	9.408 133	9.002 898	6.012 492
2013	10.308 950	12.077 420	7.603 748	5.267 858	9.755 254	9.528 649	6.642 487
2014	10.434 120	11.618 850	8.116 537	4.172 848	9.787 830	9.095 872	6.639 745

	LNAE	LNWZ	LNZJ	LNQL	LNCC	LNZL	LNWS
2015	10.308 950	12.138 470	8.100 435	6.979 890	9.942 516	10.259 240	6.804 171
2016	10.373 490	11.873 060	8.082 031	5.381 279	9.775 035	9.496 391	6.961 675
2017	10.239 960	12.108 120	8.778 757	5.581 615	9.835 375	9.831 959	6.981 842
2018	10.165 850	12.165 260	8.894 821	5.556 828	9.869 434	9.822 131	7.017 865
2019	9.998 798	12.192 170	8.852 322	5.661 223	9.930 305	9.866 647	6.981 842
2020	9.903 488	12.208 79	8.889 57	5.769 57	9.897 857	9.991 169	7.696 258
2021	10.043 250	12.257 46	8.905 851	5.848 46	9.965 358	10.013 57	7.743 833

从表 9-2 可以看出,经取对数整理后的数据偏差大大缩小,基本介于
0—12 之间,为基于审计业绩差异的审计预期问题提供了可靠的数据
来源。

9.3　审计预期问题的实证分析与检验

本书从趋势图、散点图开始,进行审计预期方程回归分析,再进行各种
检验,进行脉冲响应分析与方差分解,从中发现审计预期受审计业绩影响的
变化规律。需要说明的是,因受许多因素的影响,更复杂的实证分析,只有
留待今后再进一步研究。

9.3.1　趋　势　图

进行审计预期各变量之间的趋势分析,最有代表性的趋势分析就是做
出各变量之间的相关线性趋势图。见图 9-1。

在图 9-1 中,各变量之间的变化各有其表现。总的来看,WZ、ZJ、QL、
CC、WS、ZL 与 AE 之间的变化趋势是,解释变量基本反映了审计预期的
变化状况。经审计所查出与发现的 WZ、ZJ、QL、CC、WS、ZL 资金由规
模较小逐步增加,由 1984 年的 42.0 亿元增加到 2014 年的 27.2 万亿元后逐
步减少。总的来看,审计业绩由小到大。随着审计业绩的增大与审计规则
的完善,审计预期也开始逐步趋好。

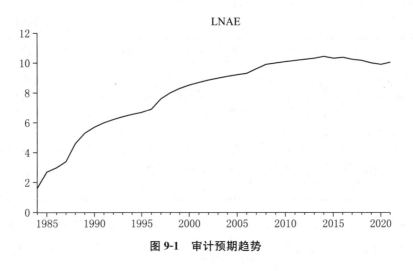

图 9-1　审计预期趋势

9.3.2　分布特征图

了解了审计预期变量的变化趋势,还可通过变量的分布特征图发现审计预期变化因素的影响程度。见图 9-2。

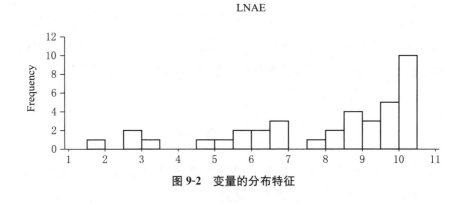

图 9-2　变量的分布特征

在图 9-2 中,从各变量之间的分布特征图可以看出,审计预期随着审计业绩的变化而变化,近似地呈现线性关系。尽管我们无法知道其中的每个点分别对应于哪个观测值,但它基本能代表所进行的审计预期分析与研究。于是,我们可以利用简单多元线性回归模型进行分析。如果只考虑审计预期受到一些能获得的审计结果的影响,如由审计所查出的问题资金、整改金额、侵害公众利益资金、处理处罚资金、整改落实资金、挽回(避免)损失资

金,那么,其审计预期模型为:

$$A_{ii}^e = \beta_1 + \beta_2 X_{2i} + \beta_3 X_{3i} + \beta_4 X_{4i} + \beta_5 X_{5i} + \beta_6 X_{6i} + \beta_7 X_{7i} + M_i \quad (9\text{-}1)$$

式中,β_1、β_2、β_3、β_4、β_5、β_6、β_7 均为系数;A_{ii}^e 为审计预期,X_{2i}、X_{3i}、X_{4i}、X_{5i}、X_{6i}、X_{7i} 分别为上述对应的审计业绩;M_i 为随机项。

9.3.3　方程回归结果

本书采取最小二乘法对独立变量 AE 进行相关分析,包括观察调整后的数据,由此得到变量间的相关系数等指标并进行描述性分析。

(1)变量的相关性

针对核心被解释变量与解释变量进行回归之前,本章首先对这些变量进行相关性分析。审计预期受审计业绩的影响,特别是侵害公众利益影响最大。各变量与审计预期之间的相关性,见表 9-3。

表 9-3　审计预期与审计业绩之间的相关性

方差相关系数	LNAE	LNWZ	LNZJ	LNQL	LNCC	LNZL	LNWS
LNAE	6.027 512						
	1.000 000						
LNWZ	7.091 312	9.611 561					
	0.931 667	1.000 000					
LNZJ	5.708 007	6.484 410	6.892 988				
	0.885 547	0.796 654	1.000 000				
LNQL	2.015 020	2.750 710	1.605 553	1.339 848			
	0.709 060	0.766 514	0.528 315	1.000 000			
LNCC	7.795 141	10.090 22	8.111 279	2.717 705	12.579 13		
	0.895 220	0.917 653	0.871 085	0.661 987	1.000 000		
LNZL	5.507 964	7.156 805	5.218 160	1.970 614	7.993 619	6.123 105	
	0.906 643	0.932 903	0.803 208	0.687 999	0.910 820	1.000 000	
LNWS	4.510 343	5.719 577	4.506 295	1.595 078	6.727 952	4.725 602	4.077 104
	0.909 839	0.913 674	0.850 041	0.682 462	0.939 468	0.945 791	1.000 000

从表 9-3 可看出,审计预期与不同的审计业绩都具有相关性。相关度最高的是处理处罚资金,相关度最低的是侵害公众利益资金。其中的原因

主要是公众的利益受到侵害,他们最能感受出来,受审计预期的影响最小。它说明了这项审计业绩与公众的利益息息相关。至于变量之间是否存在共线性问题,后面再做检验。

(2)主要描述性统计指标

各变量的描述性统计指标,包括均值等各样本数据等,见表 9-4。

表 9-4 审计预期与审计业绩之间的统计描述性

	LNAE	LNWZ	LNZJ	LNQL	LNCC	LNZL	LNWS
均值	7.985 120	8.138 940	6.549 658	4.736 797	5.465 097	6.610 877	4.528 476
中位数	8.920 431	8.217 979	7.732 545	5.136 303	6.647 757	6.964 809	4.992 469
最大值	10.434 12	12.257 46	10.948 55	6.979 890	9.965 358	10.259 24	7.743 833
最小值	1.609 438	0.000 000	2.360 854	2.128 232	0.182 322	2.351 375	1.098 612
标准差	2.488 055	3.141 868	2.660 693	1.173 056	3.594 315	2.507 707	2.046 288
偏度	−1.000 94	−0.511 35	−0.282 20	−0.667 53	−0.189 37	−0.090 69	−0.172 23
峰度	2.952 577	2.837 201	1.695 806	2.661 584	1.576 035	1.666 874	1.696 303
J-B 统计量	6.348 750	1.697 989	3.197 477	3.003 400	3.437 610	2.866 035	2.878 951
概率	0.041 820	0.427 845	0.202 151	0.222 751	0.179 280	0.238 588	0.237 052
累加和	303.434 6	309.279 7	248.887 0	179.998 3	207.673 7	251.213 3	172.082 1
偏差平方累加和	229.045 5	365.239 3	261.933 6	50.914 21	478.006 8	232.678 0	154.929 9
样本容量	38	38	38	38	38	38	38

在表 9-4 中,可以看到 AE、WZ、ZJ、QL、CC、ZL 和 WS 等各项的均值、中位数、最大值、最小值、标准差、偏度、峰度、累加和、偏差平方累加和以及样本容量等。其中,审计预期值介于 1.6—10.4 之间;审计业绩值介于 0.0—12.3 之间;J-B 统计量介于 1.7—3.4 之间。总的来看,统计分析能较好地反映审计业绩对审计预期的作用和影响。

(3)OLS 估计结果

进行 OLS 估计,目的是确定回归参数估计值,包括各变量的相关系数、标准误、t 统计检验和概率等。根据审计预期模型(9-1)进行多元回归,得出如下的实证结果。见表 9-5。

从表中可看出,判定系数为 0.932 145,表明回归效果很好。上述估计方程可以写成一般形式为:

表 9-5　方程的回归结果

变量	相关系数	标准误	t 统计量	概率
C	0.710 538	0.649 706	1.093 631	0.282 5
LNWZ	0.421 625	0.131 956	3.195 196	0.003 2
LNZJ	0.409 428	0.092 528	4.424 917	0.000 1
LNQL	0.137 102	0.159 752	0.858 217	0.397 4
LNCC	−0.157 849	0.114 433	−1.379 396	0.177 6
LNZL	0.114 548	0.168 814	0.678 544	0.502 5
LNWS	0.136 328	0.221 794	0.614 661	0.543 3

判定系数	0.932 145	被解释变量的均值	7.985 120
调整后的判定系数	0.919 012	被解释变量的标准差	2.488 055
回归标准误差	0.708 060	赤池信息准则	2.312 246
残差平方和	15.541 82	施瓦茨准则	2.613 907
对数似然估计值	−36.932 68	汉南—奎因准则	2.419 575
F 统计量	70.976 39	德宾—沃森统计量	1.002 707
F 统计量的相伴概率	0.000 000		

$$AE = 0.710\,538 + 0.421\,625WZ + 0.409\,428ZJ + 0.137\,102QL$$
$$(1.093\,631)\quad(3.195\,196)\quad(4.424\,917)\quad(0.858\,217)$$
$$-0.157\,849CC + 0.114\,548ZL + 0.136\,328WS + M_i$$
$$(-1.379\,396)\quad(0.678\,544)\quad(0.614\,661)\qquad(9\text{-}2)$$

修正后的 $R^2 = 0.919\,012$　DW$=1.002\,707$　S.E.$=0.708\,060$　F$=70.976\,39$　N$=38$

根据上述回归结果,本章得出的结论是,不同的审计业绩几乎都与审计预期存在着正相关关系(除了处理处罚资金外)。在回归的基础上,为了进一步掌握随机误差的一些分布特征,这就很有必要进行残差图形分析,从中发现它的变化规律。

图 9-3 在一定程度上反映了随机误差的分布特征。其残差近似于正态分布,拟合值与实际值较为接近表明审计预期与实际值偏差不大。基于此,可以对审计预期的影响进行进一步的研究,以期发现审计预期的变化规律与可能出现的问题。

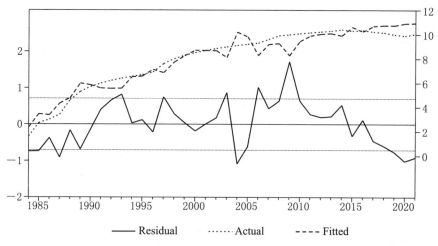

图 9-3　因变量的实际值、拟合值以及方程的残差

9.3.4　实 证 检 验

（1）内生性分析

关于内生性问题的讨论,本章考虑到审计预期与审计业绩之间可能存在反向因果关系,即审计预期会影响审计业绩,反过来审计业绩也会对审计预期产生一定的影响。于是,我们可采用理论分析与实证检验等来验证模型是否存在内生性问题。

从理论分析来看,本书选取的审计预期变量并非仅仅为其主观心理情绪,而是综合了预期者对于审计所查出或发现的问题资金金额、整改金额、侵害公众利益、处理处罚、整改落实资金、挽回或避免损失资金等指标合成的审计业绩的看法,所以,预期者的主观判断、估计或看法反映出的审计预期与审计业绩之间的内生性可以说是微乎其微的。

从实证检验来看,本书采用 Wooldridge(2010)中使用的 Durbin-Wu-Hausman 检验来验证变量是否存在内生性。按照这一方法,我们首先选取审计预期 AE 作为被解释变量来研究它的影响因素,由于在回归模型中找到一个合适的工具变量是十分困难的,与此同时,将解释变量滞后期作为工具变量在数据模型中是十分常用的,因此本书选取审计预期变量 AE 滞后二期作为工具变量,并对模型中残差项进行回归检验,结果十分不显著。这说明审计预期代理变量 AE 不是内生变量,模型不存在内生性,故可以对上文模型进行正式的实证检验。

（2）残差的正态性检验

之所以进行残差的正态性检验,主要是为了知道变量是否符合正态分布。一般说来,符合正态分布才可以继续研究下去。否则,它们之间可能存在不完全相关性。见图 9-4。

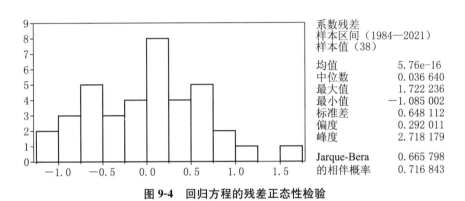

系数残差	
样本区间（1984—2021）	
样本值（38）	
均值	5.76e-16
中位数	0.036 640
最大值	1.722 236
最小值	−1.085 002
标准差	0.648 112
偏度	0.292 011
峰度	2.718 179
Jarque-Bera	0.665 798
的相伴概率	0.716 843

图 9-4　回归方程的残差正态性检验

从图 9-4 中可以看出,审计预期的回归方程中的残差是大致或近似地服从正态分布的。由于 J-B 统计量项的相伴概率和显著性水平0.716 843相比较,随机扰动项不完全服从正态分布。但从图中可看出,它是近似地服从正态分布的。这就有必要继续研究下去。

（3）二阶自相关检验

因随机误差项存在的自相关给普通最小二乘法的应用带来的后果是严重的,因此,必须设法诊断是否存在自相关。这里通过 LM 检验进行二阶自相关的检验。如果存在自相关,这就需要进行补救,如对于模型设定偏误造成的自相关,应该通过改变模型的设定去消除。检验结果,见表 9-6。

结果表明,$LM = TR^2 = 38 \times 0.297\ 707 = 11.312\ 866$,其 P 值为 0.003 5,这些变量之间不存在二阶自相关性。于是,我们可以继续研究下去,再通过其他检验方法进一步进行检验。为了确知是否存在异方差性,White 检验能发挥作用。

表 9-6　二阶自相关检验结果

LM 检验			
F 统计量	6.146 662	F 相伴概率(2,29)	0.005 9
观察调整后判定系数	11.312 88	Chi-Square 相伴概率(2)	0.003 5
变量	相关系数	标准误	t 统计量	概率
C	0.618 156	0.592 561	1.043 193	0.305 5
LNWZ	−0.028 654	0.115 968	−0.247 090	0.806 6
LNZJ	−0.158 828	0.093 761	−1.693 960	0.101 0
LNQL	−0.026 402	0.142 084	−0.185 822	0.853 9
LNCC	0.077 110	0.102 988	0.748 732	0.460 0
LNZL	−0.029 613	0.147 877	−0.200 256	0.842 7
LNWS	0.117 472	0.195 109	0.602 086	0.551 8
残差(−1)	0.552 305	0.192 601	2.867 620	0.007 6
残差(−2)	0.187 086	0.207 606	0.901 160	0.374 9
判定系数	0.297 707	被解释变量的均值	5.76E−16
调整后的判定系数	0.103 971	被解释变量的标准差	0.648 112
回归标准误差	0.613 495	赤池信息准则	2.064 104
残差平方和	10.914 90	施瓦茨准则	2.451 954
对数似然估计值	−30.217 98	汉南—奎因准则	2.202 098
F 统计量	1.536 666	德宾—沃森统计量	1.555 838
F 统计量的相伴概率	0.187 926		

（4）White 检验

进行了二阶自相关检验，为了进一步判断变量是否存在异方差或知道是哪个变量所引起的异方差，这就需要进行 White 检验(White，1980)。异方差的 White 检验优点是可以检验任何形式的异方差，缺点是如果假设被拒绝，它并不提供有关异方差具体形式的信息。见表 9-7。

表 9-7　异方差的 White 检验

White 检验			
F 统计量	1.941 279	F 相伴概率(27, 10)	0.135 6
观察调整后判定系数	31.911 67	Chi-Square 相伴概率(27)	0.235 4
标度解释	18.245 01	Chi-Square 相伴概率(27)	0.895 9

（续表）

变量	相关系数	标准误	t 统计量	概率
C	−5.379 298	2.848 948	−1.888 170	0.088 3
LNWZ^2	−0.059 057	0.123 635	−0.477 675	0.643 2
LNWZ * LNZJ	−0.581 107	0.355 403	−1.635 066	0.133 1
LNWZ * LNQL	1.309 312	0.605 324	2.162 995	0.055 8
LNWZ * LNCC	0.816 277	0.452 548	1.803 737	0.101 4
LNWZ * LNZL	−0.156 488	0.697 111	−0.224 481	0.826 9
LNWZ * LNWS	−1.324 921	0.654 622	−2.023 947	0.070 5
LNWZ	−0.147 536	1.179 860	−0.125 045	0.903 0
LNZJ^2	−0.360 694	0.174 835	−2.063 053	0.066 0
LNZJ * LNQL	−0.042 985	0.211 787	−0.202 964	0.843 2
LNZJ * LNCC	0.135 911	0.224 632	0.605 041	0.558 6
LNZJ * LNZL	0.323 830	0.328 641	0.985 361	0.347 7
LNZJ * LNWS	0.803 501	0.561 182	1.431 801	0.182 7
LNZJ	3.492 403	2.116 789	1.649 858	0.130 0
LNQL^2	−0.088 914	0.285 442	−0.311 496	0.761 8
LNQL * LNCC	−0.823 030	0.578 865	−1.421 799	0.185 5
LNQL * LNZL	−1.377 193	0.705 576	−1.951 870	0.079 5
LNQL * LNWS	1.248 022	0.982 946	1.269 675	0.233 0
LNQL	−1.657 660	1.700 669	−0.974 710	0.352 7
LNCC^2	−0.082 212	0.126 486	−0.649 966	0.530 4
LNCC * LNZL	−0.220 835	0.417 634	−0.528 777	0.608 5
LNCC * LNWS	0.098 400	0.617 668	0.159 309	0.876 6
LNCC	−1.920 933	1.106 807	−1.735 562	0.113 3
LNZL^2	0.597 659	0.637 413	0.937 632	0.370 5
LNZL * LNWS	−0.522 161	0.894 323	−0.583 861	0.572 2
LNZL	2.561 272	3.668 023	0.698 270	0.500 9
LNWS^2	0.593 971	0.559 846	1.060 953	0.313 7
LNWS	−2.450 055	5.848 265	−0.418 937	0.684 1

判定系数	0.839 781	被解释变量的均值	0.408 995
调整后的判定系数	0.407 189	被解释变量的标准差	0.543 305
回归标准误差	0.418 313	赤池信息准则	1.233 510
残差平方和	1.749 858	施瓦茨准则	2.440 152
对数似然估计值	4.563 314	汉南—奎因准则	1.662 824
F 统计量	1.941 279	德宾—沃森统计量	2.370 528
F 统计量的相伴概率	0.135 625		

从表 9-7 中,我们可以看出经 White 检验,$nR^2 = 31.911\ 67$,在 $a = 0.05$ 下,查 X^2 分布表,得临界值 $X^2_{0.05}(2) = 6.231\ 0$,但因样本容量较大,F 统计值概率为 $0.135\ 625$,这些变量之间几乎不存在异方差。这就可以继续研究审计预期与审计业绩之间的关系。

(5)平稳性检验

保证数据样本的平稳性一直是回归分析中的一项基本的要求,由于本章选取的数据很可能是非平稳的,所以本章在进行回归分析之前对数据进行平稳性检验,保证研究结论切实有效,进一步增强研究的可信性,以此避免非平稳数据导致的伪回归现象出现。本章通过 EViews 9.0 对数据样本进行 ADF 检验来验证所选数据是否平稳①。检验结果见表 9-8,结果表明,本章选取的数据均为平稳数据。

表 9-8　单位根检验的最后结果

		t 统计量	概率*
ADF 检验量		−3.411 200	0.017 1
检验临界值:	1% level	−3.626 784	
	5% level	−2.945 842	
	10% level	−2.611 531	

* MacKinnon(1996) one-sided p-values.

变量	相关系数	标准误	t 统计量	概率
LNAE(−1)	−0.066 367	0.019 456	−3.411 200	0.001 7
D(LNAE(−1))	0.141 591	0.150 005	0.943 907	0.352 1
C	0.709 040	0.186 492	3.801 985	0.000 6

判定系数	0.513 312	被解释变量的均值	0.203 756
调整后的判定系数	0.483 816	被解释变量的标准差	0.257 353
回归标准误差	0.184 898	赤池信息准则	−0.458 369
残差平方和	1.128 181	施瓦茨准则	−0.326 409

① ADF 检验全称是 Augmented Dickey-Fuller test,也叫单位根检验。ADF 检验就是判断序列是否存在单位根:如果序列平稳,就不存在单位根;否则,就会存在单位根。所以,ADF 检验的 H0 假设就是存在单位根,如果得到的统计量的 P 值小于三个置信度(10%,5%,1%),则对应有(90%,95%,99%)的把握来拒绝原假设,即序列不存在单位根。

对数似然估计值	11.250 64	汉南—奎因准则	−0.412 311
F 统计量	17.402 62	德宾—沃森统计量	1.498 521
F 统计量的相伴概率	0.000 007		

从表中可看出，回归标准误差为 0.184 889，Prob 数值为 0.000 007，F 统计量为 17.402 62，检验效果较好，表示可以继续研究下去。

（6）相关性检验

前面已经分析了变量之间的相关性，表明各变量是相关的，只是存在相关度高低的不同。至于它们是否存在共线性问题，这就还需要进行相关性检验来证实。本书通过相关系数矩阵分析来验证选取变量是否存在共线性问题，得出结果如下表 9-9 所示[①]。

表 9-9　各变量之间的相关关系检验

自相关	部分相关		AC	PAC	Q 统计量	概率
. |**	. |**	1	0.344	0.344	4.621 5	0.032
. |****	. |***	2	0.532	0.469	16.001	0.000
. |*.	.*|.	3	0.177	−0.119	17.293	0.001
. |*.	.*|.	4	0.166	−0.141	18.474	0.001
. |.	. |.	5	0.033	−0.012	18.524	0.002
. |.	. |.	6	−0.021	−0.044	18.543	0.005
.*|.	.*|.	7	−0.145	−0.164	19.540	0.007
.*|.	.*|.	8	−0.160	−0.075	20.798	0.008
.*|.	. |.	9	−0.176	0.038	22.364	0.008
**|.	.*|.	10	−0.236	−0.118	25.285	0.005

通过 AC、PAC 检验，我们发现各变量之间的相关性均小于 0.5，最大值也仅为 0.03，表 9-9 表明所选取的变量间均不存在线性相关关系，各变量通过了相关性检验。

---

① 相关系数是最早由统计学家卡尔·皮尔逊设计的统计指标，是用来研究变量之间线性相关程度的量，相关系数的绝对值越大，相关性越强；相关系数越接近于 1 或 −1，相关度越强，相关系数越接近于 0，相关度越弱。

9.3.5　VAR　模　型

为了建立 VAR 模型,先进行 VAR 模型的回归结果分析。至此,我们对观察到的数据进行调整,进行自相关估计,得到标准差和 t 统计量。见表 9-10。

在表 9-10 中,模型的回归结果表明,$R^2 = 0.994\ 027$,修正的 $R^2 = 0.990\ 044$,表明回归效果很好。审计预期受审计查出的问题金额、整改金额、侵害公众利益资金、处理处罚资金、整改落实资金、挽回或避免损失资金等许多因素的影响。各种因素的影响是不同的。其中,审计后处理处罚资金、整改落实资金、挽回或避免损失资金对审计预期的影响大于审计查出的问题金额、整改金额、侵害公众利益资金对审计预期的影响。接着,再对变量进行滞后处理进一步分析它们之间的关系。见表 9-11。

在滞后三期时,AIC 与 SC 达到最小。这里以问题资金为例,说明审计预期变化与审计所查出、发现的问题资金金额之间的相互影响,则可以建立如下 VAR 模型:

$$AE_t = \alpha_0 + \alpha_1 AE_{t-1} + \alpha_2 AE_{t-2} + \cdots + \alpha_k AE_{t-k} + \beta_1 WZ_{t-1}$$
$$+ \beta_2 WZ_{t-2} + \cdots + \beta_k WZ_{t-k} + \mu_t \tag{9-3}$$
$$WZ_t = \phi_0 + \phi_1 AE_{t-1} + \phi_2 AE_{t-2} + \cdots + \phi_k AE_{t-k} + \lambda_1 WZ_{t-1}$$
$$+ \lambda_2 WZ_{t-2} + \cdots + \lambda_k WZ_{t-k} + \upsilon_t \tag{9-4}$$

式中,α_0,$\cdots$,α_k,β_1,$\cdots$,β_k,ϕ_0,$\cdots$,ϕ_k,λ_1,$\cdots$,λ_k 是待估参数;μ_t,υ_t 是随机扰动项。

9.3.6　脉冲响应分析

脉冲响应分析图用于研究当一个变量发生变化时,其余变量受到的冲击效果。根据 VAR 模型建立脉冲响应函数,用以观察变量之间的影响,结果如下。见图 9-5。

本书的脉冲响应分析图分别是 WZ、ZJ、QL、CC、ZL 和 WS 受到审计预期 AE 变化影响后的反应路径图,显示了审计预期变动一个标准差后,

表9-10 VAR模型的回归结果

	LNAE	LNWZ	LNZJ	LNQL	LNCC	LNZL	LNWS
LNAE(-1)	0.929 062	-0.151 546	1.021 751	-0.719 330	-0.694 692	-0.267 595	0.039 633
	(0.234 29)	(0.971 52)	(1.199 96)	(0.815 76)	(0.872 23)	(0.700 61)	(0.578 35)
	[3.965 45]	[-0.155 99]	[0.851 49]	[-0.881 79]	[-0.796 45]	[-0.381 95]	[-0.068 53]
LNAE(-2)	-0.012 119	0.384 244	0.053 273	0.637 198	1.025 884	0.140 104	-0.086 918
	(0.214 58)	(0.889 80)	(1.099 02)	(0.747 14)	(0.798 86)	(0.641 67)	(0.529 70)
	[-0.056 48]	[0.431 83]	[0.048 47]	[0.852 85]	[1.284 18]	[0.218 34]	[-0.164 09]
LNWZ(-1)	0.032 198	0.683 869	0.285 527	0.344 106	0.929 802	0.110 075	0.234 961
	(0.062 47)	(0.259 02)	(0.319 93)	(0.217 50)	(0.232 55)	(0.186 79)	(0.154 20)
	[0.515 45]	[2.640 18]	[0.892 47]	[1.582 13]	[3.998 27]	[0.589 29]	[1.523 76]
LNWZ(-2)	-0.057 977	-0.054 565	-0.928 669	0.175 312	-0.821 730	0.121 110	0.093 131
	(0.060 31)	(0.250 10)	(0.308 90)	(0.210 00)	(0.224 54)	(0.180 35)	(0.148 88)
	[-0.961 27]	[-0.218 18]	[-3.006 37]	[0.834 82]	[-3.659 69]	[0.671 51]	[0.625 53]
LNZJ(-1)	0.032 417	-0.139 580	0.271 855	0.159 993	0.161 423	0.018 368	0.154 610
	(0.039 44)	(0.163 53)	(0.201 98)	(0.137 31)	(0.146 81)	(0.117 93)	(0.097 35)
	[0.822 04]	[-0.853 56]	[1.345 97]	[1.165 21]	[1.099 51]	[0.155 76]	[1.588 23]
LNZJ(-2)	0.010 077	-0.004 137	-0.221 036	-0.042 021	-0.144 180	0.137 810	0.016 865
	(0.041 21)	(0.170 88)	(0.211 06)	(0.143 48)	(0.153 42)	(0.123 23)	(0.101 73)
	[0.244 53]	[-0.024 21]	[-1.047 28]	[-0.292 86]	[-0.939 80]	[1.118 33]	[0.165 79]
LNQL(-1)	0.060 641	0.266 803	-0.214 808	0.258 877	-0.060 217	0.036 442	-0.275 523
	(0.069 52)	(0.288 28)	(0.356 06)	(0.242 06)	(0.258 81)	(0.207 89)	(0.171 61)
	[0.872 29]	[0.925 51]	[-0.603 29]	[1.069 48]	[-0.232 66]	[0.175 30]	[-1.605 49]

（续表）

	LNAE	LNWZ	LNZJ	LNQL	LNCC	LNZL	LNWS
LNQL(−2)	−0.000 340 (0.061 25) [−0.005 55]	−0.290 361 (0.254 00) [−1.143 15]	0.436 415 (0.313 72) [1.391 08]	0.103 497 (0.213 28) [0.485 27]	0.124 171 (0.228 04) [0.544 51]	−0.096 145 (0.183 17) [−0.524 89]	0.083 902 (0.151 21) [0.554 88]
LNCC(−1)	−0.014 771 (0.051 78) [−0.285 24]	0.008 780 (0.214 73) [0.040 89]	−0.133 195 (0.265 22) [−0.502 21]	−0.295 632 (0.180 30) [−1.639 65]	0.574 350 (0.192 78) [2.979 25]	−0.179 378 (0.154 85) [−1.158 40]	−0.046 481 (0.127 83) [−0.363 62]
LNCC(−2)	0.058 729 (0.046 57) [1.261 07]	0.112 706 (0.193 12) [0.583 62]	0.429 908 (0.238 52) [1.802 38]	−0.008 780 (0.162 15) [−0.054 15]	−0.002 041 (0.173 38) [−0.011 77]	0.142 273 (0.139 26) [1.021 61]	−0.026 771 (0.114 96) [−0.232 87]
LNZL(−1)	−0.008 304 (0.078 27) [−0.106 08]	−0.445 087 (0.324 58) [−1.371 28]	−0.453 475 (0.400 90) [−1.131 15]	−0.332 577 (0.272 54) [−1.220 28]	−0.603 521 (0.291 41) [−2.071 06]	0.211 905 (0.234 07) [0.905 32]	0.388 264 (0.193 22) [2.009 40]
LNZL(−2)	0.042 772 (0.072 26) [0.591 96]	0.284 697 (0.299 62) [0.950 19]	0.532 537 (0.370 07) [1.439 02]	−0.118 785 (0.251 58) [−0.472 15]	0.454 654 (0.269 00) [1.690 18]	0.014 983 (0.216 07) [0.069 34]	−0.331 751 (0.178 36) [−1.859 96]
LNWS(−1)	−0.036 579 (0.086 02) [−0.425 23]	0.391 208 (0.356 71) [1.096 72]	0.557 065 (0.440 58) [1.264 38]	0.210 462 (0.299 52) [0.702 67]	0.714 696 (0.320 25) [2.231 67]	0.142 539 (0.257 24) [0.554 11]	0.662 686 (0.212 35) [3.120 72]
LNWS(−2)	−0.112 013 (0.092 08) [−1.216 42]	−0.067 837 (0.381 84) [−0.177 66]	−0.423 340 (0.471 62) [−0.897 62]	0.182 979 (0.320 62) [0.570 70]	−0.423 190 (0.342 82) [−1.234 45]	0.466 017 (0.275 36) [1.692 38]	−0.169 833 (0.227 31) [−0.747 14]

（续表）

	LNAE	LNWZ	LNZJ	LNQL	LNCC	LNZL	LNWS
C	0.708 833	1.555 300	-0.928 746	1.841 793	-1.752 200	1.380 488	-0.118 216
	(0.311 22)	(1.290 52)	(1.593 96)	(1.083 61)	(1.158 62)	(0.930 65)	(0.768 25)
	[2.277 61]	[1.205 17]	[-0.582 67]	[1.699 68]	[-1.512 31]	[1.483 36]	[-0.153 88]
判定系数	0.994 027	0.938 502	0.891 001	0.697 066	0.969 208	0.956 991	0.956 363
调整后的判定系数	0.990 044	0.897 504	0.818 336	0.495 110	0.948 681	0.928 319	0.927 272
残差平方和	0.936 488	16.102 85	24.565 63	11.353 32	12.979 55	8.374 220	5.706 647
方程标准误差	0.211 175	0.875 673	1.081 569	0.735 278	0.786 177	0.631 484	0.521 292
F统计量	249.613 9	22.891 12	12.261 64	3.451 571	47.214 47	33.376 70	32.874 57
对数似然估计值	14.602 68	-36.600 38	-44.202 71	-30.309 63	-32.719 20	-24.831 29	-17.927 82
赤池信息准则	0.022 073	2.866 688	3.289 040	2.517 201	2.651 067	2.212 849	1.829 323
施瓦茨准则	0.681 873	3.526 487	3.948 839	3.177 001	3.310 866	2.872 649	2.489 123
被解释变量的均值	8.308 808	8.521 847	6.780 840	4.876 874	5.752 386	6.846 477	4.716 377
被解释变量的标准差	2.116 445	2.735 191	2.537 578	1.034 792	3.470 397	2.358 632	1.932 989

行列式残差协方差修正结果	0.000 322
	7.40E-06
对数似然估计值	-144.908 8
赤池信息准则	13.883 82
施瓦茨准则	18.502 42

audit

表 9-11　确定最优滞后期的信息准则比较表

	滞后一期	滞后二期	滞后三期	滞后四期
AIC	13.31	13.88	9.30	−3.55
SC	15.75	18.50	16.14	−2.25

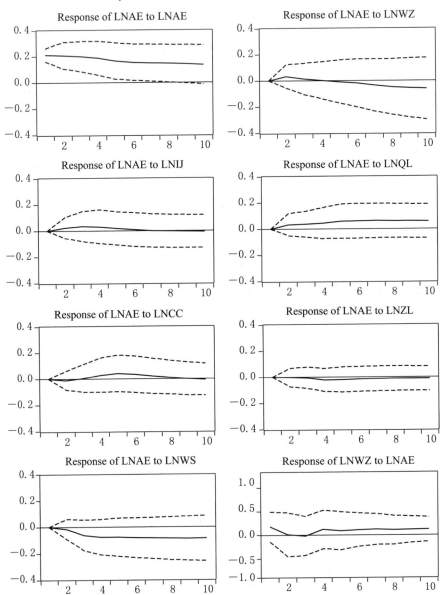

Response to Cholesky One S.D. Innovations? 2S.E.

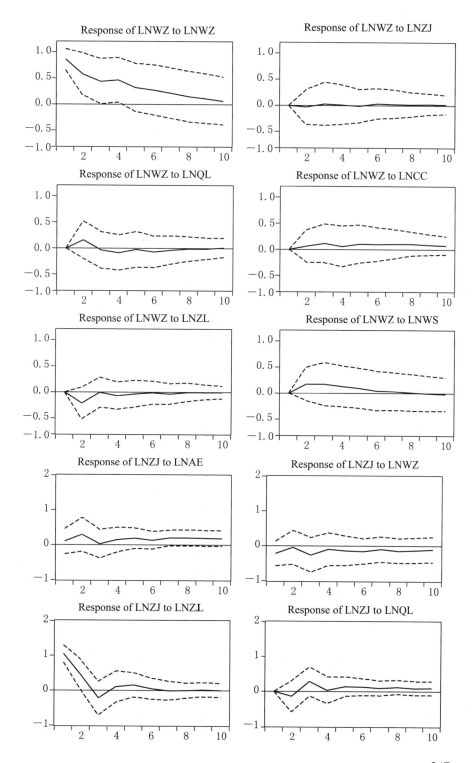

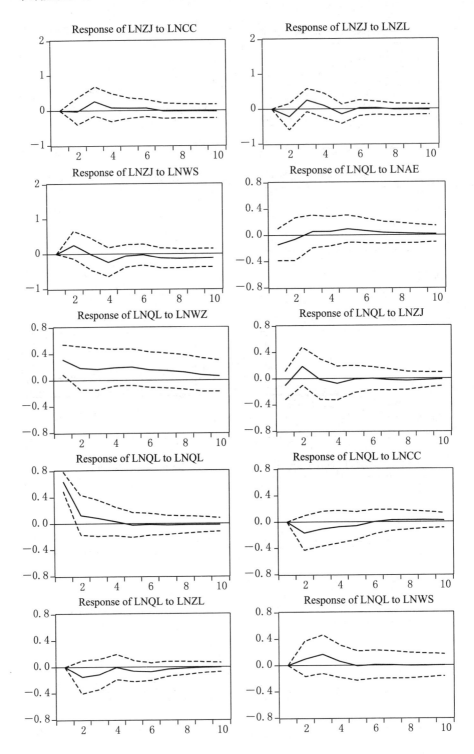

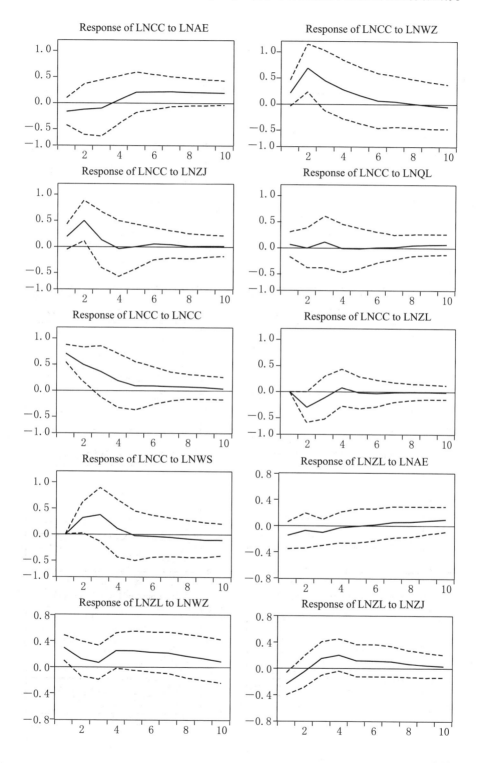

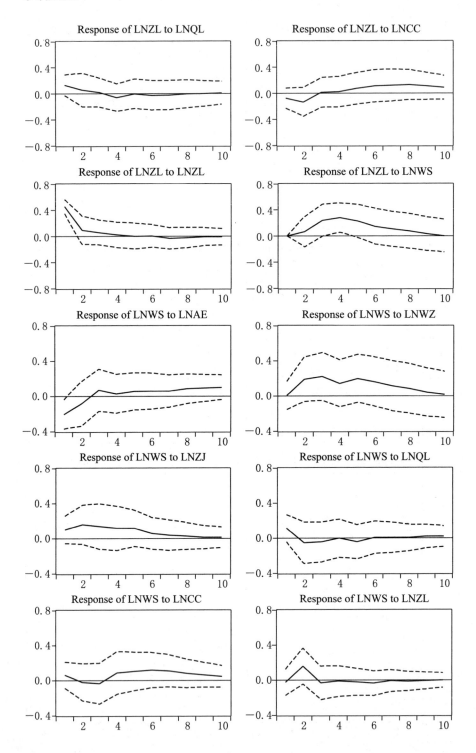

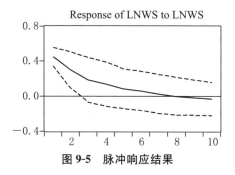

图 9-5　脉冲响应结果

其余变量的动态变化路径。当分别给出这些影响因素一个标准单位的冲击时,都对审计预期产生不同程度的影响。有的影响大些,有的影响小些;有的直接影响,有的间接影响。纵轴表示 WZ、ZJ、QL、CC、ZL 和 WS 受到审计预期 AE 变化冲击的响应程度,横轴表示滞后期数。由于在第 10 期之后波动趋于平稳,所以本书只考虑前 10 期的波动情况。

9.3.7　方差分解

为了进一步分析 WZ、ZJ、QL、CC、ZL 和 WS 对审计预期 AE 波动的影响程度,需要对 RAE 进行方差分解。简单来讲,方差分解可以理解为假如长期方差分解趋于 15%,说明这个冲击对变量波动的贡献在 15% 左右。因此,本书从 WZ、ZJ、QL、CC、ZL 和 WS 等 6 个方面对审计预期 AE 进行方差分解,期限设定为 10(单位:年)。见表 9-12。

AE 方差分解的结果表明,AE 标准差从 100% 递减至 74.6%,并且持续到第 10 期仍然起到主导作用;除了 WS 外,WZ、ZJ、QL、CC、ZL 的作用均不大,到第 10 期仍然较小;而 WZ、ZJ、QL、CC、ZL、WS 标准差都承载的不多,并且这种情况持续到第 10 期。

WZ 方差分解的结果表明,AE 标准差从 100% 递减至 74.6%,并且持续到第 10 期仍然起到主导作用;WZ 的作用微乎其微,滞后第 1 期冲击的影响为 0;随着期数的增加,最后受 WZ 冲击的影响稳定在 3.081 039%,即到第 10 期仍然没有达到 3.1%;而 WZ 标准差只承载了 4.7%,并且这种情况持续到第 10 期。

ZJ 方差分解的结果表明,AE 标准差从 100% 递减至 74.6%,并且持续

表 9-12　VAR 模型的方差分解结果

LNAE 的方差分解

期限	S.E.	LNAE	LNWZ	LNZJ	LNQL	LNCC	LNZL	LNWS
1	0.211 175	100.000 0	0.000 000	0.000 000	0.000 000	0.000 000	0.000 000	0.000 000
2	0.300 884	96.507 24	1.257 569	0.595 082	1.169 002	0.163 264	0.008 976	0.298 862
3	0.370 268	92.864 34	0.964 413	1.236 603	1.742 055	0.130 526	0.033 038	3.029 026
4	0.427 241	89.093 10	0.730 726	1.463 296	2.376 487	0.541 261	0.327 239	5.467 892
5	0.471 067	85.594 36	0.634 969	1.342 166	3.514 193	1.235 058	0.451 306	7.227 951
6	0.508 061	82.849 69	0.686 783	1.180 605	4.443 777	1.514 323	0.481 129	8.843 689
7	0.541 992	80.484 90	1.020 523	1.037 514	5.245 768	1.487 883	0.497 275	10.226 14
8	0.573 597	78.341 83	1.627 629	0.929 348	5.837 541	1.357 456	0.485 440	11.420 76
9	0.603 185	76.405 94	2.337 002	0.846 891	6.258 641	1.227 556	0.473 100	12.450 88
10	0.630 302	74.610 80	3.081 039	0.785 524	6.604 555	1.133 827	0.464 232	13.320 03

LNWZ 的方差分解

期限	S.E.	LNAE	LNWZ	LNZJ	LNQL	LNCC	LNZL	LNWS
1	0.875 673	3.339 993	96.660 01	0.000 000	0.000 000	0.000 000	0.000 000	0.000 000
2	1.097 799	2.131 516	89.040 22	0.071 183	2.042 559	0.344 140	3.802 549	2.567 836
3	1.200 916	1.801 132	87.680 86	0.111 570	1.805 567	1.188 837	3.180 232	4.231 803
4	1.305 715	2.197 657	86.955 25	0.104 793	1.961 100	1.194 215	2.971 284	4.615 699
5	1.354 731	2.398 627	86.319 79	0.102 403	1.853 567	1.688 653	2.825 805	4.811 152
6	1.392 591	2.793 551	85.593 12	0.160 497	2.016 622	2.085 987	2.684 962	4.665 264

（续表）

LNWZ 的方差分解

期限	S.E.	LNAE	LNWZ	LNZJ	LNQL	LNCC	LNZL	LNWS
7	1.418 583	3.304 999	84.786 77	0.182 821	2.003 355	2.526 032	2.645 045	4.550 974
8	1.433 698	3.680 564	84.074 30	0.193 652	1.972 058	3.025 459	2.590 407	4.463 556
9	1.444 758	4.171 845	83.376 13	0.212 878	1.946 450	3.342 012	2.551 671	4.399 015
10	1.452 490	4.689 258	82.682 79	0.226 177	1.932 125	3.576 554	2.525 600	4.367 492

LNZJ 的方差分解

期限	S.E.	LNAE	LNWZ	LNZJ	LNQL	LNCC	LNZL	LNWS
1	1.081 569	0.854 916	4.246 815	94.898 27	0.000 000	0.000 000	0.000 000	0.000 000
2	1.261 742	6.100 826	3.230 453	82.297 82	1.285 980	0.041 084	3.102 296	3.941 541
3	1.386 828	5.081 804	6.231 558	70.713 17	5.371 139	3.488 448	5.839 521	3.274 358
4	1.427 831	5.825 601	6.323 005	67.238 87	5.128 769	3.604 699	5.908 508	5.970 545
5	1.472 842	7.142 480	6.872 723	64.339 64	5.672 512	3.581 525	6.612 680	5.778 440
6	1.495 169	7.678 033	7.778 642	62.531 21	6.237 833	3.684 688	6.445 868	5.643 722
7	1.519 423	9.160 601	7.956 728	60.554 22	6.395 907	3.578 219	6.261 816	6.092 514
8	1.550 419	10.462 00	8.527 704	58.158 30	6.726 946	3.449 916	6.032 377	6.642 759
9	1.575 739	11.587 59	8.961 334	56.320 37	6.823 485	3.356 196	5.852 983	7.098 051
10	1.597 921	12.614 19	9.183 100	54.767 77	6.954 219	3.290 739	5.715 150	7.474 838

（续表）

LNQL 的方差分解

期限	S.E.	LNAE	LNWZ	LNZJ	LNQL	LNCC	LNZL	LNWS
1	0.735 278	4.000 992	18.309 18	2.093 264	75.596 56	0.000 000	0.000 000	0.000 000
2	0.831 346	3.729 084	19.097 94	6.590 664	61.407 46	4.274 862	3.604 057	1.295 930
3	0.883 666	3.659 390	20.340 03	5.858 810	55.182 45	5.350 180	4.949 615	4.659 526
4	0.913 788	3.772 293	23.288 07	6.150 997	51.712 84	5.711 897	4.632 137	4.731 764
5	0.943 987	4.481 583	26.115 55	5.782 952	48.523 38	5.799 054	4.849 794	4.447 685
6	0.961 691	4.730 186	27.738 97	5.574 079	46.787 56	5.588 142	5.289 051	4.292 015
7	0.974 371	4.730 146	29.173 73	5.488 163	45.659 18	5.501 364	5.264 813	4.182 602
8	0.983 186	4.710 246	30.069 51	5.523 385	44.893 67	5.466 718	5.221 189	4.115 280
9	0.987 420	4.690 924	30.448 57	5.550 993	44.545 34	5.483 291	5.193 488	4.087 399
10	0.989 697	4.684 363	30.642 98	5.552 163	44.383 58	5.493 603	5.173 714	4.069 602

LNCC 的方差分解

期限	S.E.	LNAE	LNWZ	LNZJ	LNQL	LNCC	LNZL	LNWS
1	0.786 177	4.307 709	7.355 327	5.757 518	0.759 134	81.820 31	0.000 000	0.000 000
2	1.342 595	2.322 340	29.197 21	15.802 17	0.260 593	41.857 52	4.830 244	5.729 926
3	1.527 430	2.210 039	31.137 23	12.986 63	0.756 130	38.047 78	4.300 707	10.561 48

（续表）

LNCC 的方差分解

期限	S.E.	LNAE	LNWZ	LNZJ	LNQL	LNCC	LNZL	LNWS
4	1.572 889	2.214 614	32.612 81	12.298 11	0.714 875	37.352 81	4.329 994	10.476 78
5	1.598 190	3.812 689	32.691 30	11.913 02	0.698 554	36.503 10	4.208 054	10.173 29
6	1.618 166	5.446 286	32.057 05	11.748 30	0.687 255	35.952 47	4.143 671	9.964 964
7	1.637 270	7.094 733	31.413 76	11.555 26	0.680 793	35.363 23	4.051 760	9.840 460
8	1.655 487	8.565 961	30.731 37	11.307 56	0.769 827	34.779 85	3.964 617	9.880 821
9	1.673 384	9.826 521	30.101 91	11.075 17	0.895 845	34.171 26	3.880 887	10.048 41
10	1.691 136	11.016 86	29.544 37	10.855 52	1.041 457	33.522 05	3.805 634	10.214 10

LNZL 的方差分解

期限	S.E.	LNAE	LNWZ	LNZJ	LNQL	LNCC	LNZL	LNWS
1	0.631 484	5.552 171	22.039 30	14.020 43	4.328 992	1.440 981	52.618 13	0.000 000
2	0.676 343	6.034 593	22.770 52	12.863 58	4.434 088	5.224 268	47.774 84	0.898 108
3	0.746 444	6.784 522	19.596 86	14.736 03	3.692 408	4.313 669	39.820 21	11.056 30
4	0.864 323	5.163 652	23.154 35	16.594 11	3.246 586	3.281 252	29.764 21	18.795 85
5	0.939 625	4.371 713	26.650 24	15.760 44	2.748 039	3.436 866	25.185 17	21.847 53
6	0.992 273	3.948 844	29.255 52	15.565 29	2.534 084	4.346 109	22.586 24	21.763 91

（续表）

LNZL 的方差分解

期限	S.E.	LNAE	LNWZ	LNZJ	LNQL	LNCC	LNZL	LNWS
7	1.036 177	3.892 716	31.220 49	15.340 92	2.378 202	5.369 611	20.807 82	20.990 24
8	1.065 139	4.015 871	32.136 51	14.960 98	2.251 361	6.552 345	19.731 07	20.351 87
9	1.083 870	4.442 821	32.569 57	14.642 80	2.174 439	7.365 591	19.061 56	19.743 22
10	1.096 464	5.175 413	32.492 42	14.395 72	2.134 199	7.874 056	18.635 58	19.292 61

LNWS 的方差分解

期限	S.E.	LNAE	LNWZ	LNZJ	LNQL	LNCC	LNZL	LNWS
1	0.521 292	15.487 72	0.013 420	3.706 054	4.698 879	1.433 580	0.249 757	74.410 59
2	0.676 724	10.737 73	7.918 438	7.659 991	3.411 585	0.948 111	5.779 358	63.544 79
3	0.754 347	9.486 709	14.982 01	9.509 868	3.080 444	0.989 884	4.836 166	57.114 92
4	0.794 397	8.688 005	16.760 18	10.767 09	2.778 344	2.126 344	4.381 380	54.498 65
5	0.841 153	8.195 970	20.529 91	11.541 64	2.730 029	3.417 828	3.968 870	49.615 75
6	0.871 406	8.093 815	22.554 00	11.208 11	2.551 715	5.012 899	3.877 038	46.702 43
7	0.888 580	8.225 558	23.318 95	10.958 30	2.458 737	6.320 525	3.733 959	44.983 97
8	0.900 609	8.908 482	23.564 76	10.758 10	2.397 546	6.924 313	3.655 618	43.791 18
9	0.909 013	9.784 477	23.327 38	10.587 04	2.404 565	7.281 461	3.594 954	43.020 12
10	0.916 803	10.834 89	22.961 32	10.429 55	2.415 699	7.400 197	3.534 217	42.424 13

乔利斯基排序：LNAE LNWZ LNZJ LNQL LNCC LNZL LNWS

到第 10 期仍然起到主导作用;ZJ 的作用微乎其微,滞后第 1 期冲击的影响为 0;随着期数的增加,最后受 ZJ 冲击的影响稳定在 0.785 524%,即到第 10 期仍然没有达到 0.8%;而 ZJ 标准差只承载了 12.6%,并且这种情况持续到第 10 期。

QL 方差分解的结果表明,AE 标准差从 100% 递减至 74.6%,并且持续到第 10 期仍然起到主导作用;QL 的作用大于除 WS 外的其他因素的作用,但仍微乎其微,滞后第 1 期冲击的影响为 0;随着期数的增加,最后受 QL 冲击的影响稳定在 6.604 555%,即到第 10 期仍然没有达到 6.7%;而 QL 标准差只承载了 4.7%,并且这种情况持续到第 10 期。

CC 方差分解的结果表明,AE 标准差从 100% 递减至 74.6%,并且持续到第 10 期仍然起到主导作用;CC 的作用微乎其微,滞后第一期冲击的影响为 0;随着期数的增加,最后受 CC 冲击的影响稳定在 1.133 827%,即到第 10 期仍然没有达到 1.2%;而 CC 标准差只承载了 11.0%,并且这种情况持续到第 10 期。

ZL 方差分解的结果表明,AE 标准差从 100% 递减至 74.6%,并且持续到第 10 期仍然起到主导作用;ZL 的作用微乎其微,滞后第 1 期冲击的影响为 0;随着期数的增加,最后受 ZL 冲击的影响稳定在 0.464 232%,即到第 10 期仍然没有达到 0.5%;而 ZL 标准差只承载了 18.6%,并且这种情况持续到第 10 期。

WS 方差分解的结果表明,AE 标准差从 100% 递减至 74.6%,并且持续到第 10 期仍然起到主导作用;WS 的作用在所有因素中最大,滞后第一期冲击的影响为 0;随着期数的增加,最后受 WS 冲击的影响稳定在 13.320 03%,即到第 10 期仍然没有达到 13.3%;而 WS 标准差承载了 42.4%,并且这种情况持续到第 10 期。

9.4　研究结论与总结

9.4.1　研　究　结　论

审计业绩有多方面的表现与衡量标准。由审计所查出的问题资金、整改金额、侵害公众利益资金、处理处罚资金、整改落实资金、挽回或避免损失资金等都对审计预期产生影响。不同的审计业绩对审计预期所产生的影响是不同的。这种影响又存在差异。其中,影响最为明显的是侵害公众利益因素。这个指标对审计预期的影响较大,主要是其受到全社会的广泛关注。当然,由审计所查出的问题金额和整改金额对审计预期产生的影响也是很大的。只有充分重视审计业绩对审计预期的影响才能发挥审计预期对审计的积极作用,克服审计预期对审计的消极影响。

9.4.2 总　　结

审计预期受不同的审计业绩的影响。不同的审计业绩对审计预期的影响程度也是不同的。由审计所查出的问题资金、整改金额、侵害公众利益资金、处理处罚资金、整改落实资金、挽回或避免损失资金等,对审计预期产生不同的影响。为了发挥审计预期对审计的积极作用,需要注意不断提高审计业绩。也只有提高审计业绩,才能使审计预期趋好,更有利于审计。

第10章　审计预期差距的实证研究

审计预期差距是一种客观存在。审计预期差距是审计中的利益各方从各自的利益出发而形成的审计预期与实际出现的审计业绩有所不同。审计预期差距有其独特的形成机理和传导机制。研究审计预期差距有利于找到差距的原因，为缩小审计预期差距提供科学的依据。审计预期差距涉及的利益方较多，本书主要研究审计者与公众的审计预期差距。

10.1　文献回顾与评述

自从1978年美国的科思报告首次提出审计期望差距以来，审计期望差距问题已成为世界各国审计领域和预期领域研究的热点问题。作为一种普遍现象的审计期望差距在中国也引起了普遍关注。审计期望差距的产生需要审计监督关口前移。在审计信息化与审计预期差距日渐明显的背景下，如果不重视并及时缩小审计期望差距，会对审计监督效率产生影响。前人的研究为本书提供了研究方向和进一步研究的空间。正如前述，审计期望差距就是审计预期差距，所以，本章沿着前人的研究成果分析审计者与公众的审计预期差距。

10.1.1　国外的审计期望差距实证研究

国外相关学者大多数对于审计期望差距是从其构成、成因及缩小途径方面进行研究的，但都没有形成统一的认识。不过，这些研究有一个共同的特点是,对审计期望差距的要素都是根据加拿大 CICA 提出的期望差距构成要素和解决措施而进行分析的。

国外很重视对审计预期差距进行经验调查研究,其研究不在少数,如 Humphrey C.,Moizer P.和 Turley S.(1993)对审计预期差距提供了经验调查,Porter B. A.(1993)对审计预期差距进行经验研究。Masood A.等和 Olojede P.等(2020)根据审计期望差距所进行的经验研究提出了相应的对策。他们都认为应当采取紧急的有效行动来弥补审计期望差距。美国 CAR(1978)、加拿大麦克唐纳委员会(1988)、英国审计研究基金会(1988)、爱尔兰注册会计师协会(1993)、澳大利亚 ASCPA 与 ICA(1994)、中国审计期望差距的调查问卷报告(2011)较为典型。见表 10-1。

表 10-1 国内外的审计期望差距调查研究情况

国 家	调查报告	内容或观点
美国	科恩委员会的调查报告(CAR,1978)	科恩委员会经调查发现存在审计期望差距,认为其主要责任并不在财务报表的使用者方法
加拿大	麦克唐纳委员会《公众对审计的期望》(1988)	麦克唐纳委员会发现公众对交托给审计师的责任的具体范围知之甚少,公众中受过教育的多数人都认为他们对审计的期望和要求没有得到满足
英国	审计研究基金会(1989)	将审计期望差距作为主要的调查领域
爱尔兰	爱尔兰注册会计师协会(1993)	发现了审计期望差距存在的证据,将其作为主要问题来看待
澳大利亚	ASCPA 和 ICA(1994)	调查了一些审计期望差距问题,公布了研究结果
中国	审计期望差距的调查问卷报告(何敬,2011)	通过调查问卷的实证研究,证明了中国存在的审计期望差距,提出了分类缩小审计期望差距

以上调查研究在当时具有较为重要的研究意义。随着审计实践的深入,人们不断地进行审计期望差距或审计预期差距研究并获得了新的认识。Adeyemi S. B.和 Uadiale O. M.(2011)对审计预期差距进行了经验调查研究,试图通过调查来支撑其实证研究。Salehi M.和 Rostami V.(2009)分析了审计预期差距的国际证据,Best P. J.,Buckby S.和 Tan C.(2001)提供了新加坡审计预期差距的证据。他们从不同的角度给出了审计预期差距的证据证明,得出了不合理的期望是其差距产生的主要原因。

对于审计期望差距模型,MDC(1988)首次构建了审计期望差距模型,包括公众对审计的期望与对业绩的认识。Portor(1993)构建了审计师的公众感知与社会对审计师的期望差距模型。Duff(2004)建立了客户和利益相关者期望与感知的差异模型。Mahdi Salehi(2016)采用一种新方法对审计预期差距进行了测量。Fengju Xu 等(2019)构建了审计期望模型并分析了对投资者的影响。Olojede P.,Erin O.和 Asiriuwa O.等(2020)对不合理的审计期望差距进行了 Mann-Whitney U 检验和 Kolmogorov-Smirnov Z 检验,发现其差距产生的原因正是不合理的审计期望。

对于审计期望差距的实证研究,Duff(2004)在对中国的实证研究中得出审计期望存在差距的原因并提出了缩小差距的对策。Gold(2014)调查了德国审计师与被审计者对审计师责任存在的期望差距问题。Litjens Robin 等(2015)通过实证研究提出了通过提供信息以减少审计预期差距看法。Fengju Xu, Akther T. (2019)运用模型法研究了审计期望差距对投资信心的影响。Masood A., Mameche Y.和 Abidin S. (2020)进行的实证研究表明,审计期望差距来自审计准则标准的不同。Pereira R.等(2021)研究了国际准则审查后的审计预期差距情况,所进行的 Mann-Whitney 检验显示了近几十年来记录的关于预期差异的经验证据的延续性。总的来看,国外比较注重审计预期差距的实证研究并获得了较深入的认识。

10.1.2　国内的审计期望差距实证研究

国外很重视对审计期望差距经验调查研究。他们从不同的角度提出了审计预期差距都是有证可循。而国内在这方面显得不足。现在,有越来越多的学者注重经验调查,从经验事实中得出结论。从公众的视角看,审计期望差距表现为“公众期望的审计业绩”和“公众感知的审计业绩”之间的差距;从审计师的视角看,审计期望差距表现为“审计准则规定的审计业绩”和“审计师感知的审计业绩”之间的差距(刘明辉和何敬,2010)。只不过,公众的误解给审计者带来越来越多的挑战(Mengyan Gao,2020)。为了深入地研究审计预期问题,不少学者从审计预期差距方面进行分析。

对于其模型构建,刘明辉(2010)运用认知心理学理论重构了审计期望差距模型,包括不合理期望、准则缺陷、业绩缺陷、被错误感知的业绩缺陷等内容,崔东顺(2012)对审计期望差距影响因素进行了研究。杨继飞和王洪阳(2015)采用服务质量模型分析了审计期望差距存在的原因。周川和何恬(2017)基于静态 DES 模型来分析审计期望差距,深入剖析审计期望差距的成因,进而探讨缩小审计期望差距的解决路径。徐婉薇(2021)基于审计监督建立了审计期望差距模型并分析了它的影响。

对于其实证研究,国内是明显落后于国外的。周赟(2007)对我国舞弊审计期望差距调查后进行了实证分析,发现它是一种认知差距。不少学者通过实证研究验证了所建立的审计期望差距模型可靠。张晓俊(2015)基于审计客户和财务报告使用者两类群体的比较,对认知视角下的审计期望差距进行了实证研究。郑石桥(2015)以审计主题为基础,聚焦审计准则界定的水准与公众对审计的期望水准之间的差距,从审计目标和审计意见两个视角探讨审计期望差距的原因,试图建立一个解释审计期望差距的通用理论框架。孔琳琳等(2018)从修正审计期望差距模型视角下进行了审计质量评价体系研究。吴汇莹等(2020)提出了以预期结果指导政府审计实践,缩小审计期望差距建议,使公众有一个合理的期望(马新月,2021)。这种尝试是值得借鉴的。

10.1.3　简　要　评　述

国外对审计预期差距研究的理论与实证较为丰富,实证研究大部分是通过问卷调查研究审计师和公众,对于审计师角色和职责的观点、对审计业绩的评价等,并分析审计预期差距存在的内在原因。而国内对审计预期差距的实证分析较少,大部分研究是采用规范研究特别是对其构成、影响因素及缩小对策等进行的审计期望差距理论研究。就是对审计期望差距问题所进行的实证分析又仅局限于公众与审计者方面的研究。不仅如此,国外对审计预期差距研究较多,而将 audit expectation gap 翻译为中文是审计期望差距。

已有文献的研究,一是研究视角较为单一,从客户视角所进行的探索缺乏审计期望差距实证研究。二是以往研究多是探究公众的审计,从公众和审计者对审计业绩的期望不同而产生的差距角度进行实证研究,很少学者从公众对审计的期望和感知水平差异而产生的期望差距角度进行实证探索。三是前人的研究主要集中于公众对审计业绩的期望与实际的感知之间的差距。对审计者与被审计者群体缺乏审计预期差距研究。因第 8 章已研究了不同预期者的审计预期问题,本章的审计预期差距实证研究以审计者与公众的审计预期差距为主,对被审计者与政府的审计预期差距暂时不考虑。见图 10-1。

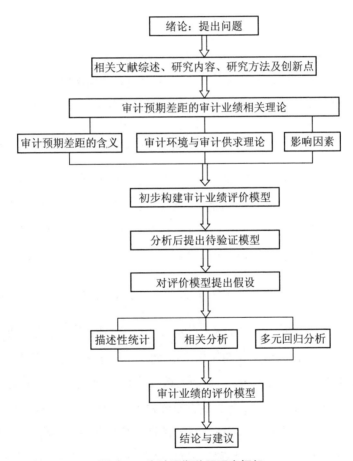

图 10-1　审计预期差距研究框架

本章的边际贡献在于:第一,研究视角独特新颖,从公众审计业绩期望与预期视角研究审计预期差距是不多见的。第二,研究审计预期差距的形成机理和传导机制,为缩小审计预期差距提供传导路径参考。第三,基于广泛的调研,并且以历年的《中国审计年鉴》数据为依据,构建审计预期差距模型并进行的实证分析是前所未有的。第四,所提出的审计预期差距对策建议更具有针对性与可操作性。

10.2　审计预期差距的形成机理与传导机制

审计预期差距受许多因素的影响,通过公众审计业绩期望、审计者预期差距与公众审计预期差距形成。其形成机理在于预期者通过审计业绩对审计形成不同的预期,由此形成审计预期差距。审计预期由预期者对审计业绩的不同感知而形成差距,并由此传导给其他预期者。

10.2.1　审计预期差距的形成机理

审计预期差距有其独特的形成机理。公众对审计业绩期望较高,审计者的审计业绩达不到公众的期望,在双方缺少沟通或沟通不畅的情况下,由此形成审计预期差距。审计预期差距形成机理表明,其差距涉及期望、业绩、沟通和差距等几个关键词。见图 10-2。

10.2.2　审计预期差距的传导机制

审计预期在形成与变化过程中必然经历一系列过程。审计预期差距的传导机制就是要描述审计预期作用于审计的这一过程情况。它具体指的是预期者根据所掌握的审计信息,形成与改变审计预期,通过审计过程与结果传导到审计中,对审计活动产生影响的过程。审计预期差距也有独特的传导机制。经调查并进行分析得知,不同预期者之间的审计预期差距传导路径是这样的,审计期望→审计规划→审计过程→审计业绩→审计预期→审计预期差距。根据作者的调查研究总结出,其审计预期差距的传导机制如下:

审计期望 AE↑→审计规划 AP↑→审计过程 AC→审计业绩 AA↓→审计预期 AE↑→审计预期差距 AEG↑

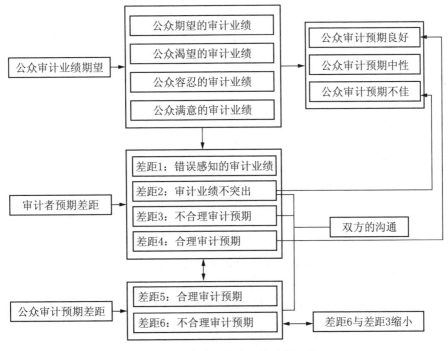

图 10-2 审计预期差距的形成机理

在这个传导过程中,审计期望发挥着关键的作用。它直接影响着审计预期差距的大小。审计业绩如何,在审计预期差距中产生重要的影响。一般说来,审计期望不高,审计业绩明显,审计预期差距不会太大,对审计监督也不会产生明显的消极影响。审计预期差距过大,影响审计监督效率高低,与审计期望过高、审计业绩不大密切相关。特别是在缺少有效的审计预期管理条件下更是如此。

审计期望高,期望审计规划全面,审计过程严格,受许多因素的影响,审计业绩近似地反映经济活动监督情况而达不到期望,审计预期高,最终审计预期差距出现。当然,实际中的审计预期差距的传导机制并不是那么简单,因受各方利益的影响,它有可能加速审计预期的传导,也有可能导致审计预期传导的中止。受审计预期管理的影响,审计预期差距可能会扩大,可能会缩小,也可能保持不变。

预期者对审计抱有过高的期望,通过审计规划了解审计对象、审计内容与审计方法等。在审计过程中,审计者努力依法依规进行审计,提供审计意见,公布审计结果,展现审计业绩。被审计者希望审计简单行事,审计业绩就是走形式与过场,形成不切实际的审计预期,从而出现审计预期差距。

10.3 审计预期差距状况分析

审计预期差距普遍存在。有时,审计预期差距较大;有时,审计预期差距较小。有时,我们能感觉明显;有时,我们感觉不出或感觉不明显。有时,我们能够承受过大的审计预期差距;有时,我们难以承受过大的审计预期差距。在不同时间、地点、条件下,人们的审计预期差距的表现也是不同的。找出审计预期差距的原因,才能更好地缩小审计预期差距。

10.3.1 掌握审计预期差距的重要性

审计预期差距是客观存在的。完全消除审计预期差距几乎是不可能的。只有努力缩小审计预期差距,我们才能使其保持在全社会能够承受的范围内。也只有努力缩小审计预期差距,才能更好地进行审计。掌握审计预期差距对更好地开展审计非常重要。只有搞清楚了审计预期差距状况,才能由此找到其存在的原因及产生的影响,才能提出恰当的缩小差距的对策。

经我们的调查,目前,审计预期差距是客观存在的,并且普遍来说差距较大,已经对审计在国家治理中的作用产生了很大的不良影响。缩小审计预期差距非常紧迫。缩小审计预期差距,我们必须清楚审计预期有多大的差距,是什么原因导致了差距,其危害是什么,如何缩小审计预期差距等。缩小审计预期差距对于解决审计预期问题非常重要。

10.3.2 审计预期差距现状

本书通过问卷调查与田野调查的方式对审计预期差距现状进行了调查,采用期望值等统计学方法对收集的数据进行分析。在搜集大量学术和专业文献的基础上,作者运用语义分析的方法,对审计报告所要传递出来的信息进行了测量,查找出审计报告所要传递的含义。虽然问卷调查法为心理学的基本研究方法,但所收集到的数据的可靠度和可信性常常受到怀疑。基于此,在问卷调查的基础上,针对所查找出来的信息对公众与审计者进行了访问,目的是表明研究者的认识既准确又无遗漏。最终,本书获得了公众与审计者的审计预期差距。见表 10-2。

表 10-2 公众与审计者的审计预期差距 单位:%

年份	AE	AAS	MAS	年份	AE	AAS	MAS	年份	AE	AAS	MAS
1984	91	81	74	1997	93	84	75	2010	79	86	59
1985	92	82	72	1998	92	83	70	2011	80	87	59
1986	91	80	74	1999	91	82	72	2012	78	86	57
1987	92	80	75	2000	90	80	70	2013	81	87	58
1988	91	82	74	2001	89	85	71	2014	80	88	60
1989	92	83	75	2002	88	86	66	2015	94	89	65
1990	93	84	76	2003	81	87	60	2016	93	89	64
1991	94	85	75	2004	86	88	63	2017	94	88	66
1992	93	85	76	2005	79	85	60	2018	95	88	68
1993	93	84	75	2006	80	87	65	2019	95	90	69
1994	93	85	75	2007	81	86	64	2020	95	90	74
1995	92	85	76	2008	80	88	62	2021	96	91	74
1996	92	84	74	2009	79	88	60				

资料来源:根据调查整理而得。

10.3.3 差 距 分 析

在进行实证分析之前,本书先进行公众的审计预期与审计者的预期之间的审计预期差距的描述性统计分析,以此说明研究的意义与价值。表 10-3 是主要变量的描述性统计结果。

表 10-3 变量的主要统计指标

	AE	AAS	MAS
平均数	88.631 58	85.473 68	68.473 68
中位数	91.500 00	85.500 00	70.000 00
最大值	96.000 00	91.000 00	76.000 00
最小值	78.000 00	80.000 00	57.000 00

（续表）

	AE	AAS	MAS
标准差	6.019 882	2.910 715	6.370 272
峰度	1.785 629	2.309 520	1.624 672
偏度	−0.675 738	−0.219 361	−0.365 721
J-B统计量	5.226 875	1.059 630	3.842 012
概率	0.073 282	0.588 714	0.146 460
累加和	3 368.000	3 248.000	2 602.000
偏差平方累加和	1 340.842	313.473 7	1 501.474
样本容量	38	38	38

从表 10-3 可以看出，审计预期与审计者预期、公众审计预期变量之间的统计指标，包括平均值、中位数、最大值、最小值、标准差、峰度和偏度等情况。AAS 与 MAS 的平均数、中位数、最大值和最小值相差 15 左右。据此，我们还可得出它们之间的协方差和相关性。见表 10-4 和 10-5。

表 10-4　变量的协方差分析

方差相关系数	AE	AAS	MAS
AE	35.285 32		
	1.000 000		
AAS	−2.614 958	8.249 307	
	−0.153 271	1.000 000	
MAS	31.016 62	−8.566 482	39.512 47
	0.830 674	−0.474 490	1.000 000

表 10-5　变量的相关性分析

t统计量概率	AE	AAS	MAS
AE	1.000 000		
	—		
	—		
AAS	−0.153 271	1.000 000	
	−0.930 620	—	
	0.358 2	—	
MAS	0.830 674	−0.474 490	1.000 000
	8.951 871	−3.234 197	—
	0.000 0	0.002 6	—

从表 10-4 和 10-5 可以看出,这些变量之间是具有相关性的。审计预期与审计者的预期之间的相关系数为 -0.153 271,与公众的预期之间的相关系数为 0.830 674。审计预期与公众的预期呈高度的正相关。

为进一步分析审计预期差距,还需要分析期望与感知的相关性。本书选择公众与审计者的感受为主进行期望与感知的相关性分析,说明公众与审计者的期望与感知有一定的差距。

公众与审计者之间的差距到底有多大,通过图来直观地反映出来。见图 10-3。

在图 10-3 中,1985—2001 年的预期差距不大,2001—2003 年、2016—2020 年的审计预期差距较大。1994 年差距最小,2002 年差距最大。这表

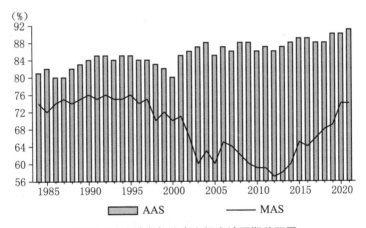

图 10-3 审计者与公众之间审计预期差距图

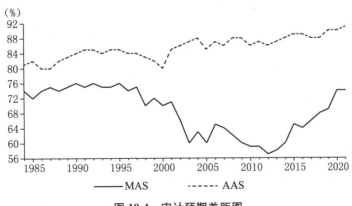

图 10-4 审计预期差距图

明审计预期差距总是存在的,只是在不同的时期的差距大小不同而已。变量之间的审计预期差距图和分布特征图能表明变量之间的关系。经过分析,图示表明这些变量之间是有一定关系的,只不过它不是完全线性关系图。见图 10-4 和图 10-5。

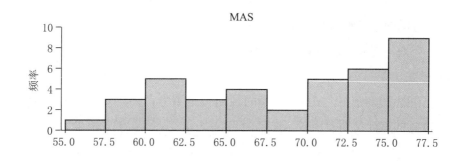

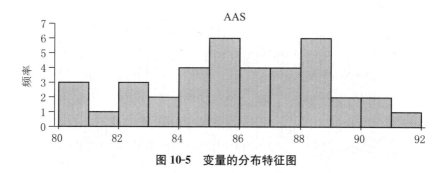

图 10-5 变量的分布特征图

10.3.4 变量平稳性分析

时间序列数据的平稳性是建立 VAR 模型的前提,时间序列的平稳可以避免伪回归问题,进而避免其导致的变量之间相关关系的失真。首先检验序列平稳性,平稳的时间序列可以通过建立 VAR 模型分析而得,若不平稳则需进一步处理使得所有序列同阶单整,在存在协整关系的前提下才可建立 VAR 模型进行分析。本章采用 ADF 检验方法进行平稳性检验。见表 10-6。

由上可知,在 1% 的置信水平下,审计预期等的 ADF 绝对值均大于 1% 的临界值,说明显著拒绝原假设,即不存在单位根,序列为平稳序列。在 5% 的显著性水平下,审计预期的 ADF 绝对值小于 5% 的临界值,显著不存

表 10-6　单位根检验结果(ADF 单位根检验)

		t 统计量	概率*
ADF 检验量		−1.374 729	0.584 0
检验临界值:	1% level	−3.621 023	
	5% level	−2.943 427	
	10% level	−2.610 263	

* MacKinnon(1996) one-sided p-values.

变量	相关系数	标准误	t 统计量	概率
AE(−1)	−0.119 185	0.086 697	−1.374 729	0.178 0
C	10.674 94	7.683 829	1.389 273	0.173 5

判定系数	0.051 230	被解释变量的均值	0.135 135
调整后的判定系数	0.024 123	被解释变量的标准差	3.146 092
回归标准误差	3.107 915	赤池信息准则	5.158 319
残差平方和	338.069 7	施瓦茨准则	5.245 396
对数似然估计值	−93.428 91	汉南—奎因准则	5.189 018
F 统计量	1.889 880	德宾—沃森统计量	2.432 792
F 统计量的相伴概率	0.177 953		

在单位根,序列平稳。所有数据均为平稳时间序列数据,故可以直接建立 VAR 模型进行分析。总之,审计预期差距客观存在。审计预期差距与审计期望、感知密切相关。不同的时期、不同的预期者的审计预期差距是不同的。基于此,本章继续进行审计预期差距的实证研究。

10.4　审计预期差距的实证研究

通过对前人研究成果的梳理和评价,针对以往实证研究的局限性,撇开公众对审计的期望的单一视角,本研究选取公众与审计者视角的审计预期差距为研究对象,从公众与审计者对审计的期望和感知之间的差异导致的审计预期差距进行实证研究。本书实证研究沿着何敬(2011)的思路深入下去,研究目前的审计预期差距状况。即是否存在审计预期差距? 如果存在审计预期差距,公众与审计者的审计预期差距体现在哪些方面? 审计预期差距对审计监督与治理有什么影响？如何采取有效的对策缩小审计预期差距？这是本书所努力的方向。

10.4.1　主要变量说明

不是所有通过调研所获得的数据都是有效的。如果我们无意识地忽略一个问题的重要性，或者有选择地收集数据来支持一个事先形成的观念，那么，这些数据可能是无效的。为了克服这一不足，本章根据调查问卷所得的数据进行主要变量的说明。这些变量包括：审计预期差距、审计期望、审计业绩、审计者的预期、公众的预期、人的素质、信息、预期方法、职业和偏好等。我们不考虑审计规则的影响，而用审计形势判断、审计预期变化、审计者的预期、公众的预期来衡量审计预期差距。审计预期差距无、差距较小、差距较大、差距特大四个等级，其取值分别为 1—4。调查所得的数据是从 1983 年到 2021 年期间得到的，经整理分析而得。见表 10-7。

表 10-7　主要变量选择说明

变量名	变量符号	变量说明
审计预期差距	AEG	1＝无差距；2＝差距较小；3＝差距较大；4＝差距特大
审计期望	AE	1＝无期望；2＝期望低；3＝期望较高；4＝期望高
审计业绩	AA	1＝无业绩；2＝业绩较小；3＝业绩较大；4＝业绩特大
人的素质	HQ	1＝没有素质；2＝素质低；3＝素质高；4＝素质特高
信息	IF	1＝无信息；2＝信息不完全；3＝信息完全；4＝信息完全且对称
预期方法	EW	1＝静态预期；2＝外推型预期；3＝适应性预期；4＝理性预期；5＝孔明预期
职业	OP	1＝工人；2＝农民；3＝教师；4＝机关工作者；5＝公司企业员工；6＝企业经营管理者；7＝其他
偏好	PF	1＝无偏好；2＝偏好弱；3＝偏好强

注：人的素质包括身体素质、教育文化素质、道德素质和其他素质等。这里的人的素质主要是以教育文化为主的综合素质。

10.4.2　研　究　假　设

经比较得出，影响审计预期差距的因素较多，主要包括审计期望、审计业绩、人的素质、信息、预期方法、职业和偏好等。

审计期望(AE)。审计预期差距与审计期望存在密切的关系。一般地,公众对审计都要求很高,抱有过高的期望。这些期望影响着审计预期差距的形成与变化。根据以上分析,研究提出假设 1:

H1:公众的审计期望与感知存在显著差异。

审计业绩(AA)。在不同的审计情况下,审计者所进行的审计业绩是有差异的。对于审计业绩,不同的预期者的预期是不同的。作为审计者来说,他们按审计规划依法进行了审计,查出了问题并向社会发布了公告,在他们看来审计就是有绩效的。而对被审计者来说,他们接受并配合了审计,整改了审计查出的问题,在他们看来审计就是有绩效的。公众与审计者对审计业绩的期望提高而感知并未得到提升,导致他们对于审计业绩的期望和感知的差距加大。根据认知心理学特点,公众与审计者在对接受的审计业绩进行感知时会受到其最初期望的影响。公众对审计业绩是知晓的,审计者对审计业绩是满意的,被审计者对审计业绩是认可的。如果其最初的期望较高,而审计业绩达不到预期,可能会导致其对于审计业绩的感知低于真实值,即会存在评价的非客观性。对审计业绩的期望与感知差异导致审计预期差距,那么公众与审计者因不同的利益诉求的审计预期差距也会存在一定差异。审计者是按要求完成审计任务,被审计者是按要求接受审计监督,公众对审计业绩具有不同的感受。这些因素均可能导致公众与审计者感知到的审计业绩和其期望的审计业绩不同,据此,研究提出假设 2:

H2:公众对审计业绩的期望与感知存在显著差异。

公众的素质(HQ)。不同的素质对审计具有不同的感知。素质越高,所感知的与实际的差距越小。他们各有自己的审计业绩期望与实际感知。公众的素质通过感知对审计期望差距产生影响。据此研究提出假设 3:

H3:公众的素质对审计期望差距存在显著差异。

信息(IF)。信息的有无与多少、利用程度对审计预期影响较大。可以说,没有信息,就没有预期;没有审计信息,就没有审计预期。公众等对审计者提供的信息的质量要求,包括审计规划、审计结果公告、审计整改信息,已远远超过了审计者能力范围。所能掌握的信息越完善并被充分利用,审计预期差距会越小。据此研究提出假设 4:

H4：公众获得的信息对审计期望差距存在显著差异。

预期方法(EW)。预期方法对审计预期差距具有重要的影响。预期方法不同，审计预期会不同，审计预期差距也不一样。采取科学的预期方法所形成的预期与实际的结果差距相对较小。据此研究提出假设 5：

H5：公众的预期方法对审计期望差距存在显著差异。

职业(OP)。不同职业的预期者的审计预期千差万别。不同职业的公众发现审计者提供的信息使得自己的利益受损，往往归咎于审计者的审计失败。据此研究提出假设 6：

H6：公众的职业对审计期望差距存在显著差异。

偏好(PF)。偏好也会影响审计预期差距的出现。公众对政府和审计者的审计有过高的期望与偏好。在很多情况下，他们的期望大大超过实际情况。公众特别偏好审计能查出或发现所有的问题并得到追究。据此研究提出假设 7：

H7：公众的偏好对审计期望差距存在显著差异。

以上假设是否成立，审计预期差距在多大程度上受其影响，需要选取变量、设定模型并进行检验。只有这样，我们才能准确地发现审计预期差距存在的依据。

10.4.3　变量选取与数据处理

审计预期差距(AEG)。本章经调查所得到的审计预期差距作为变量，并以此作为核心被解释变量。经初步观察，审计预期差距受许多因素的影响。

审计期望(AE)。本章使用经调查得到的审计期望值来衡量审计期望，主要是用在调查问卷中对审计期望高所占的比例来表示。审计期望是决定审计期望差距的前提、基础和重要条件。

审计业绩(AA)。本章主要使用 1983—2021 年的《中国审计年鉴》上的查出的问题资金作为审计业绩表现。与此同时，也参考其他相关的情况如审计结果公告的及时与全面反映情况、审计的整改与落实情况等。

人的素质(HQ)。本章选取基于义务教育后再接受了高中教育及其以后的历年高中毕业生并综合其他素质作为衡量公众素质的标准。高素质的预期者不仅教育文化水平高，而且还能运用科学的预期方法形成预期，所形成的审计预期与实际偏差较小，从而有助于审计预期差距的缩小。

信息（IF）。本章选取《中国审计年鉴》上所提供的审计信息及审计结果公告作为研究的代表。信息在审计预期差距中发挥着重要的影响。有无信息、信息掌握与利用的多少在很大程度影响着审计预期差距的形成。一般说来，缩小审计预期差距需要提供充分与完全的信息。

预期方法（EW）。采取不同的预期方法所形成的预期可能是不同的。素质高、职业好、掌握充分信息的预期者的预期方法更科学，形成的审计预期与实际偏差较小。相反，偏差较大。根据研究的需要，本章通过调查而获得以能进行准理性预期、亚理性预期、理性预期和孔明预期的人数占比作为预期的方法进行研究。

职业（OP）。因不同的职业所形成的审计预期是不同的。职业的社会地位高、声誉好、收入高、能体现人生价值实现的职业的预期者的审计预期与实际偏差较小。相反，偏差较大。本章选取自由职业者、街道社会普通公众、农民和其他作为不同职业的代表。这些不同职业者的审计预期是不同的，审计预期差距大与这些职业者呈高度的正相关，基本能够反映审计预期差距情况。

偏好（PF）。不同预期者可能有不同的偏好。即使相同的偏好，也有偏好程度上的差异。本章使用经调查得到的预期者的偏好，主要是在审计主体中对政府审计和社会审计偏好的综合占比来衡量审计预期差距的偏好。

表 10-8　审计预期差距影响因素调查数据

	审计预期差距	审计期望	审计业绩	人的素质	信息	预期方法	职业	偏好
	AEG	AE	AA	HQ	IF	EW	OP	PF
1984	389	74	1.0	189.8	10 000	65.1	96.7	79.4
1985	380	74	12.1	196.6	12 000	65.1	96.4	79.3
1986	372	73	8.1	224.0	16 000	65.3	96.3	79.9
1987	360	72	30.1	246.8	19 000	65.4	96.0	80.0
1988	354	70	126.2	250.6	23 000	64.7	95.9	80.0

（续表）

	审计预期差距	审计期望	审计业绩	人的素质	信息	预期方法	职业	偏好
	AEG	AE	AA	HQ	IF	EW	OP	PF
1989	351	74	240.0	243.2	28 000	64.9	95.4	80.3
1990	349	75	342.9	233.0	35 000	65.0	95.7	80.4
1991	346	77	261.9	222.9	40 000	65.5	95.3	80.7
1992	344	75	224.9	226.1	44 000	65.8	95.2	81.2
1993	341	76	182.2	231.7	49 000	65.9	95.0	81.4
1994	309	78	844.4	209.3	50 000	70.0	95.2	81.5
1995	307	79	998.6	201.6	52 000	70.1	95.1	81.8
1996	303	80	2 058.6	204.9	51 000	70.1	94.8	82.0
1997	299	81	1 770.8	221.7	58 000	70.3	94.6	82.0
1998	296	82	5 030.7	251.8	64 000	70.2	94.4	81.9
1999	295	83	3 301.0	262.9	70 000	71.1	94.5	82.4
2000	293	83	5 530.6	301.5	74 000	70.8	94.3	82.5
2001	290	84	6 025.7	340.5	82 000	70.8	94.2	82.6
2002	289	84	3 292.8	383.8	86 000	71.2	94.0	83.0
2003	286	85	3 761.6	458.1	95 983	72.3	93.3	82.7
2004	284	85	9 819.2	546.9	93 459	73.4	93.7	82.8
2005	283	86	10 907.5	661.9	94 072	73.5	93.4	83.0
2006	280	86	337.8	727.1	158 574	73.7	93.0	83.2
2007	278	88	19 652.8	788.3	288 890	73.7	92.8	83.3
2008	277	88	3 653.2	836.1	235 105	74.1	92.6	83.4
2009	275	89	3 228.6	823.7	145 105	74.0	92.4	83.5
2010	272	89	3 890.1	794.4	274 278	74.1	92.2	83.8
2011	270	90	5 439.3	787.7	174 278	74.5	92.2	84.1
2012	269	91	111 686.0	791.5	148 303	74.7	92.0	84.0
2013	266	91	175 855.1	799.0	133 405	75.5	91.9	84.2
2014	264	92	111 174.2	799.6	112 424	75.7	91.4	86.1
2015	263	93	186 927.2	797.7	48 579	75.8	91.4	85.2
2016	262	93	143 352.0	792.4	33 420	78.2	91.2	86.4
2017	260	94	181 338.1	775.7	119 344	77.4	91.0	86.4
2018	258	93	192 001.4	779.2	26 900	78.0	90.8	86.5
2019	256	94	197 237.9	789.3	28 769	78.1	90.8	87.0
2020	250	94	200 543.9	786.4	31 840	78.3	90.6	87.1
2021	248	95	210 003.4	909.0	42 734	78.4	90.2	87.3

注：1984 年到 2002 年的信息数量以中央审计与地方审计的计划与总结为依据计算。

资料来源：根据 1984—2021 年《中国审计年鉴》《中国教育统计年鉴》《中国统计年鉴》以及问卷与个案调查整理而得。

以上数据偏差较大,审计业绩从 1.0 到 210 003.4,人的素质从 189.8 到 909.0,信息从 10 000 到 288 890 之间变化。数据难免出现不平稳。为了保持时间序列的平稳性,本书取对数再进行研究。见表 10-9。

为保障数据获得的可行性和样本量的充足性,本书选取历年的《中国审计年鉴》所提供的数据进行审计预期差距分析。从表 10-9 可以看出,经取对数整理后的数据偏差大大缩小,基本介于 4—12 之间,为审计预期差距研究提供了可靠的数据来源。本章通过 Eviews 9.0 软件将这些影响因素的数据应用于审计预期差距分析。

10.4.4　基于审计预期差距的多因素实证研究

(1) 描述性统计

为了清楚地知道不同的因素对审计预期差距的影响,本章利用表 10-9 中的数据,经过取对数后,各变量的描述性统计如表 10-10 所示。

从表 10-10 可以看出,审计预期差距值介于 4.2—4.6 之间,差距不算太大;J-B 统计量为 2.7。总的来看,统计分析能较好地反映不同的因素对审计预期差距的影响。为了知道各变量对审计预期差距的相关程度与方向,通过 OLS 估计便可看出。根据审计预期差距基准回归结果进行 OLS 的估计,其结果如表 10-11 所示。

从估计结果可看出,$R^2 = 0.972\ 751$,修正的 $R^2 = 0.966\ 393$,可决系数很高,表明此研究对样本的拟合很好,因而回归效果也很好。F 检验值为 152.993 1,系数估计值非常显著。除了信息、预期方法外,审计预期差距与审计期望、审计业绩、人的素质、职业和偏好是呈正相关的。相关度最高的是职业,最低的是审计业绩。除了审计信息获得外,它的利用也会影响差距。预期方法只是影响审计预期的形成与改变,对差距呈反方向影响。F 统计量为 152.993 1,P 值为 0.000 000,所以,估计结果整体上显著。为了验证估计模型符合计量理论的前提假设,现需要进行残差的正态性检验,见图 10-6。

从图 10-6 中可以看出,Jarque-Bera 项的相伴概率"Probability"大于显著性水平 0.05,表明随机扰动项服从正态分布的假设成立。所以,审计预期差距基准回归残差几乎是呈正态分布的。这就表明研究符合假设。

表 10-9　经整理的审计预期差距多因素影响数据

	LNAEG	LNAE	LNAA	LNHQ	LNIF	LNEW	LNOP	LNPF
1984	4.304 065	4.304 065	0.000 000	5.245 971	9.210 340	4.175 925	4.571 613	4.374 498
1985	4.304 065	4.304 065	2.493 205	5.281 171	9.392 662	4.175 925	4.568 506	4.373 238
1986	4.290 459	4.290 459	2.091 864	5.411 646	9.680 344	4.178 992	4.567 468	4.380 776
1987	4.276 666	4.276 666	3.404 525	5.508 578	9.852 194	4.180 522	4.564 348	4.382 027
1988	4.248 495	4.248 495	4.837 868	5.523 858	10.043 25	4.169 761	4.563 306	4.382 027
1989	4.304 065	4.304 065	5.480 639	5.493 884	10.239 96	4.172 848	4.558 079	4.385 770
1990	4.317 488	4.317 488	5.837 439	5.451 038	10.463 10	4.174 387	4.561 218	4.387 014
1991	4.343 805	4.343 805	5.567 963	5.406 723	10.596 63	4.182 050	4.557 030	4.390 739
1992	4.317 488	4.317 488	5.415 656	5.420 977	10.691 94	4.186 620	4.555 980	4.396 915
1993	4.330 733	4.330 733	5.205 105	5.445 443	10.799 58	4.188 138	4.553 877	4.399 375
1994	4.356 709	4.356 709	6.738 626	5.343 769	10.819 78	4.248 495	4.555 980	4.400 603
1995	4.369 448	4.369 448	6.906 354	5.306 286	10.859 00	4.249 923	4.554 929	4.404 277
1996	4.382 027	4.382 027	7.629 781	5.322 522	10.839 58	4.249 923	4.551 769	4.406 719
1997	4.394 449	4.394 449	7.479 187	5.401 325	10.968 20	4.252 772	4.549 657	4.406 719
1998	4.406 719	4.406 719	8.523 314	5.528 635	11.066 64	4.251 348	4.547 541	4.405 499
1999	4.418 841	4.418 841	8.101 981	5.571 774	11.156 25	4.264 087	4.548 600	4.411 585
2000	4.418 841	4.418 841	8.618 052	5.708 770	11.211 82	4.259 859	4.546 481	4.412 798
2001	4.430 817	4.430 817	8.703 789	5.830 415	11.314 47	4.259 859	4.545 420	4.414 010
2002	4.430 817	4.430 817	8.099 494	5.950 122	11.362 10	4.265 493	4.543 295	4.418 841

（续表）

	LNAEG	LNAE	LNAA	LNHQ	LNIF	LNEW	LNOP	LNPF
2003	4.442 651	4.442 651	8.232 600	6.127 088	11.471 93	4.280 824	4.535 820	4.415 220
2004	4.442 651	4.442 651	9.192 095	6.304 266	11.445 28	4.295 924	4.540 098	4.416 428
2005	4.454 347	4.454 347	9.297 206	6.495 114	11.451 82	4.297 285	4.536 891	4.418 841
2006	4.454 347	4.454 347	5.822 454	6.589 064	11.973 98	4.300 003	4.532 599	4.421 247
2007	4.477 337	4.477 337	9.885 975	6.669 879	12.573 80	4.300 003	4.530 447	4.422 449
2008	4.477 337	4.477 337	8.203 359	6.728 748	12.367 79	4.305 416	4.528 289	4.423 648
2009	4.488 636	4.488 636	8.079 804	6.713 806	11.885 21	4.304 065	4.526 127	4.424 847
2010	4.488 636	4.488 636	8.266 190	6.677 587	12.521 90	4.305 416	4.523 960	4.428 433
2011	4.499 810	4.499 810	8.601 406	6.669 117	12.068 41	4.310 799	4.523 960	4.432 007
2012	4.510 860	4.510 860	11.623 45	6.673 930	11.907 01	4.313 480	4.521 789	4.430 817
2013	4.510 860	4.510 860	12.077 42	6.683 361	11.801 14	4.324 133	4.520 701	4.433 195
2014	4.521 789	4.521 789	11.618 85	6.684 112	11.630 03	4.326 778	4.515 245	4.455 509
2015	4.532 599	4.532 599	12.138 47	6.681 733	10.790 95	4.328 098	4.515 245	4.445 001
2016	4.532 599	4.532 599	11.873 06	6.675 066	10.416 91	4.359 270	4.513 055	4.458 988
2017	4.543 295	4.543 295	12.108 12	6.653 766	11.689 77	4.348 987	4.510 860	4.458 988
2018	4.532 599	4.532 599	12.165 26	6.658 268	10.199 88	4.356 709	4.508 659	4.460 144
2019	4.543 295	4.543 295	12.192 17	6.671 146	10.267 05	4.357 990	4.508 659	4.465 908
2020	4.543 295	4.543 295	12.208 79	6.667 466	10.368 48	4.360 548	4.506 454	4.467 057
2021	4.553 877	4.553 877	12.254 88	6.812 345	10.662 75	4.361 824	4.502 029	4.469 350

表 10-10 描述性统计分析

	LNAEG	LNAE	LNAA	LNHQ	LNIF	LNEW	LNOP	LNPF
平均数	4.426 232	4.426 232	8.078 326	6.052 336	11.001 63	4.269 065	4.538 579	4.417 934
中位数	4.436 734	4.436 734	8.217 979	6.038 605	10.913 60	4.273 158	4.541 696	4.415 824
最大值	4.553 877	4.553 877	12.254 88	6.812 345	12.573 80	4.361 824	4.571 613	4.469 350
最小值	4.248 495	4.248 495	0.000 000	5.245 971	9.210 340	4.169 761	4.502 029	4.373 238
标准差	0.090 589	0.090 589	3.164 176	0.602 293	0.836 349	0.064 165	0.020 213	0.027 421
偏度	−0.287 009	−0.287 009	−0.453 222	−0.034 911	−0.083 099	−0.247 980	−0.166 061	0.312 003
峰度	1.824 981	1.824 981	2.728 350	1.183 274	2.464 665	1.814 612	1.792 316	2.230 970
J-B 统计量	2.707 763	2.707 763	1.417 774	5.233 500	0.497 491	2.614 277	2.483 945	1.552 921
概率	0.258 236	0.258 236	0.492 192	0.073 040	0.779 778	0.270 593	0.288 814	0.460 031
平方累加和	168.196 8	168.196 8	306.976 4	229.988 8	418.061 9	162.224 5	172.466 0	167.881 5
累加和偏差	0.303 635	0.303 635	370.444 3	13.422 00	25.880 76	0.152 334	0.015 118	0.027 821
样本容量	38	38	38	38	38	38	38	38

表 10-11　OLS 估计结果

变量	相关系数	标准误	t 统计量	概率
C	−2 212.708	939.117 4	−2.356 157	0.025 2
AE	0.157 740	1.096 972	0.143 796	0.886 6
AA	0.000 118	4.15E-05	2.834 575	0.008 1
HQ	0.095 854	0.018 234	5.257 006	0.000 0
IF	−6.21E-05	3.65E-05	−1.699 769	0.099 5
EW	−7.432 961	1.559 849	−4.765 181	0.000 0
OP	26.212 36	6.796 864	3.856 537	0.000 6
PF	6.381 369	4.207 037	1.516 832	0.139 8

判定系数	0.972 751	被解释变量的均值	299.157 9
调整后的判定系数	0.966 393	被解释变量的标准差	39.719 64
回归标准误差	7.281 520	赤池信息准则	6.993 220
残差平方和	1 590.616	施瓦茨准则	7.337 975
对数似然估计值	−124.871 2	汉南—奎因准则	7.115 881
F 统计量	152.993 1	德宾—沃森统计量	1.252 563
F 统计量的相伴概率	0.000 000		

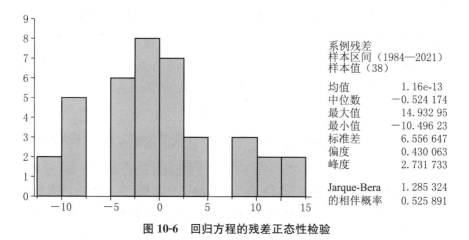

图 10-6　回归方程的残差正态性检验

（2）VAR 模型设定

在建立向量自回归模型时,首先需要确定最优滞后期,依据多数原则确定审计预期差距影响因素 VAR 模型最优滞后期为 2 期,据此建立 VAR 模型。因受数据获得及研究方法的影响,本书采用向量自回归模型（VAR）来检验各影响因素对审计预期差距的影响,分别建立审计预期差距影响因素

与审计预期差距大小的 VAR 模型。根据上述分析,本书所构建的审计预期差距模型如下:

$$Aeg = \alpha_1 + \sum_{i=1}^{2}\beta_i Aeg_{t-1} + \sum_{i=1}^{2}\gamma_i AE_{t-i} + \mu \tag{10-1}$$

$$Aeg = \alpha_2 + \sum_{i=1}^{2}\beta_i Aeg_{t-1} + \sum_{i=1}^{2}\gamma_i AA_{t-i} + \mu \tag{10-2}$$

$$Aeg = \alpha_3 + \sum_{i=1}^{2}\beta_i Aeg_{t-1} + \sum_{i=1}^{2}\gamma_i HQ_{t-i} + \mu \tag{10-3}$$

$$Aeg = \alpha_4 + \sum_{i=1}^{2}\beta_i Aeg_{t-1} + \sum_{i=1}^{2}\gamma_i IF_{t-i} + \mu \tag{10-4}$$

$$Aeg = \alpha_5 + \sum_{i=1}^{2}\beta_i Aeg_{t-1} + \sum_{i=1}^{2}\gamma_i EW_{t-i} + \mu \tag{10-5}$$

$$Aeg = \alpha_6 + \sum_{i=1}^{2}\beta_i Aeg_{t-1} + \sum_{i=1}^{2}\gamma_i OP_{t-i} + \mu \tag{10-6}$$

$$Aeg = \alpha_7 + \sum_{i=1}^{2}\beta_i Aeg_{t-1} + \sum_{i=1}^{2}\gamma_i PF_{t-i} + \mu \tag{10-7}$$

各式中的 AEG 衡量审计预期差距,解释变量包括审计预期差距滞后期和各影响因素。α_1、α_2、α_3、α_4、α_5、α_6、α_7 均为常数,μ 为随机扰动项。各影响因素包括审计期望(AE)、审计业绩(AA)、人的素质(HQ)、信息(IF)、预期方法(EW)、职业(OP)和偏好(PF)等。

(3)审计预期差距回归和方程估计结果

根据上述数据和所构建的数学模型,审计预期差距方程估计结果如表10-12 所示。

VAR 模型具有稳定性,是结果可信的前提和基础,也是进行动态分析必须满足的条件。从估计的结果来看,审计预期差距深受 AE、AA、HQ、ZF、EW、OP、PF 等因素的影响,滞后第 1 期($t=0.673\,188$)逐步减弱到滞后第 2 期($t=-0.054\,180$)。它们之间存在双向的均值溢出效应。各因素对审计预期差距的影响明显大于审计预期差距对各因素的影响。AR 根检验是分析 VAR 模型稳定性的常用方法。如果所有特征值均落于单位圆之内则模型稳定。本章通过 AR 根图来检验被估计的 VAR 模型的稳定性。见图 10-7。

表 10-12　VAR 方程估计结果

	AEG	AE	AA	HQ	IF	EW	OP	PF
AEG(−1)	0.673 188	−0.020 826	−231.289 6	−1.104 629	−218.948 0	0.008 260	0.005 071	−0.000 735
	(0.393 12)	(0.066 16)	(1 594.69)	(2.098 58)	(2 495.41)	(0.055 44)	(0.010 43)	(0.017 40)
	[1.712 42]	[−0.314 77]	[−0.145 04]	[−0.526 37]	[−0.087 74]	[0.149 01]	[0.486 15]	[−0.042 28]
AEG(−2)	−0.054 180	−0.066 537	2 004.477	1.470 702	−2 092.436	−0.001 676	0.011 917	−0.017 690
	(0.358 99)	(0.060 42)	(1 456.24)	(1.916 37)	(2 278.75)	(0.050 62)	(0.009 53)	(0.015 89)
	[−0.150 92]	[−1.101 28]	[1.376 47]	[0.767 44]	[−0.918 24]	[−0.033 10]	[1.250 98]	[−1.113 55]
AE(−1)	0.189 122	0.329 956	439.474 4	0.433 704	−1 516.936	0.143 699	0.040 590	0.006 470
	(1.192 75)	(0.200 74)	(4 838.39)	(6.367 19)	(7 571.21)	(0.168 19)	(0.031 65)	(0.052 78)
	[0.158 56]	[1.643 71]	[0.090 83]	[0.068 12]	[−0.200 36]	[0.854 36]	[1.282 45]	[0.122 57]
AE(−2)	0.479 080	0.080 174	−2 656.194	4.809 784	3 724.457	−0.056 572	−0.068 818	0.080 225
	(1.095 93)	(0.184 44)	(4 445.64)	(5.850 34)	(6 956.63)	(0.154 54)	(0.029 08)	(0.048 50)
	[0.437 14]	[0.434 68]	[−0.597 48]	[0.822 14]	[0.535 38]	[−0.366 07]	[−2.366 42]	[1.654 17]
AA(−1)	−3.41E−05	−7.68E−06	0.892 987	−0.000 191	−0.622 881	4.63E−06	−2.22E−06	3.93E−06
	(5.7E−05)	(9.6E−06)	(0.232 33)	(0.000 31)	(0.363 56)	(8.1E−06)	(1.5E−06)	(2.5E−06)
	[−0.594 97]	[−0.796 96]	[3.843 60]	[−0.623 82]	[−1.713 30]	[0.572 90]	[−1.461 15]	[1.549 86]
AA(−2)	9.77E−05	1.60E−05	−0.799 944	−9.97E−05	−0.329 691	−9.28E−06	−2.99E−07	7.27E−06
	(7.8E−05)	(1.3E−05)	(0.315 69)	(0.000 42)	(0.494 00)	(1.1E−05)	(2.1E−06)	(3.4E−06)
	[1.255 70]	[1.223 92]	[−2.533 95]	[−0.240 09]	[−0.667 39]	[−0.845 86]	[−0.144 69]	[2.111 94]
HQ(−1)	−0.026 398	−0.003 284	−119.616 6	1.674 830	90.271 43	0.006 311	−0.000 940	−0.002 079
	(0.040 44)	(0.006 81)	(164.026)	(0.215 85)	(256.671)	(0.005 70)	(0.001 07)	(0.001 79)
	[−0.652 86]	[−0.482 57]	[−0.729 25]	[7.759 10]	[0.351 70]	[1.106 82]	[−0.875 62]	[−1.161 80]

（续表）

	AEG	AE	AA	HQ	IF	EW	OP	PF
HQ(−2)	0.048 526	0.004 491	−4.620 714	−0.784 473	457.852 0	−0.007 195	−0.002 264	0.002 480
	(0.048 52)	(0.008 17)	(196.801)	(0.258 99)	(307.959)	(0.006 84)	(0.001 29)	(0.002 15)
	[1.000 22]	[0.550 07]	[−0.023 48]	[−3.029 02]	[1.486 73]	[−1.051 71]	[−1.758 41]	[1.155 17]
IF(−1)	−1.28E−05	6.20E−07	−0.274 315	−4.68E−06	−0.121 783	1.90E−06	4.82E−07	7.15E−07
	(3.4E−05)	(5.7E−06)	(0.137 21)	(0.000 18)	(0.214 71)	(4.8E−06)	(9.0E−07)	(1.5E−06)
	[−0.377 47]	[0.108 85]	[−1.999 27]	[−0.025 94]	[−0.567 21]	[0.397 98]	[0.536 48]	[0.477 39]
IF(−2)	−2.65E−05	−1.94E−07	0.166 723	−0.000 249	−0.453 805	1.73E−06	6.80E−07	−1.12E−06
	(3.2E−05)	(5.4E−06)	(0.129 87)	(0.000 17)	(0.203 23)	(4.5E−06)	(8.5E−07)	(1.4E−06)
	[−0.828 22]	[−0.036 00]	[1.283 73]	[−1.456 20]	[−2.232 97]	[0.382 71]	[0.800 71]	[−0.787 18]
EW(−1)	−0.511 828	−0.033 257	−2 097.191	−4.110 621	9 163.464	0.603 622	0.067 586	0.052 951
	(2.632 76)	(0.443 09)	(10 679.8)	(14.054 3)	(16 711.9)	(0.371 25)	(0.069 86)	(0.116 51)
	[−0.194 41]	[−0.075 06]	[−0.196 37]	[−0.292 48]	[0.548 32]	[1.625 90]	[0.967 42]	[0.454 48]
EW(−2)	−0.117 990	−0.116 802	11 972.09	4.262 351	−13 854.36	−0.208 110	0.032 892	−0.137 193
	(2.258 90)	(0.380 17)	(9 163.20)	(12.058 5)	(14 338.8)	(0.318 54)	(0.059 94)	(0.099 96)
	[−0.052 23]	[−0.307 24]	[1.306 54]	[0.353 47]	[−0.966 22]	[−0.653 33]	[0.548 74]	[−1.372 43]
OP(−1)	2.518 364	0.230 535	−47 172.37	−14.319 60	7 953.125	−0.114 563	−0.171 081	0.146 353
	(7.978 62)	(1.342 79)	(32 365.2)	(42.591 8)	(50 645.8)	(1.125 10)	(0.211 72)	(0.353 08)
	[0.315 64]	[0.171 68]	[−1.457 50]	[−0.336 21]	[0.157 03]	[−0.101 82]	[−0.808 06]	[0.414 50]
OP(−2)	1.004 401	−1.564 519	−9 067.850	−14.314 00	53 319.89	0.094 563	0.003 729	−0.236 955
	(7.152 28)	(1.203 72)	(29 013.2)	(38.180 6)	(45 400.4)	(1.008 57)	(0.189 79)	(0.316 51)
	[0.140 43]	[−1.299 74]	[−0.312 54]	[−0.374 90]	[1.174 44]	[0.093 76]	[0.019 65]	[−0.748 65]

（续表）

	AEG	AE	AA	HQ	IF	EW	OP	PF
PF(—1)	−7.615 855	−0.695 879	64 113.82	−9.020 137	−9 473.903	0.309 868	−0.254 637	−0.227 170
	(5.396 99)	(0.908 30)	(21 892.9)	(28.810 4)	(34 258.4)	(0.761 05)	(0.143 21)	(0.238 83)
	[−1.411 13]	[−0.766 13]	[2.928 53]	[−0.313 09]	[−0.276 54]	[0.407 16]	[−1.778 03]	[−0.951 16]
PF(—2)	0.606 669	0.069 575	−53 130.04	0.855 478	4 099.837	0.887 348	−0.134 214	0.398 387
	(4.829 04)	(0.812 72)	(19 589.0)	(25.778 6)	(30 653.2)	(0.680 96)	(0.128 14)	(0.213 70)
	[0.125 63]	[0.085 61]	[−2.712 24]	[0.033 19]	[0.133 75]	[1.303 08]	[−1.047 39]	[1.864 23]
C	341.771 5	263.340 5	3 400 917	2 893.425	−4 541 938	−62.809 37	132.904 7	81.290 73
	(1 445.51)	(243.277)	(5 863 699)	(7 716.47)	(9 175 638)	(203.837)	(38.357 5)	(63.968 4)
	[0.236 44]	[1.082 47]	[0.580 00]	[0.374 97]	[−0.495 00]	[−0.308 14]	[3.464 89]	[1.270 79]
判定系数	0.985 585	0.990 636	0.952 589	0.993 111	0.852 540	0.981 864	0.996 149	0.992 678
调整后的判定系数	0.973 446	0.982 750	0.912 664	0.987 309	0.728 363	0.966 592	0.992 905	0.986 513
残差平方和	619.233 8	17.539 38	1.02E+10	17 646.16	2.50E+10	12.313 37	0.436 028	1.212 674
方程标准误差	5.708 875	0.960 794	23 158.00	30.475 33	36 238.13	0.805 029	0.151 489	0.252 636
F 统计量	81.190 34	125.623 6	23.859 44	171.182 4	6.865 513	64.290 10	307.149 3	161.003 0
对数似然估计值	−102.291 1	−38.138 52	−401.381 8	−162.587 4	−417.501 6	−31.770 79	28.362 44	9.950 647
赤池信息准则	6.627 285	3.063 251	23.243 43	9.977 076	24.138 98	2.709 489	−0.631 246	0.391 631
施瓦茨准则	7.375 058	3.811 024	23.991 21	10.724 85	24.886 75	3.457 261	0.116 526	1.139 404
被解释变量的均值	294.416 7	84.500 00	50 029.97	519.452 8	86 846.17	71.958 33	93.411 11	83.155 56
被解释变量的标准差	35.033 35	7.315 346	78 361.80	270.523 5	69 529.79	4.404 373	1.798 536	2.175 374

行列式残差协方差修正结果　7.19E+17　　　　行列式残差协方差修正结果　4.33E+15　　　对数似然估计值　−1 056.725

赤池信息准则　66.262 53　　　　施瓦茨准则　72.244 71

285

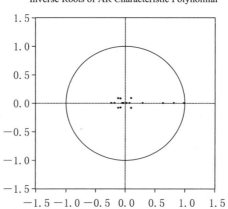

图 10-7　AR 根检验图

　　检验结果如图 10-7 所示,模型中所有单位根的模都小于 1,VAR 模型都满足平稳的条件,即所构建的 VAR 模型是稳定的。同时,我们还可进一步通过 ADF 检验来发现 VAR 模型的平稳性。见表 10-13。

表 10-13　审计预期差距的 ADF 检验

方法	统计量	概率**	横截面	观察数
Levin, Lin & Chu t*	1.358 13	0.912 8	6	217
Im, Pesaran and Shin W-stat	4.181 83	1.000 0	6	217
ADF-Fisher Chi-square	0.700 47	1.000 0	6	217
PP-Fisher Chi-square	0.520 50	1.000 0	6	222

　　ADF 检验结果显示,检验统计量均为正,说明这些变量之间关系均是平稳序列。其 P 值均接近或等于 1.000 0,说明变量之间的明显关系。

　　(4) 实证检验

　　全样本各变量的皮尔森相关性分析显示了自变量的相关系数均较小,不存在严重的共线性问题,预期者对审计业绩的期望与感知之间存在相关性。对审计业绩的期望与实际感知显著正相关。前述所建立的基本模型在整体上是显著的,模型具有一定的解释力度。审计预期差距与审计业绩期望在 10% 水平上存在显著正相关关系。针对模型,为了观察审计预期差距表现出的滞后效应(lag effect),研究发现,审计预期差距与审计业绩之间存在显著正相关关系。

① 敏感性分析

由于有的数据指标缺少敏感性,所以还需要进行敏感性分析。本章以累积方差率超过 80% 作为主成分的选择标准,重新合成审计预期差距指数 AEG,研究审计的预期差距情况。研究显示,审计预期差距 AEG 与改变审计预期差距指数后的变量如审计期望无论在当期、滞后一期,还是滞后两期都存在显著正相关关系,与原模型的结论基本一致。

由于教育文化特别是对审计知识的掌握影响着审计预期的不同,所以,本章以教育文化的变化来替代人的素质,回归结果与原模型基本一致,说明研究结论具有一定的稳健性。

② 稳定性检验

为了得出准确的分析结论,对审计预期差距的研究,还需要进行稳定性检验。否则,这可能会导致研究意义与价值的丧失。

首先,为了避免共线性问题,将模型(10-1)、(10-2)、(10-3)、(10-4)、(10-5)、(10-6)与(10-7)按照聚类回归,结果依然成立。这说明它们的审计预期差距是成立的。

其次,本章将滞后一期的审计预期的数据作为工具变量做了稳健性检验,其结果仍然不变。

③ 格兰杰因果关系检验

格兰杰因果检验用以判断一个变量的前期变动对另一个变量的当期是否会带来影响,不是逻辑上的因果关系而是对变量先后顺序进行检验。为了更准确地得知各影响因素对审计预期差距的影响情况,本章通过格兰杰因果检验进一步分析审计预期差距与各影响因素之间的因果关系。检验结果见表 10-14。

由表 10-14 可知,审计预期差距大小与各影响因素之间均存在单向因果关系。审计期望、审计业绩是审计预期差距的格兰杰原因;人的素质、所掌握的信息、预期方法、职业和偏好不是审计预期差距的格兰杰原因。审计预期差距是审计期望、审计业绩、人的素质、信息、预期方法、职业和偏好的格兰杰原因,说明审计期望、审计业绩、人的素质、信息、预期方法、职业和偏

表 10-14　格兰杰因果检验结果

零假设	观察数	F 统计量	概率
LNAE 不是 LNAEG 的格兰杰原因	36	NA	NA
LNAEG 是 LNAE 的格兰杰原因		NA	NA
LNAA 不是 LNAEG 的格兰杰原因	36	3.371 42	0.047 3
LNAEG 是 LNAA 的格兰杰原因		1.239 75	0.303 4
LNHQ 不是 LNAEG 的格兰杰原因	36	0.601 74	0.554 1
LNAEG 是 LNHQ 的格兰杰原因		5.170 20	0.011 5
LNIF 不是 LNAEG 的格兰杰原因	36	1.283 10	0.291 5
LNAEG 是 LNIF 的格兰杰原因		0.468 92	0.630 0
LNEW 不是 LNAEG 的格兰杰原因	36	0.999 47	0.379 6
LNAEG 是 LNEW 的格兰杰原因		2.841 38	0.073 6
LNOP 不是 LNAEG 的格兰杰原因	36	2.161 09	0.132 2
LNAEG 是 LNOP 的格兰杰原因		3.531 53	0.041 5
LNPF 不是 LNAEG 的格兰杰原因	36	0.847 60	0.438 1
LNAEG 是 LNPF 的格兰杰原因		0.565 10	0.574 0
LNAA 不是 LNAE 的格兰杰原因	36	3.371 42	0.047 3
LNAE 是 LNAA 的格兰杰原因		1.239 75	0.303 4
LNHQ 不是 LNAE 的格兰杰原因	36	0.601 74	0.554 1
LNAE 是 LNHQ 的格兰杰原因		5.170 20	0.011 5
LNIF 不是 LNAE 的格兰杰原因	36	1.283 10	0.291 5
LNAE 是 LNIF 的格兰杰原因		0.468 92	0.630 0
LNEW 不是 LNAE 的格兰杰原因	36	0.999 47	0.379 6
LNAE 是 LNEW 的格兰杰原因		2.841 38	0.073 6
LNOP 不是 LNAE 的格兰杰原因	36	2.161 09	0.132 2
LNAE 是 LNOP 的格兰杰原因		3.531 53	0.041 5
LNPF 不是 LNAE 的格兰杰原因	36	0.847 60	0.438 1
LNAE 是 LNPF 的格兰杰原因		0.565 10	0.574 0

（续表）

零假设	观察数	F 统计量	概率
LNHQ 不是 LNAA 的格兰杰原因	36	1.489 63	0.241 2
LNAA 是 LNHQ 的格兰杰原因		1.213 55	0.310 9
LNIF 不是 LNAA 的格兰杰原因	36	0.178 13	0.837 7
LNAA 是 LNIF 的格兰杰原因		1.417 85	0.257 5
LNEW 不是 LNAA 的格兰杰原因	36	1.564 40	0.225 3
LNAA 是 LNEW 的格兰杰原因		1.106 36	0.343 5
LNOP 不是 LNAA 的格兰杰原因	36	2.912 13	0.069 3
LNAA 是 LNOP 的格兰杰原因		0.507 48	0.606 9
LNPF 不是 LNAA 的格兰杰原因	36	2.800 39	0.076 2
LNAA 是 LNPF 的格兰杰原因		1.630 31	0.212 2
LNIF 不是 LNHQ 的格兰杰原因	36	0.115 45	0.891 3
LNHQ 是 LNIF 的格兰杰原因		1.122 18	0.338 4
LNEW 不是 LNHQ 的格兰杰原因	36	4.571 08	0.018 2
LNHQ 是 LNEW 的格兰杰原因		0.054 49	0.947 1
LNOP 不是 LNHQ 的格兰杰原因	36	2.057 72	0.144 8
LNHQ 是 LNOP 的格兰杰原因		0.920 57	0.408 9
LNPF 不是 LNHQ 的格兰杰原因	36	2.397 89	0.107 6
LNHQ 是 LNPF 的格兰杰原因		1.446 64	0.250 8
LNEW 不是 LNIF 的格兰杰原因	36	1.040 16	0.365 4
LNIF 是 LNEW 的格兰杰原因		0.561 52	0.576 0
LNOP 不是 LNIF 的格兰杰原因	36	0.831 60	0.444 8
LNIF 是 LNOP 的格兰杰原因		0.258 20	0.774 1
LNPF 不是 LNIF 的格兰杰原因	36	1.096 30	0.346 7
LNIF 是 LNPF 的格兰杰原因		0.726 86	0.491 5
LNOP 不是 LNEW 的格兰杰原因	36	1.750 17	0.190 5
LNEW 是 LNOP 的格兰杰原因		2.403 88	0.107 0

(续表)

零假设	观察数	F 统计量	概率
LNPF 不是 LNEW 的格兰杰原因	36	5.305 59	0.010 4
LNEW 是 LNPF 的格兰杰原因		0.372 31	0.692 2
LNPF 不是 LNOP 的格兰杰原因	36	0.321 03	0.727 8
LNOP 是 LNPF 的格兰杰原因		2.272 77	0.119 9

好会对审计预期差距产生影响,而审计预期差距不是影响审计期望、审计业绩、人的素质、信息、预期方法、职业和偏好的因素。

④ 脉冲响应函数

本书通过脉冲响应函数分析各因素对审计预期差距产生的影响及影响路径;通过方差分解来量化分析各影响因素的冲击对审计预期差距的影响力。图 10-8 至图 10-14 为脉冲响应分析结果,横轴代表滞后期数,纵轴代表在各个影响因素受到冲击后审计预期差距的变化情况。

A. 审计期望(AE)对审计预期差距(AEG)的脉冲响应函数分析

审计期望对审计预期差距大小有重要的影响。如图 10-8 所示,当给出审计期望(AE)一个单位标准差的冲击时,立即对审计预期差距带来了正面影响,随后影响逐渐缓慢地趋于零轴,最后一直保持在零轴附近。即审计期望(AE)会在短期内扩大审计预期差距,这种扩大会在长期内逐渐增强。这说明,审计期望(AE)高会扩大审计预期差距,而审计期望(AE)低会缩小审

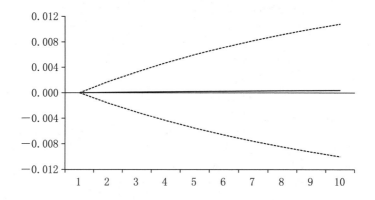

Response of LNAEG to Cholesky One S. D. AE Innovation

Response of AE to Cholesky One S.D. LNAEG Innovation

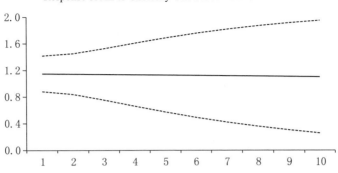

图 10-8　审计期望(AE)对审计预期差距(AEG)的脉冲响应函数分析

计预期差距。这说明控制变量选择较好,符合预期。假设 1 被证实。

B. 审计业绩(AA)对审计预期差距(AEG)的脉冲响应函数分析

在分析了审计期望对审计预期差距的影响后,再依次分析审计业绩等对审计预期差距的影响。首先,我们分析审计业绩(AA)对审计预期差距(AEG)的影响,如图 10-9 所示。结果表明,当本期给出 AA 一个标准差单位的冲击时,立即对审计预期差距造成了正面影响,随后在短期持续地上升,并在第四期之后一直保持直至第十期。结果说明,审计业绩是稳定审计预期差距的关键因素,审计业绩(AA)不显著对审计预期差距产生了阻碍作用,审计业绩(AA)显著增加了审计预期差距的稳定性,长期中阻碍了审计预期差距的扩大。如果审计业绩不突出,那会扩大审计预期差距。这说明,审计业绩对审计预期差距影响至关重要。假设 2 被证实。

Response of LNAEG to Cholesky One S.D. LNAA Innovation

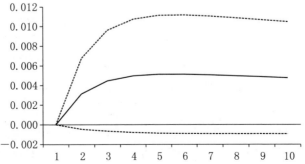

Response of LNAA to Cholesky One S.D. LNAEG Innovation

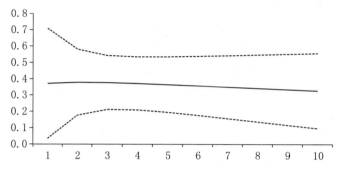

图 10-9　审计业绩(AA)对审计预期差距(AEG)的脉冲响应函数分析

C. 人的素质(HQ)对审计预期差距(AEG)的脉冲响应函数分析

因人的素质差异会导致审计预期差距,到底有多大的影响,这需要我们分析人的素质(HQ)对审计预期差距(AEG)的影响,如图 10-10 所示。结果表明,人的素质对审计预期差距的影响是持续增加的。在短期内,尽管人的素质对审计预期差距的影响不显著,但还是有一定的影响。在长期内,人

Response of LNAEG to Cholesky One S.D. LNHQ Innovation

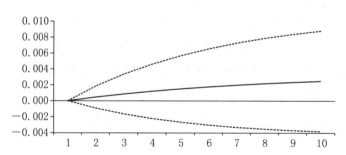

Response of LNHQ to Cholesky One S.D. LNAEG Innovation

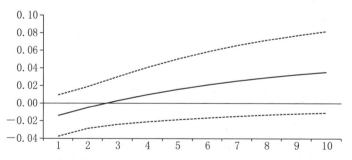

图 10-10　人的素质(HQ)对审计预期差距(AEG)的脉冲响应函数分析

的素质对审计预期差距的影响较为显著。这说明,人的素质(HQ)是影响审计预期差距大小的重要因素。假设 3 被证实。

D. 信息(IF)对审计预期差距(AEG)的脉冲响应函数分析

信息是对客观世界中各种事物的运动状态和变化的反映,是客观事物之间相互联系和相互作用的表征,表现的是客观事物运动状态和变化的实质内容。它对审计预期差距具有重要的影响。信息掌握与利用情况(IF)对审计预期差距(AEG)的影响分析,如图 10-11 所示。当对信息给出一个标准差单位的冲击时,一直对审计预期差距带来了正向冲击,于第六期衰减至趋于平缓,随后一直保持在缓缓上升,最后在第十期影响最大。即审计信息的获得与利用在短时间内对审计预期差距产生正向的影响,这种正向影响在第六期之后减弱并到第十期达到最大。它表明对审计信息的获得与利用在短期内对审计预期差距缩小起到推动作用。在长期内,它的推动作用也

Response of LNAEG to Cholesky One S.D. LNIF Innovation

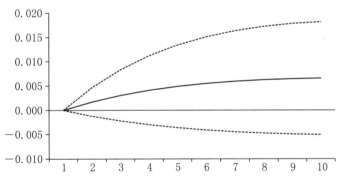

Response of LNIF to Cholesky One S.D. LNAEG Innovation

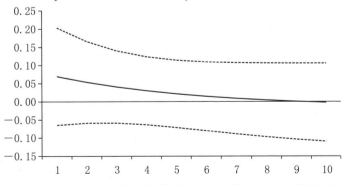

图 10-11　信息(IF)对审计预期差距(AEG)的脉冲响应函数分析

是非常明显的,只不过在逐步减少。这说明信息是审计预期差距扩大的重要推动力量之一。也可以说,信息是影响审计预期差距的基本因素。假设4被证实。

E. 预期方法(EW)对审计预期差距(AEG)的脉冲响应函数分析

预期方法(EW)对审计预期差距(AEG)的影响分析,如图 10-12 所示。不同的预期方法所得到的预期结果是不同的。也就是说,采取不同的预期方法对审计预期差距大小影响不同。从图 10-12 可知,当给出预期方法一个标准差单位的冲击时,刚开始对审计预期差距造成了正面影响,随后影响逐渐保持平缓。在长期内,它保持正向影响最终逐渐趋于平缓;而在短时间内,人们的预期方法是不当的。在长期产生正面影响,他们会不断地改变审

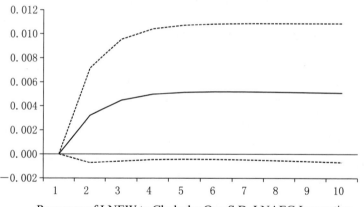

Response of LNAEG to Cholesky One S.D. LNEW Innovation

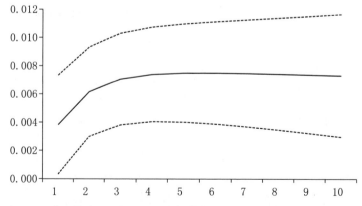

Response of LNEW to Cholesky One S.D. LNAEG Innovation

图 10-12　预期方法(EW)对审计预期差距(AEG)的脉冲响应函数分析

计方法,采取科学的预期方法进行审计预期,审计预期差距会缩小。长期中展现出正向促进作用,且其影响在趋于平缓中始终为正。这说明短期中的不利影响主要来源于审计预期方法的不当,而科学的预期方法在长期中是缩小审计预期差距的重要力量,是稳定审计预期差距的关键因素。假设5 被证实。

F. 职业(OP)对审计预期差距(AEG)的脉冲响应函数分析

职业(OP)对审计预期差距(AEG)的影响分析,如图 10-13 所示。从理论上来说,职业对审计预期差距也有重要的影响。如图 10-13 所示,当给出职业(OP)一个标准差单位的冲击时,它立即对审计预期差距带来了负向影响,且这种负向影响一直保持不变并在第十期达到最大。这就是说,职业(OP)的差异导致了审计预期差距大小,这种负面的推动作用在一段时间后

Response of LNAEG to Cholesky One S.D. LNOP Innovation

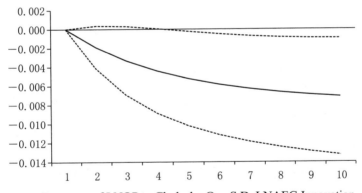

Response of LNOP to Cholesky One S.D. LNAEG Innovation

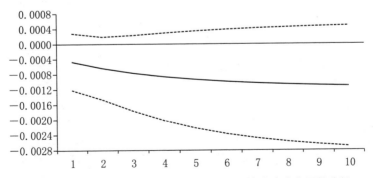

图 10-13　职业(OP)对审计预期差距(AEG)的脉冲响应函数分析

逐渐显现。这说明,职业(OP)是影响审计预期差距的重要因素。假设 6 被证实。

G. 偏好(PF)对审计预期差距(AEG)的脉冲响应函数分析

偏好(PF)对审计预期差距(AEG)的影响分析,如图 10-14 所示。从理论上来说,偏好对审计预期差距大小也有影响。如图 10-14 所示,当给出偏好(PF)一个标准差单位的冲击时,立即对审计预期差距带来了正向影响,且这种正向影响随后持续到第十期达到最大。这就是说,偏好(PF)的不同导致了审计预期差距大小,这种正面的推动作用在一段时间后逐渐显现。这说明,偏好(PF)也是影响审计预期差距的重要因素。假设 7 被证实。

Response of LNAEG to Cholesky One S.D. LNPF Innovation

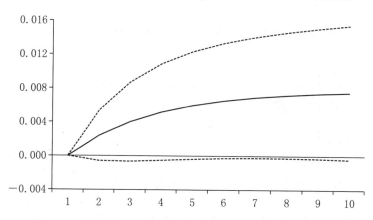

Response of LNPF to Cholesky One S.D. LNAEG Innovation

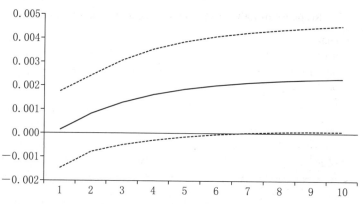

图 10-14　偏好(PF)对审计预期差距(AEG)的脉冲响应函数分析

根据脉冲响应分析的结果来看,审计预期差距与各影响因素之间的均值溢出效应与 VAR 模型估计结果所得出的结论完全相符。

⑤ 方差分解

脉冲响应分析仅刻画了各影响因素冲击对审计预期差距的影响路径,并不能定量描述各因素对审计预期差距的具体影响力。建立脉冲响应函数可以观察随着事件的变量变化之间的影响,建立方差分解分析可以更具体地分析变量之间的作用关系,以此看出变量之间变化的影响程度。因此,本书通过方差分解具体测算各影响因素冲击对审计预期差距占比的影响力,具体分析不同因素的影响程度。方差分解结果见表 10-15。

AEG 方差分解的结果表明,AEG 受许多因素如 AE、AA、HQ、IF、EW、OP、PF 等的影响,主要受自身前期因素的影响,滞后第 1 期冲击的影响为 0;随着期数的增加,最后受众多因素的影响。AEG 标准差从 100% 递减至 81.6%,并持续到第 10 期;而其他因素如 AE、AA、HQ、IF、EW、OP、PF 的作用不大,到第 10 期只承载了 18.4%,并且这些因素的标准差的绝大部分被自身承载;AEG 只承载了较少部分,并且这种情况持续到第 10 期。

AE 方差分解的结果表明,AEG 受许多因素如 AE 的影响,来自 AE 第 1 期冲击的影响为 0;随着期数的增加,最后受 AE 冲击的影响稳定在 0.569 545%。AEG 标准差从 100% 递减至 81.6%,并持续到第 10 期;而 AE 的作用不是特别大,到第 10 期只承载了 39.3%。

AA 方差分解的结果表明,AEG 受许多因素如 AE 的影响,来自 AA 第 1 期冲击的影响为 0;随着期数的增加,最后受 AA 冲击的影响稳定在 0.569 545%。AEG 标准差从 100% 递减至 81.6%,并持续到第 10 期;而 AA 的作用不是特别大,到第 10 期只承载了 32.3%。

HQ 方差分解的结果表明,AEG 受许多因素如 AE 的影响,来自 HQ 第 1 期冲击的影响为 0;随着期数的增加,最后受 HQ 冲击的影响稳定在 2.558 871%。AEG 标准差从 100% 递减至 81.6%,并持续到第 10 期;而 HQ 的作用特别大,到第 10 期承载了 85.5%。

表 10-15 方差分解结果

AEG 的方差分解

期限	S.E.	AEG	AE	AA	HQ	IF	EW	OP	PF
1	5.708 875	100.000 0	0.000 000	0.000 000	0.000 000	0.000 000	0.000 000	0.000 000	0.000 000
2	7.438 076	93.059 40	0.033 446	0.300 976	1.348 673	0.902 492	0.075 340	0.411 259	3.868 412
3	8.663 088	88.086 16	0.674 209	2.728 831	1.036 921	2.246 924	0.208 311	0.653 936	4.364 707
4	9.334 961	86.648 64	0.647 264	4.229 937	0.960 203	2.270 895	0.209 832	0.620 547	4.412 679
5	9.773 083	85.884 42	0.614 448	4.722 685	0.984 941	2.246 026	0.239 043	0.636 368	4.672 074
6	10.085 10	85.780 41	0.604 849	4.487 040	0.947 960	2.518 484	0.345 425	0.600 063	4.715 767
7	10.343 26	85.182 31	0.587 929	4.327 277	0.951 800	2.649 146	0.413 951	0.738 365	5.149 217
8	10.591 53	84.202 45	0.561 373	4.257 324	1.169 638	2.610 148	0.418 697	0.957 998	5.822 374
9	10.827 37	82.965 30	0.556 929	4.173 659	1.707 472	2.631 672	0.401 532	1.188 291	6.375 148
10	11.045 74	81.557 32	0.569 545	4.075 106	2.558 871	2.702 808	0.387 041	1.355 526	6.793 787

AE 的方差分解

期限	S.E.	AEG	AE	AA	HQ	IF	EW	OP	PF
1	0.960 794	11.026 92	88.973 08	0.000 000	0.000 000	0.000 000	0.000 000	0.000 000	0.000 000
2	1.034 590	15.076 06	81.616 03	0.442 143	0.995 331	0.005 437	0.017 736	0.177 913	1.669 350
3	1.141 812	21.755 73	71.171 78	0.771 143	1.616 928	0.646 978	0.328 012	1.927 770	1.781 664
4	1.236 717	27.245 70	60.725 00	0.737 501	2.964 026	0.864 570	0.526 769	2.015 643	4.920 795
5	1.333 556	32.575 07	52.327 26	0.641 831	5.223 447	0.918 291	0.458 543	2.400 784	5.454 773
6	1.409 713	33.722 89	47.231 50	0.647 955	7.860 361	1.116 325	0.410 399	2.884 771	6.125 793

（续表）

AE 的方差分解

期限	S.E.	AEG	AE	AA	HQ	IF	EW	OP	PF
7	1.461 581	34.327 77	44.180 91	0.888 664	9.669 872	1.114 227	0.387 143	2.985 130	6.446 281
8	1.505 509	34.340 94	42.283 66	0.917 418	11.563 43	1.070 559	0.419 079	2.988 688	6.416 228
9	1.548 729	33.890 29	40.671 96	0.867 012	13.480 42	1.047 403	0.521 966	3.042 261	6.478 686
10	1.589 769	33.411 46	39.269 42	0.897 196	14.902 99	1.013 403	0.606 890	3.283 794	6.614 851

AA 的方差分解

期限	S.E.	AEG	AE	AA	HQ	IF	EW	OP	PF
1	23 158.00	11.000 36	17.636 77	71.362 87	0.000 000	0.000 000	0.000 000	0.000 000	0.000 000
2	30 422.88	8.809 494	13.437 23	52.618 23	0.079 011	2.801 296	0.094 881	5.772 123	16.387 74
3	34 257.87	10.218 47	10.724 12	47.376 19	9.562 645	2.337 571	0.468 858	6.272 870	13.039 28
4	38 531.63	9.290 185	11.595 43	39.707 74	17.572 07	2.072 077	0.567 786	7.826 630	11.368 08
5	42 190.80	8.381 840	9.681 300	34.536 74	28.334 65	1.756 618	0.592 862	6.528 142	10.187 85
6	44 112.83	7.746 717	10.163 20	33.888 79	30.552 76	1.620 884	0.551 665	6.068 218	9.407 759
7	44 991.27	7.696 996	9.994 741	34.305 27	30.304 09	1.749 067	0.530 884	5.963 136	9.455 815
8	45 378.61	7.713 723	9.967 710	34.618 71	29.803 37	1.733 300	0.536 068	6.152 052	9.475 069
9	45 904.32	7.880 451	9.900 357	34.024 27	30.464 06	1.698 907	0.535 636	6.138 517	9.357 804
10	47 081.98	7.937 734	9.661 051	32.348 19	33.146 07	1.617 990	0.510 939	5.882 417	8.895 601

（续表）

HQ 的方差分解

期限	S.E.	AEG	AE	AA	HQ	IF	EW	OP	PF
1	30.475 33	8.207 291	3.268 509	0.337 772	88.186 43	0.000 000	0.000 000	0.000 000	0.000 000
2	59.326 11	5.431 779	2.571 403	0.089 448	91.654 28	0.006 749	0.085 622	0.075 417	0.085 300
3	87.600 87	4.978 888	2.324 455	0.374 114	91.392 16	0.474 568	0.123 109	0.200 642	0.132 067
4	112.286 3	4.997 535	2.373 391	0.810 673	90.237 66	0.838 652	0.176 588	0.171 905	0.393 598
5	132.362 3	4.871 376	2.823 133	1.110 106	89.222 83	0.933 820	0.257 455	0.183 805	0.597 471
6	146.475 7	4.720 206	3.218 259	1.167 204	88.549 74	1.105 126	0.349 776	0.200 064	0.689 628
7	155.466 1	4.492 680	3.746 432	1.088 236	87.984 21	1.291 676	0.450 231	0.261 299	0.685 234
8	160.096 6	4.301 479	4.286 614	1.026 847	87.416 35	1.389 805	0.532 962	0.398 082	0.647 859
9	161.946 0	4.206 012	4.801 751	1.066 814	86.608 61	1.436 396	0.580 106	0.633 148	0.667 160
10	162.980 6	4.254 760	5.204 499	1.252 875	85.518 49	1.444 204	0.596 585	0.905 599	0.822 985

IF 的方差分解

期限	S.E.	AEG	AE	AA	HQ	IF	EW	OP	PF
1	36 238.13	9.231 593	0.509 695	5.618 683	0.036 787	84.603 24	0.000 000	0.000 000	0.000 000
2	39 654.12	12.866 22	2.300 755	10.372 50	0.207 409	73.239 31	0.710 897	0.092 290	0.210 619
3	46 461.75	10.158 65	1.836 006	9.591 157	13.604 83	57.488 97	0.740 496	4.907 871	1.672 019
4	57 780.46	6.992 151	1.266 905	9.474 660	36.870 55	39.544 54	0.865 147	3.250 945	1.735 104

（续表）

IF 的方差分解

期限	S.E.	AEG	AE	AA	HQ	IF	EW	OP	PF
5	65 263.14	5.501 507	1.289 266	9.459 857	47.433 47	31.037 93	0.693 955	2.557 578	2.026 433
6	71 695.57	4.562 912	1.080 071	9.330 891	53.306 18	27.030 57	0.642 448	2.216 990	1.829 940
7	76 381.43	4.021 682	0.977 134	9.619 141	56.801 32	23.912 67	0.687 326	2.094 333	1.886 393
8	78 715.19	3.795 278	1.029 025	9.746 223	58.130 25	22.519 77	0.708 980	1.981 014	2.089 454
9	79 227.43	3.784 286	1.021 845	9.786 107	58.199 36	22.420 17	0.749 785	1.955 572	2.082 883
10	79 391.62	4.000 724	1.036 963	9.747 947	57.971 84	22.423 22	0.794 163	1.947 593	2.077 543

EW 的方差分解

期限	S.E.	AEG	AE	AA	HQ	IF	EW	OP	PF
1	0.805 029	69.505 54	4.471 499	0.023 384	0.257 271	5.687 249	20.055 06	0.000 000	0.000 000
2	0.975 382	60.742 36	12.896 96	0.289 567	2.966 410	4.017 797	18.668 40	0.046 098	0.372 409
3	1.066 895	55.362 73	10.905 23	4.962 034	4.691 999	3.839 513	15.871 53	0.190 050	4.176 917
4	1.083 933	55.123 26	10.636 79	5.964 952	4.860 318	3.764 926	15.376 57	0.193 601	4.079 581
5	1.107 946	53.538 23	11.570 27	5.734 117	5.595 499	3.603 642	15.258 97	0.217 982	4.481 288
6	1.128 927	52.496 86	11.429 29	6.346 950	5.663 409	3.487 177	15.162 10	0.314 941	5.099 274
7	1.167 455	50.307 46	11.666 44	7.693 565	5.317 825	3.331 685	14.290 86	1.724 711	5.667 457

EW 的方差分解

期限	S.E.	AEG	AE	AA	HQ	IF	EW	OP	PF
8	1.204 017	48.360 38	11.217 79	8.307 294	5.590 971	3.150 596	13.438 03	2.752 383	7.182 552
9	1.242 174	46.774 33	10.920 22	8.396 689	6.998 182	3.000 576	12.638 09	3.312 627	7.959 287
10	1.278 002	45.275 74	10.772 77	8.391 374	8.604 728	2.990 384	11.948 84	3.542 356	8.473 813

OP 的方差分解

期限	S.E.	AEG	AE	AA	HQ	IF	EW	OP	PF
1	0.151 489	3.946 527	1.870 356	4.186 698	17.803 22	1.341 460	0.775 060	70.076 68	0.000 000
2	0.171 337	6.819 897	6.312 549	4.964 495	14.904 09	1.138 273	2.010 259	55.700 42	8.150 020
3	0.218 879	5.399 073	16.093 85	7.218 792	24.415 42	1.017 254	2.154 124	35.074 16	8.627 325
4	0.255 418	4.260 990	16.284 75	9.750 573	32.496 75	0.770 509	1.785 762	27.323 26	7.327 411
5	0.291 119	3.316 704	16.909 70	8.844 602	36.664 48	0.603 290	1.426 543	25.429 10	6.805 578
6	0.308 398	3.026 753	16.814 20	8.259 674	38.805 53	0.812 606	1.286 300	23.910 33	7.084 611
7	0.326 897	2.706 709	18.526 43	7.567 088	40.280 08	0.754 449	1.192 246	22.257 20	6.715 797
8	0.343 109	2.468 294	19.520 05	7.185 477	41.518 90	0.684 837	1.165 213	20.948 10	6.509 126
9	0.359 657	2.330 275	20.132 99	7.047 136	42.352 68	0.649 632	1.166 647	19.919 14	6.401 505
10	0.375 566	2.273 112	20.414 69	7.033 910	42.864 77	0.614 834	1.170 998	19.120 23	6.507 459

（续表）

PF 的方差分解

期限	S.E.	AEG	AE	AA	HQ	IF	EW	OP	PF
1	0.252 636	11.335 91	3.155 155	23.869 72	0.044 600	3.033 776	0.076 529	0.671 251	57.813 06
2	0.290 835	9.164 458	5.412 260	29.894 20	5.712 036	2.290 586	0.505 165	1.146 220	45.875 07
3	0.371 504	5.634 006	15.778 17	26.703 60	3.531 462	1.618 275	1.320 322	4.419 543	40.994 62
4	0.403 502	4.780 010	13.375 50	29.363 15	7.684 250	1.373 900	1.220 967	4.479 969	37.722 26
5	0.459 518	3.896 135	15.417 85	29.085 67	9.301 608	1.362 033	0.942 004	9.076 401	30.918 30
6	0.499 997	3.340 682	13.218 24	27.463 36	15.270 05	1.162 843	0.828 404	8.650 821	30.065 61
7	0.528 911	3.513 048	13.247 60	26.743 71	18.010 96	1.095 620	0.783 755	8.609 074	27.996 25
8	0.546 377	3.440 664	13.414 49	26.656 93	18.290 72	1.327 712	0.744 017	8.638 771	27.486 70
9	0.555 637	3.480 203	13.638 27	26.778 05	17.720 61	1.388 409	0.721 435	8.854 925	27.418 10
10	0.565 088	3.399 111	13.938 61	26.495 13	18.110 33	1.362 288	0.698 462	8.952 101	27.043 97

乔利斯基排序：AEG AE AA HQ IF EW OP PF

IF方差分解的结果表明,AEG受许多因素如AE的影响,来自IF第1期冲击的影响为0;随着期数的增加,最后受IF冲击的影响稳定在2.702 808%。AEG标准差从100%递减至81.6%,并持续到第10期;而IF的作用不是特别大,到第10期只承载了22.4%。

EW方差分解的结果表明,AEG受许多因素如AE的影响,来自EW第1期冲击的影响为0;随着期数的增加,最后受EW冲击的影响稳定在0.387 041%。AEG标准差从100%递减至81.6%,并持续到第10期;而EW的作用比较小,到第10期只承载了11.9%。

OP方差分解的结果表明,AEG受许多因素如AE的影响,来自OP第1期冲击的影响为0;随着期数的增加,最后受OP冲击的影响稳定在1.355 526%。AEG标准差从100%递减至81.6%,并持续到第10期;而OP的作用不是特别大,到第10期只承载了19.1%。

PF方差分解的结果表明,AEG受许多因素如AE的影响,来自PF第1期冲击的影响为0;随着期数的增加,最后受PF冲击的影响稳定在6.793 78%。AEG标准差从100%递减至81.6%,并持续到第10期;而PF的作用不是特别大,到第10期只承载了27.0%。

方差分解结果显示,审计业绩情况的占比的增加受自身惯性的影响较大,在前四期快速衰减至39.7%左右,而后在33.0%—34.0%之间保持稳定。审计期望是各影响因素中最为重要的因素。过高的审计期望是导致审计预期差距大的重要原因。审计期望占比的影响快速增加,在第四期之后维持在40.0%—50.0%之间。以上结果说明审计期望的高低是扩大审计预期差距占比最为重要的动力,也是影响审计预期差距程度的基础。人的素质也是影响审计预期差距的重要因素,在这些影响因素中的作用最大,达85.5%,并且人的素质的高低对审计预期差距的影响维持在85.0%—90.0%之间,影响力度也较为稳定,对扩大审计预期差距起到促进作用,因此提高人的素质对缩小审计预期差距具有重要意义。信息的获得与利用对审计预期差距的影响维持在20.0%—30.0%之间,说明使信息趋于充分与完全对缩小过大的审计预期差距极具现实意义。预期方法对审计预期差距影响力度较弱,主要因为预期者能够使用的预期方法有限,占比也比较小,而且审计预期差距尚处于不断扩大阶段。职业仍是形成审计预期差距的主要因素。因预期者多数缺少预期偏好,所以,偏好等外部因素对审计预期差距的影响尚不突出。我们需要综合审视审计预期差距大小的影响因素,区分出哪些因素影响大、哪些因素影响小。只有这样,才能更好地缩小审计预期差距,使审计更好地监督经济活动。

10.5　研究结论与总结

10.5.1　研 究 结 论

审计预期差距是客观存在的。审计者在审计过程中必须足够细心和谨慎,向社会提供满意的审计业绩。审计预期差距受许多因素的制约,公众与审计者的审计预期差距影响和制约了审计。缩小审计预期差距既需要从多视角采取多种措施又需要公众有合理的审计期望,这样才能获得较好的效果。对于审计者来说,具有良好的审计专业知识和敏锐的洞察力以面对在审计过程中遇到的不确定事项是非常重要和必要的。对于被审计者来说,他们需要对审计有正确的认识并积极地配合审计。对于公众来说,他们需要降低他们的审计期望和要求。对于政府来说,他们需要及时、全面地引导全社会的审计预期,缩小审计预期差距。

10.5.2　总 　 　 结

审计预期差距广泛存在于审计中,主要是基于审计期望的形成多集中于审计过程与结果中。由于受多种因素的影响,审计预期差距影响着审计的顺利进行。相关机构需要做好审计信息需求的调研工作,对利益各方的审计信息需求方式、内容及变化等加以整理汇总,然后使审计需求信息的供给服务最大限度地满足利益各方的审计信息需求,保证信息的全面、及时披露,从而缩减审计预期差距。

第 11 章　研究结论及对策建议

11.1　研　究　结　论

根据前面对审计预期的研究,预期普遍存在于审计中。虽然审计是对经济活动的一种监督,但它普遍存在着心理预期的影响。也就是说,审计时时处处都有预期的作用与影响。如果审计需要更好地监督经济活动并提高审计监督的效率,那么,这需要重视审计预期的作用与影响。审计期望差距的研究,为审计理论和实务的发展提供了可借鉴的经验(刘明辉,2011)。充分发挥积极预期的作用、克服消极预期的影响,这是审计预期管理中的重要任务(江世银,2016)。审计预期从心理层面展现了审计监督的全貌。

11.1.1　审计是充满着预期影响的审计

无论审计主体还是审计客体,无论审计过程还是审计结果,审计监督中都存在预期的影响。积极引导与调节审计预期,有利于降低、分散审计风险。无论审计主体还是审计客体,无论是审计过程还是审计结果,也无论是公众还是政府,都存在审计预期的作用和影响。审计者预期的是多查出和发现问题,被审计者预期的是少查出和被发现问题,公众预期的是能查出和发现所有问题,政府预期的是希望多进行审计而充分发挥审计的监督作用。无论何方,只要涉及自己的切身利益,不同的人群都有不同的预期,只是期望与预期有差距而已,而并不是没有预期。就如同资本市场也是一个受预期影响的市场一样(江世银,2005),不受预期影响的审计是不存在的,只是受影响的程度不同而已。越是有审计监督,就越有审计预期的影响。

11.1.2　审计预期不同程度地影响利益各方的利益

审计预期影响着各方的利益。有的直接影响利益,有的间接影响利益。有的从目前来看影响不大,但从长远来看有一定的影响。审计者、被审计者、公众、政府等,都会或多或少地受到审计预期的影响。他们为什么会形成预期呢? 这是因为他们都有自己的利益。正是有了利益驱动,他们才会形成与改变他们的预期。审计查出或发现了问题,意味着审计者履行了职责、被审计者失去利益或荣誉、公众可能会获益、政府深得公众的信任。事实上,审计预期管理就是一种从心理方面调节利益的预期管理。当审计预期差距过大而不利于审计时,高层领导发表的讲话、评论或专家提供的审计结果公告分析对于管理审计预期起着十分重要的作用。特别是对于不合理预期的引导,会让全社会的审计预期逐步合理化。审计发展历史表明,没有不受预期影响的审计监督。凡是审计预期都会或多或少地影响到人们的利益。

11.1.3　审计预期差距不利于社会的和谐

审计预期差距客观存在。过大的审计预期差距带来利益的冲突,直接或间接地影响审计。完全消除审计预期差距又是不可能的。这就需要尽量缩小审计预期差距。审计预期差距使利益诉求方有过高的审计期望,难以达到他们的期望。久而久之,他们会对审计监督失去信心和希望,甚至绝望。特别是对于普通公众,他们可能会认为审计监督完全是为保护少数人的利益服务的。于是,社会可能会不和谐。缩小审计预期差距、充分发挥审计预期的积极作用对于构建和谐社会十分重要。

11.1.4　审计预期影响着审计监督的效率

根据前面的实证分析可以看出,预期在审计监督中起着非常重要的作用。审计预期影响着审计监督的效率。审计监督效率是指审计实践中发生的审计成本与审计成果之间的比率关系,是审计机构强化内部管理、降低审计风险、提高审计质量的重要指标。审计监督效率的高低是审计预期状况的一个重要表现。提高审计监督效率需要充分发挥预期的积极作用,克服其消极影响。审计监督是国家治理的一个重要手段。没有审计监督,国家治理体系是不完善的。提高审计监督效率,推进国家治理完善,实现国家治理现代化,无不需要审计监督。有时,管理审计预期、缩小审计预期差距比直接审计发挥的作用还大。国家治理水平的提升需要充分的审计监督,充分的审计监督又需要对审计预期的有效管理。

11.2 对 策 建 议

对于不同的审计预期问题,需要采取不同的对策。对于审计者来讲,需要树立良好的审计预期;对于被审计者来讲,需要改变不正确的审计预期;对于公众来讲,需要引导其形成理性的审计预期;对于政府来讲,自身也要形成恰当的审计预期。审计者及时地与被审计者做好沟通和交流,使被审计者改变不正确的审计预期,从而形成合理的预期。审计者对于存在的一些不合理和不具备可行性的审计期望要给予解释和说明,政府要做好向有利于审计的预期方向的引导与调节,使被审计者放弃不合理的审计预期。对于公众来讲,审计者提供全面、及时、客观的审计信息,能使公众降低过高的审计期望,从而形成理性的审计预期;政府健全审计法律、法规和审计结果公告制度,既能让公众信任政府对审计制度与规定的提供是完全履职的、由此形成理性的审计预期,又能使自身形成恰当的预期。总的来说,我们需要缩小审计预期差距,将其控制在最小的程度以内。

11.2.1 确保审计者树立良好的审计预期

(1) 注重事前的审计预期引导

推进完善国家治理体系,需要充分发挥审计的监督作用,审计监督也应当成为国家治理的重要手段。审计也要当好国家利益的捍卫者、经济发展的安全员、公共资金的守护者、权力运行的紧箍咒、反腐败的利剑和深化改革的催化剂,为推动完善国家治理和实现经济社会可持续发展做出积极的贡献。基于此,前移审计监督关口,从治已病转向防未病,进行常态化的经济体检,充分发挥审计在完善制度、防范风险中的重要作用。在审计监督过程中,政府需要积极引导审计预期向有利于审计工作开展的方向转变,特别注意发挥审计者的预期作用。因审计者受定势思维预期的影响,需要他们树立良好的审计预期。被审计者有问题就是有问题,没有问题就是没有问题,问题严重就是问题严重,审计者要实事求是地审计,避免戴着有色眼镜、先入为主进行审计。审计者在审计前做出非常详细的审计规划、计划或方案,在审计中掌握充分、完全的信息,克服定势思维预期的影响,防止出现审计预期不良的现象,尽量减少不良的审计预期,树立良好的审计预期。审计者使其紧紧围绕良好的审计预期拟定的工作主线并不断推进,牢牢扭住方向,紧紧扣住主题,所有的资源都被投入关键的环节上去,绝不能有看势行事的不良预期。他们既要努力掌握相关的审计规则,坚持原则保证依法依规审计,又要充分考虑被审计者的实际情况和切身利益,注重被审计者的预期及其变化趋势。

(2)注重事中的审计预期调节

在审计过程中,审计者经常与被审计者沟通、交流,调节当事者的不良预期,让被审计者能够正确地对待审计、积极地配合审计。审计者通过沟通与交流,掌握被审计者的期望,改变他们的不良审计预期,实现他们的良好预期。审计者站在公正的立场,客观、全面地进行审计,不偏不倚,严格按照要求和规定进行审计。对该审计的项目、资金、政策、经济责任人进行全面、及时地审计,绝不漏审、敷衍了事。不能放过任何一个问题,哪怕是很小问题的线索,也不能超越当时的财务规定。只有审计是客观、公正的审计,才能赢得被审计者的支持与配合。当被审计者不积极提供证据、不接受审计意见时,审计者应该摸清情况,掌握他们的心理状态及预期情况,采取积极措施,引导他们的预期向好,消除他们的后顾之忧。应当与公众做好期望值的经常沟通,消除一些不具备实现可能性的审计期望,使公众明确审计者的职责范围。有关机构需要降低被审计者的过高期望,审计者坚决不能满足他们的过分要求。无法满足公众过大的审计期望时,审计者应通过审计结果报告的表达及传递,让公众知悉他们的审计职责范围,消除公众审计认知中关于审计者所应承担的审计职责的误区或片面认识。当发现被审计者持有不良预期时,有关机构应深刻分析其中的原因,采取切实措施给予调节与引导。

(3)注重事后的审计预期稳定

在审计后,有关部门需要注重事后的审计预期稳定。这也是解决审计预期问题的重要环节。因事前的审计预期引导与事中的审计预期调节,被审计者这时的预期近似地接近合理,与实际相差不大。可以说,这时的审计预期差距是最小的,是最有利于审计的。审计也实现了监督经济活动的目的。所以,注重事后的审计预期稳定非常必要和重要。有关部门对于合理的预期、理性的预期、良好的预期、积极的预期采取措施给予稳定。注重事后的审计预期稳定,为未来的审计预期管理和审计监督打下基础。

11.2.2 促使被审计者改变不正确的审计预期

(1)注重审计过程预期引导与调节

审计是审计者依法独立检查被审计单位和经济责任人的会计凭证、会计账簿、会计报表以及其他与财政收支、财务收支有关的资料和资产,监督财政收支、财务收支真实、合法和效益的经济监督活动。在审计机关按审计程序进行审计时,被审计者往往会产生各种各样的想法和预期。当消极的预期产生后,受应激作用的影响,会产生这样那样的消极行为,甚至干扰或阻碍正常审计的顺利进行。被审计者被审计,通常形成了不正确的审计预期。审计预期正确与否,关键看审计是否符合客观实际、是否发挥了经济监督作用。发挥了经济监督作用和能够实现经济社会利益最大化的审计预期就是正确的,否则,就是不正确的。促进被审计者形成审计是为了经济社会利益最大化的预期,不仅包括被审计者的预期利益,而且还包括审计者、公众和其他利益相关者的预期利益。也就是说,被审计者形成全社会的财富要在符合现有的制度、体制、机制的条件下进行分配的预期才是正确的。如果财政收支、财务收支不真实、不合法或者没有效益,而被审计者预期审计结果又是真实、合法和有效益的,那么,这就是不合理的审计预期。对于这种不合理的审计预期,通过将审计结果公布,促使被审计者改变不正确的审计预期。通过沟通,对于审计中哪些会计凭证、会计账簿、会计报表以及其他与财政收支、财务收支有关的资料和资产是真实、合法和有效益的,让被审计者接受。审计者利用心理沟通、语言交流等方式使被审计单位和经济责任人主动地配合审计者,促使被审计者形成正确的审计预期,这样才有可能收集到充分有效的审计证据。

(2) 注重审计结果预期管理

由审计查出或发现的问题往往不局限于哪一个部门、哪一个机构或哪一个人的责任,而是涉及其中的各方各有其责任。鉴于此,当审计者预期不良且对审计不利时,他们将难以接受审计结果报告,审计者这时应恰当地从审计法律法规及相关要求等方面给予暗示,明确相关责任人应该承担的责任,提醒对方违规违纪违法的行为可能承担的行政、法律责任及产生的不良后果。建议有关部门采用审计预期方法对审计问题建立整改台账销号制,以整改推进来跟踪后续问题的解决,认真研究确定审计整改第一责任人、主管责任、整改直接责任以及管理指导责任,层层压实责任,齐抓共管。只有压实了各自的责任,才能更好地开展审计。通过责任分解不仅可以促进审计问题的整改而且能共同推进审计整改落实到位,让被审计者形成正确的预期。

11.2.3　引导公众形成理性的审计预期

(1) 降低公众对审计业绩的过高的期望

对于公众对审计业绩的过高的期望,需要采取措施进行引导与调节。因过高的审计期望脱离了客观条件,是一种主观的愿望,因而是不合理的期望。只有将过高的期望改变为切合实际的期望,形成与实际相一致的预期,才能缩小审计预期差距,也才能更有利于审计。降低公众对审计业绩的过高期望,有关机构需要开展审计基本知识的普及,充分运用各种渠道宣传审计所取得的成绩,及时回应公众关切的审计问题,让公众完全理解已经进行的审计所取得的成绩和存在的不足,给出审计未来的努力方向。

（2）畅通公众获得完全可信的信息渠道

信息是审计与预期相联系的桥梁与纽带。在经济高度信息化的今天，公众所能获得的信息在很大程度上受各种消息牵引，容易迷失方向，难以客观地预期未来，特别是审计预期非理性。公众的审计预期通常非理性，原因是多方面的。其中，一个重要的原因是公众掌握的审计信息不完全和缺少可信性。他们不仅对审计持有过高的期望，而且希望通过审计保护他们的利益。除了审计结果公告外，公众很难了解审计的情况，如审计谁、审计什么、如何审计、审计结果如何和审计后受到何种处罚等。他们要么审计预期高于实际，要么审计预期低于实际。在不完全信息条件下，采取理性预期的方法形成与改变预期的公众也只有极少数。据调查统计分析得出，能进行理性预期的公众仅仅不到 20%。他们的审计预期，要么是适应性预期，要么是准理性预期或亚理性预期。预期形成与改变方法都是以充分的信息为前提的。所以，有关部门向全社会提供完全的审计信息，是缩小审计预期差距，解决公众审计预期非理性问题的主要办法。审计信息的可信性是审计信息应该而且必须是完全可以信任或信赖的，是充分可靠的。这是审计取信于公众的重要保证。如果信息失信，公众的预期不会真实与看好。有关部门在向公众公布审计信息时，要畅通公众获得完全可信的信息渠道，并且保证信息的可信，特别是经得起检验。公众能否形成理性的审计预期与获得的信息的完全性密切相关。

（3）转变公众的非理性预期为理性预期

审计直接或间接地影响着公众的切身利益，因而他们也要形成自己的预期。公众在形成审计预期时存在许多问题，最突出的问题是他们的审计预期非理性，或者形成了非理性的预期。公众往往认为，不及时审计就是存在着审计与被审计之间的利益关系。许多公众认为进行审计是走过场。审计了而没有审计出问题，则是存在"官官相护"的情况。随着经济社会发展环境和条件的变化，未来审计的重点主要放在对经济社会运行状况进行独立的监督和评估上，放在公共机构行使权力的效率上，放在有关机构和个人法定职责的履行上，从而把促进执行法律法规、维护国家安全、加强反腐倡廉、提高政府绩效、推进生态环境保护、促进经济社会健康可持续发展作为审计监督的使命和责任。可见,审计的任务繁重。与此相适应地,有关机构需要引导公众形成理性化的预期。

对于没有及时开展的审计,引导公众形成审计有一个过程的预期,特别是让公众不能形成急于求成的心理预期,更不能形成迫切希望审计一开始就迅速转为终结阶段的不切合实际的预期。对于审计是走过场的观点,引导公众形成审计是一种日常的经济监督的预期。对于没有审计出问题的审计是"官官相护"的观点,引导公众形成确实存在没有违法违规的被审计者或者审计不能一蹴而就审计出问题的预期。政府需要重视相关机构对审计预期的引导作用,加强与相关机构、被审计者、公众的信息沟通,借助相关机构改变公众的信息黏性、提高其学习能力,促进被审计者和公众的审计预期收敛于理性预期。总之,公众能够理性地形成审计预期,那么,整个社会才会形成理性的审计预期。只有这样,全社会的审计预期才会良好,全社会也才有可能处于和谐之中。

11.2.4 政府自身需要形成恰当的审计预期

(1) 政府提供充分的信息

审计是一种社会经济现象,备受利益各方的关注。审计预期问题突出,与预期者所掌握的信息有关。信息披露是其与预期者进行交流的最基本形式。审计信息渠道不畅,人们不能形成正确的预期。政府向社会提供充分的信息,包括审计规划、审计过程和审计结果等信息。政府提供充分的信息,需要不断增加审计的透明度和公开性,加强媒体监督。审计结果信息主要是涉及审计结论的审计结果公告。进行审计预期管理,可以加强新闻舆论引导的经验,加大审计结果公告信息的披露,特别是审计独立性信息的披露。政府充分应用"大智移云"等信息技术,探索建立审计资源共享平台,统筹实现审计信息等方面资源共享,增强审计监督整体效能。审计治理的核心是审计的独立性,审计独立性程度需要通过独立性信息的规范披露来表示,这样做的目的是便于得到公众的监督。审计独立性信息的披露是连接审计主体与公众的桥梁和纽带。

（2）政府提供完善的审计制度

为了缩小审计预期差距，政府需要完善审计制度。完善审计制度，主要是完善审计准则，减少不合理的审计预期。因审计准则是以政府为导向的，在一定程度上很难体现出利益相关者的利益，特别是部分审计准则的法律地位模糊，不利于良好预期的形成。国外学者所进行的实证研究表明，有50%的审计预期差距是由于审计准则存在缺陷。所以，完善审计准则有助于缩小审计预期差距。完善审计准则，一方面，要致力于探究审计准则的形成及更新机制；另一方面，要吸收包括审计者、被审计者、公众与政府等利益各方参与讨论与修订审计准则，供大家共同参考。政府提供完善的审计制度是政府形成恰当的审计预期的保证。

（3）用审计预期理论指导实践

无论预期理论还是审计理论都有广泛的应用。对于审计预期而言，理论落后于实践，导致了审计监督作用有限，还有提升的空间。经本书研究后的建议是，随着实践的发展和认识的深入，政府开展审计理论研究，深入总结审计中的预期理论，用以指导审计实践。这些理论研究包括审计主体预期、审计客体预期、审计过程预期、审计结果预期和公众审计预期等。通过研究，发现审计预期变化规律，利用审计预期变化规律为审计监督服务。在审计预期理论研究中，将它与国家治理理论研究结合起来，充分发挥审计监督的治理作用。

可见，审计中存在的诸多预期问题，需要采取多种办法进行解决（章争鸣，2011）。解决复杂的审计预期问题，既要采取制度层面的硬管理，又要采取心理层面的软管理。引导审计者树立良好的审计预期，促使被审计者改变不正确的审计预期，引导公众形成理性的审计预期和政府自身形成恰当的审计预期是其解决审计预期问题的重要办法。

（4）政府应形成恰当的政策跟踪审计预期

政府在制定和实施经济政策时应考虑被管理者的预期，政策的实施效果会如何，能否达到预期的目的。由于跟踪审计具有过程性、时效性和预防性特征，这种审计方式切实提高了审计效率和效果[①]，这就需要政府注重审

---

① 郑石桥.2016.审计理论研究——审计主体视角[M].上海:立信会计出版社,12.

计过程预期的引导。对政策审计也应有恰当的预期,其预期不高不低,基本
符合客观实际。即使有差距,其预期与实际偏差也不是太大。有时,政府中
的管理者期望政策跟踪审计能够发现一切问题,并使被审计者立刻受到查
处且得到惩罚。其实,政策跟踪审计是较为繁杂的,有一个较长的过程。有
些政策制定和实施有时滞的存在和影响,特别是货币政策受此的影响更为
明显,这就不应根据短时的政策跟踪审计预期行动。所以,政府调整政策跟
踪审计预期是非常必要的。同时,政府也要做好预期的协调(coordination
of expectation),让不同的审计预期向有利于审计的方向变化。引导审计预
期,加强审计数据资源共享,将审计系统与各信息平台全方位对接,实现各
项数据的实时获取和监控,为审计预期协调打下基础。

(5)政府自身的预期应恰当

政府对被管理者、审计者和被审计者都应有恰当的预期。对被管理者,
它对政府的政策有一个适应的过程,政府就应有一个恰当的适应性预期。
对审计者,不应期望立刻审计出政策落实问题,政府应有一个恰当的政策跟
踪审计过程的预期。有的政策如货币政策的实施,在短期是难以见效的,所
以,审计涉及这方面的政策就应有一个正确的过程预期。对被审计者,可能
是在政策实施中有一个过程或条件不成熟,不能立即生效,因此,政府也应
有一个恰当的过程预期。例如,政府应从进行宏观调控的政策措施中反思,
不能一刀切,大部分地区的经济过热,而在落后地区的经济可能不热反而还
会很冷。政府应从自身的政策原因进行思考,形成恰当的预期。

通过本书的研究,我们可以看出,审计是一种充满预期影响的审计,审
计预期的实质是因审计所带来的利益调整,审计预期影响审计监督的效率。
不同预期者具有不同的审计预期,由此形成不同的审计预期问题。审计预
期最突出的问题是审计预期差距问题。解决审计预期差距问题,主要是采
取预期形成与变化的引导、调节和管理方法,确保审计者、被审计者、公众和
政府各自形成良好的、正确的、理性的和恰当的审计预期。只有这样,才能
缩小审计预期差距,解决各种审计预期问题,切实提高审计监督的效率。

主要参考文献

保罗·阿尔布.符锦勇译.1992.经济心理学[M].上海:上海译文出版社.

毕秀玲.1999.论审计应有职业关注概念的基本理论[J].审计研究资料,(10):2—17.

蔡春.2001.审计理论结构研究[M].大连:东北财经大学出版社.

蔡利.2013.政府审计维护金融安全的作用机理及实现方式研究[D].成都:西南财经大学.

曹瑀.2018.审计期望差距的业绩评价标准分析与实证[D].沈阳:沈阳理工大学.

程均丽.2007.中央银行预期管理研究最新进展[M].金融研究,(05).

程均丽.2009.异质预期及其经济影响——基于货币经济学的新视角[J].当代经济研究,(03):19—23.

陈力生.2012.审计学[M].第二版.上海:立信会计出版社.

崔东顺.2012.对审计期望差距影响因素的思考[J].经济师,(10):164—165.

崔君平,徐振华.2020.审计学[M].北京:北京大学出版社.

车文博.1998.西方心理学史[M].杭州:浙江教育出版社.

陈文挺.2009.国家审计期望差研究[D].上海:上海财经大学.

董佳.2009.关于审计期望差距问题的探讨[J].交通财会,(07):85—89.

大卫·弗林特.王睿加译.审计哲学与原理导论[M].北京:中国财政经济出版社,24.

邓维鸾.1986.预审心理学[M].成都:四川科技出版社.

弗雷德里克·S.米什金.蒋先玲译.2020.货币金融学[M].第5版.北京：机械工业出版社.

高文进,卢景佳.2009.论政府审计本质的实现[J].中南财经政法大学学报,(06):60—65.

古淑萍.2001.审计心理学浅析[J].云南财贸学院学报,(05):45.

郭犇.2009.我国审计期望差问题探析[D].南昌:江西财经大学.

国君.2011.审计期望差距及其控制研究[D].北京:北京林业大学.

郭华平.2007.中国审计理论体系发展研究[M].北京:经济管理出版社.

何敬.2011.审计期望差距研究[M].大连:东北财经大学出版社.

侯娜.2016.审计期望差距的原因及策略建议[J].时代金融,(24):370+379.

胡继荣.2001.论审计期望差距的构成要素[J].审计研究,(01):39—41.

华勇,陈留平.2007.浅析审计期望差距[J].商场现代化,(30)(下旬刊):341—342.

黄聪.2016.我国审计期望差距探讨——基于改善审计环境视角[J].新会计,(09):35—37.

黄世忠.2021.审计期望差距的成因与弥合[J].中国注册会计师,(05):66—73.

赫尔穆特·弗里希.蔡重直译.1989.现代通货膨胀理论[M].北京:中国金融出版社,20.

江世银.2000.论信息不对称条件下的消费信贷市场[J].经济研究,(06):26

江世银.2005.中国资本市场预期[M].北京:商务印书馆.

江世银.2006.中国经济发展的宏观金融经济学探索[M].北京:中国经济出版社.

江世银.2008.从理性预期到孔明预期[M].北京:经济科学出版社.

江世银.2010.预期作用于金融宏观调控的效率[M].北京:中国金融出版社.

江世银.2012.预期理论在宏观经济中的应用[M].北京:人民出版社.

江世银.2014.通货膨胀预期管理研究[M].北京:人民出版社.

江世银.2017.社会预期管理论[M].北京:中国社会科学出版社.

江世银.2006.预期的性质、特征及其对经济运行的影响[J].内蒙古师范大学学报,(03):25—29.

江世银.2011-06-14.搞好宏观调控须加强预期引导[P].人民日报(理论版).

江世银.2015-12-07.建立进行社会预期管理的相关机制[P].光明日报(理论版).

江世银.2016.论审计预期[J].现代经济探讨,(09):25—29.

姜鹏,刘欣欣.2006.关于审计期望差距问题的探讨[J].延边大学学报(社会科学版),(02):72—75.

蒋晓浩.2016.审计期望差距要素及成因分析[J].商,(21):168+164.

焦璨.2014.心理学研究中假设检验理论方法探析[M].北京:中国社会科学出版社.

靳思昌.2020.全流程国家审计腐败治理的机理与路径[J].财会月刊,(24):93—97.

孔琳琳,王俊锋.2018.修正审计期望差距模型视角下的审计质量评价体系研究[J].财会研究,(08):65—69.

梁力军.2017.互联网金融审计:新科技—新金融—新审计[M].北京:北京理工大学出版社,44.

刘金平.2015.心理与行为研究入门指南[M].北京:科学出版社.

刘家义.2012.论国家治理与国家审计[J].中国社会科学,(06):60—70.

刘圻.2008.论审计期望差距的分类治理——一个程序理性的视角[J].审计研究,(02):65—71+32.

刘录敬,陈晓明.2007.审计期望差距成因分析[J].审计月刊,(08):14—15.

刘明辉,何敬.2010.审计期望差距的心理学分析[J].审计研究,(03):82—88.

刘明辉.2013.高级审计研究(第二版)[M].大连:东北财经大学出版社.

刘生瑶.1998.审计期望差[D].上海：上海财经大学.

刘怀.2006.不合理审计期望差的成因[J].郑州航空工业管理学院学报（社会科学版），(02)：152—153＋157.

刘怀.2007.审计期望差距的制度因素研究[D].武汉：中南民族大学.

刘瑞主编.2020.国民经济管理学概论[M].第三版，北京：中国人民大学出版社，77.

刘议励.2020.博弈视角下国家审计高质量发展的机理研究——从审计管理体制改革切入[J].丽水学院学报，42(06)：26—31.

凯恩斯.1999.就业、利息和货币通论[M].北京：商务印书馆，53.

乐国安主编.2013.社会心理学[M].北京：中国人民大学出版社，50.

李碧波.2009.审计期望差距及其控制研究[D].苏州：苏州大学.

李冬辉.2017.政府审计[M].北京：中国铁道出版社.

李杰，孟祥军.2021.如何审计预期信用损失？——巴塞尔委员会的最新文件及其启示[J].中国注册会计师，(05)：118—122.

李拉亚.1991.通货膨胀机理与预期[M].北京：中国人民大学出版社.

李拉亚.1995.通货膨胀与不确定性[M].北京：中国人民大学出版社.

李拉亚.2011.理性疏忽、粘性信息和粘性预期理论评介[M].经济学动态，(02)：117—124.

李拉亚.2011.预期管理理论模式述评[J].经济学动态，(07)：113—119.

李娜.2011.对审计预期和欺诈的实证研究：证据来自阿尔及利亚[D].哈尔滨：哈尔滨工业大学.

李雪，张帆.2011.审计期望差距的成因及校正路径的探讨[J].南京财经大学学报，(04)：84—91.

李国有.2006.审计测试[M].北京：中国时代经济出版社，18.

李爽，吴溪.2004.审计定价研究：中国证券市场的初步证据[M].北京：中国财政经济出版社.

李俊林，徐静.2020.审计案例解析与训练[M].北京：电子工业出版社，11.

李烂，张玉锦.2017.对审计期望差距的成因及缩小路径探讨[J].河北企业,(11):32—33.

李正龙.2001.审计博弈分析[J].审计研究,(03):26—28.

骆文斌.2000.论审计期望差距[D].福州:福州大学.

卢珊.2013.浅析审计期望差距影响因素及应对措施[J].时代经贸,(10):28.

陆正飞,祝继高,许晓芳,朱佳信.2022.我国注册会计师行业发展主要问题及成因研究——基于审计报告提供者和需求者的问卷调查分析[J].中国注册会计师,(02):28—35.

吕穗.2007.关于审计期望差距的若干问题分析[D].大连:东北财经大学.

马新月.2021.审计期望差产生的原因及缩小对策[J].财富时代,(05):60—61.

马泽.2014.不同群体对于审计质量属性的认知差异、期望差距及其关系的实证研究[D].沈阳:东北大学.

毛敏.2009.审计重要性研究[D].武汉:中南财经政法大学.

邱冬阳,苏理云.2018.金融市场随机波动的联动性及预警机制研究——基于马尔科夫链蒙特卡洛抽样方法[M].北京:经济科学出版社.

邱丽君.2005.审计期望差距的国内外理论与实践的比较研究[D].上海:上海财经大学.

钱路加.2020.群体认知视角下的审计期望差距分析[J].会计之友,(08):41—48.

任志刚.2008-05-23.预期管理的重要性[P].香港大公报.

Sakeus E. N. 2017.审计师在预防和治理腐败的作用:来自纳米比亚公共部门的经验[D].成都:西南财经大学.

申海波.2000.预期理论与资本市场[M].上海:上海财经大学出版社.

孙筝,姜秀华.1997.论民间审计中的委托代理关系[M].财经研究,(03):60.

沈征.2013.审计理论[M].上海:上海人民出版社.

沈琦敏,张媛媛,朱珈仪.2020.认知心理学视角下经济责任审计判断与风险影响研究——一项实验证据[J].财会通讯,(23):121—126.

孙音.2016.通胀预期形成、学习行为与政策启示[M].北京:中国金融出版社,17.

汤效禹.2006.试论心理学原理在审计中的应用(上、中、下)[J].宁夏审计,(2),(3),(4).

汤效禹.2007.心理学在审计实践中的应用[M].北京:中国时代经济出版社.

王安宁.2014-03-04.创新提升宏观经济治理 稳定政策引导社会预期[P].经济日报.

王宝庆.2012.内部审计管理[M].上海:立信会计出版社.

王会金.2010.审计心理学[M].北京:中国财政经济出版社.

王红蕊,任富强.2007.缩小审计期望差距的对策探析[J].商场现代化,(23):359—360.

王海彬.2022.马克思主义哲学视域下的国家审计理论体系构建研究[J].现代审计与会计,(01):4—6.

王海兵,黄群家.2019.内部审计期望差距的成因与弥合对策[J].财富生活,(04):111—113.

王婷婷.2008.试论审计期望差距——基于国内外的比较分析[J].财会通讯(学术版),(02).

汪国钧.2005.反审计行为的心理因素分析[J].审计月刊,(10):13.

卫泽魁.2005.审计期望差距的哲学思考[D].天津:天津财经大学.

吴瑞勤.2009.我国审计期望差距调查研究[J].财会通讯,(36).

吴汇莹,李钰,陈帅弟,阎银泉.2020.结果理性导向下的政府审计研究——基于审计程序、准则、期望的视角[J].财会通讯,(21):129—133.

徐婉薇.2021.业绩期望差距、审计监督与投资效率[D].杭州:杭州电子科技大学.

杨峰安.2022.审计期望差距对注册会计师法律责任的影响分析[D].审计观察,(09):43—47.

杨莹.2017.内部控制固有局限的审计策略研究——基于审计期望差距

的视角[D].成都:西南财经大学.

杨玉生.2007.新古典宏观经济学[M].北京:经济日报出版社,28.

闫秋林,郭森华.2012.审计与被审计博弈关系的思考[J].理财,(09):83—84.

尹健.2012.基于经济学视角的审计期望差距研究[D].济南:山东财经大学.

尹琪璐.2016.审计期望差距的影响因素及应对措施[J].企业技术开发,(10):128—132.

俞文钊.2004.当代经济心理学[M].上海:上海教育出版社,135.

章争鸣.2011-09-29.论审计预期[C].审计署网(www.audit.gov.cn).

张财娇.2006.现代审计的博弈分析[J].当代经济,(03):34.

张凤丽.2012.基于新审计准则视角的审计期望差距研究[J].会计之友,(19):80—81.

张建平.2014.媒体监督与审计师行为:理论分析与实证研究[M].北京:经济科学出版社.

张庆龙,王欣,李宏艳.2010.政府审计[M].上海:上海人民出版社.

张晓俊.2015.认知视角下的审计期望差距实证研究——基于审计客户和财务报告使用者两类群体的比较[D].沈阳:东北大学.

张晓曼.2009.基于审计重要性的审计期望差距研究[D].沈阳:东北大学.

张心蕾,冯均科.2022.国家审计与内部审计协同研究[J].中国内部审计,(02):86—91.

张轶.2006.基于预期审计意见的审计师变更决策研究[D].成都:西南交通大学.

张依萱,赵雪.2021.唯物辩证法视角下的国家审计理论体系构建[J].会计师,(09):71—72.

章立军.2005.审计期望差:个人理性与社会理性的矛盾[J].财会月刊,(27):31—32.

詹德超.2012.审计师偏好、审计咨询关系与审计谈判判断[D].天津:南开大学.

赵保卿.2003.论审计期望差距及其控制[J].审计与经济研究,(02):3—6.

赵立三,刘伯英.2014.独立性与审计期望差距的博弈分析[J].河北大学学报(哲学社会科学版),39(03):105—109.

朱伟.2012.我国审计期望差距的构成要素及缩小对策之研究[D].杭州:浙江工商大学.

朱围光.2018.审计报告模式重构对审计期望差距影响的研究[D].济南:山东财经大学.

张艳.2013.审计报告行为风险机制研究[M].北京:经济科学出版社,48.

郝玉贵,任中普,杨雪等.2014.审计市场管理机制研究[M].北京:中国经济出版社,10.

谢荣.1994.论审计假设的理论意义和实践意义[J].财经研究,(02):40—46.

杨继飞,王洪阳.2015.审计期望差距探析[J].财会通讯,(07):92—93.

张强光.2017.缩小审计期望差距的对策研究[J].现代经济信息,(11):220.

郑小荣.2014.中国政府审计结果公告研究[M].北京:中国时代经济出版社,48.

郑小荣.2017.政府审计结果公开对腐败普遍性信念的作用及机制——基于认知心理学的理论分析[J].中南财经政法大学学报,(04):35—45.

郑小荣,熊枫,朱芳芳.2017.政府审计信息公开基本理论问题研究:涵义与分类[J].南京审计大学学报,(04):101—110.

郑石桥.2014.审计理论研究:基础理论视角[M].北京:中国人民大学出版社,30.

郑石桥.2015.审计目标、审计意见和审计期望差距:基于审计主题[J].会计之友,(05):126—130.

郑石桥,刘世林.2014.审计理论[M].北京:中国时代经济出版社.

郑石桥,陈艳娇.2016.行为审计目标论:理论框架及例证分析[J].会计之友,(09):122—126.

郑雪.2014.积极心理学[M].北京:北京师范大学出版社,57.

郑艳秋,蒲春燕主编.2018.审计学[J].北京:北京理工大学出版社,14.

周赟.2007.我国舞弊审计期望差的实证调查[J].审计与理财,(08):9—10.

周川,何恬.2017.基于静态 DES 模型的社会审计期望差距分析[J].中国国际财经(中英文),(02):74—75.

赵立三,刘伯英.2014.独立性与审计期望差距的博弈分析[J].河北大学学报(哲学社会科学版),(03):105—109.

周长信.2012.基于公共财政视角的政府审计信息披露研究[M].北京:中国时代经济出版社,48.

Abiola J. 2015. Audit expectation gap: auditors in unending role conflict?[J]. International Journal of Development and Management Review.

AACCA. 2019. Closing the Expectation Gap in Audit [R/OL]. www.accaglobal.com.

Adeyemi S. B., Uadiale O. M. 2011. An empirical investigation of the audit expectation gap in Nigeria[J]. African Journal of Business Management, 5(19).

Akinbuli S. F. 2010. The effect of audit expectation gap on the work of auditors, the profession and users of financial information[J]. The Nigerian Accountant, 37—47.

Albert M. 2019. The effect of the existence of audit expectation gap on investor conference in the Nairobi Securities Exchange[D]. Nairobi: University of Nairobi.

AICPA(American Institute of Certified Public Accountants), Commission on Auditors' Responsibilities(CAR). 1978. Report, Conclusions and Recommendations[R].

Anna Gold, Ulfert Gronewold, Christiane Pott. 2012. The ISA

700 auditor's report and the audit expectation gap—Do explanations matter? [J]. International Journal of Auditing, 16(3):286—307.

Asare N., Williams, Atuilik A. et al. 2016. Deconstructing the audit expectation gap concept[J]. Research Journal of Finance and Accounting, 7(15):20—48.

Astolfil CA P. 2021. Did the international financial reporting standards increase the audit expectation gap? An exploratory study[J]. Accounting in Europe, (2):166—195.

Bazerman M. H., Morgan K., Loewenstein G. F. 1997. The impossibility of auditor independence[J]. MIT Sloan Management Review, 38(4):89—94.

Bektasevic A. 2019. The expectations of auditing: a qualitative study on smaller limited firms in Sweden[D]. Uppsala: Uppsala University.

Best P. J., Buckby S., Tan C. 2001. Evidence of the audit expectation gap in Singapore[J]. Managerial Auditing Journal. 16(3):134—144.

Brenda Porter. 2012. An empirical study of the audit expectation-performance gap[J]. Accounting and Business Research. 2012(93).

Cagan P. 1956. The monetary dynamics of hyperinflation in Milton Friedman(ed.) studies in the quantity theory of money[M]. Chicago: University of Chicago Press.

CICA(Canadian Institute of Chartered Accountants). 1988. Report of the Commission on Study the Public's Expectation of Audits[Z]. Toronto: CICA.

Commission on Auditors' Responsibilities(CAR). 1978. Report, Conclusions and Recommendations[R]. American Institute of Certified Public Accountants.

Dana G. 2011. Audit expectation gap in the public sector in Romania[R]. Annals of the University of Oradea, Economic Science Series, 20(2), 510—516.

Ellul L., Scicluna A. 2022. An analysis of the audit expectation gap in the Maltese central government[J]. Public Money & Management, (04): 262—273.

Epstein M., Geiger M. 1994. Investor views of audit assurance: recent evidence of the expectation gap[J]. Journal of Accountancy, 177(1): 60—64.

Fengju Xu, Akther T. 2019. A Partial least-squares structural equation modeling approach to investigate the audit expectation gap and its impact on investor confidence: perspectives from a developing country [J]. Sustainability, 11(20):5798.

Fossung M. F., Fotoh L. E., Lorentzon J. 2020. Determinants of audit expectation gap: the case of Cameroon[J]. Accounting Research Journal, (2):134—149.

Fulop M. T., Tiron-Tudor A., Cordos G. S. 2019. Audit education role in decreasing the expectation gap[J]. Journal of Education for Business, 94(5):306—311.

Gary S. Monroe, David R. Woodlife. 1993. The effect of education on the audit expectation gap[J]. Accounting & Finance, 33(1):61—78.

Harris S., Marxen D. 1997. The auditor expectation and performance gaps: views from auditors and their clients[R]. Research in Accounting Regulation.

Humphrey C., Moizer P. and Turley S. 1993. The audit expectation gap in Britain: an empirical investigation[J]. Accounting and Business Research, 23: 395—411.

Humphrey C. 1997. Debating audit expectation, in Sherer M. and Turley S. (eds.), Current Issues in Auditing. London: Paul Chapman Publishing Ltd.

Jun Lin Z., Feng Chen. 2004. An empirical study of audit expectation gap in the People's Republic of China[J]. International Journal of Auditing, int. j: Audit.

Klaus Ruhnke, Martin Schmidt. 2014. The audit expectation gap: existence, causes and the impact of changes[J]. Accounting and Business Research, 44(5):572—601.

Kelly A. S., Mohrweis L C. 1989. Bankers' and investors' perceptions of the auditor's role in financial statement reporting: the impact of SAS No. 58. auditing[J]. A Journal of Practice and Theory.

Keynes J. M. 1936. The general theory of employment interest and money[M]. London: Macmillan.

Knechel W. R., Krishnan G. V., Pevzner M, et al. 2013. Audit quality: insights from the academic literature[J]. Auditing: A Journal of Practice & Theory, (32):385—421.

Koh H. C., E-Sah Woo. Managerial. 1998. The expectation gap in auditing[J]. Auditing Journal, (3).

Komiak S. Y. X., Benbasat I. 2006. The effects of personalization and familiarity on trust and adoption of recommendation agents[J]. MIS Quarterly, 30(4):941—960.

Koh H. C., Woo E. 1998. The expectation gap in auditing[J]. Managerial Auditing Journal, 13(3):147—154.

Liggio C. D. 1974. The expectation gap: the accountant's legal waterloo[J]. Journal of Contemporary Business, 3(3):27—44.

Litjens Robin, Buuren Joost, Vergoossen Ruud. 2015. Addressing information needs to reduce the audit expectation gap: evidence from Dutch bankers, audited companies and auditors[J]. International Journal of Auditing, 19(3):267—281.

Lucas R. E. 1973. Some international evidence on output inflation trade-off[J]. American Economic Review, 63(7):56—71.

Mahdi Salehi. 2016. Quantifying audit expectation gap: a new approach to measuring expectation gap[J]. Zagreb International Review of

Economics and Business, 19(1):25—44.

Mansur H., Tangl A. 2018. How to bridge the audit expectation gap? [J]. Journal of Social Sciences(COES & RJ-JSS), 7(2):61—73.

Masood A., Mameche Y., Abidin S. 2020. An empirical study of the audit expectation gap in yemen and how to narrow the gap[J]. SMART Journal of Business Management Studies, 16(2):19—29.

Mengyan Gao. 2020. The cause of auditing expectation gap[J]. Journal of Finance Research, 4(2):18—27.

Metzler L. 1941. The nature and stability of inventory cycle[J]. Review of Economics and Statistics, 23: 113—129.

Moizer P., Stuart Turley. 1993. The audit expectations gap in the United Kindom by Christopher Humphrey[J]. The Accounting Review, Vd. 962—963.

Monroe G. S., Woodeliff D. R. 1994. An empirical investigation of the audit expectation gap: Australian evidence[J]. Accounting and Finance, 34(1):43—58.

Muth J. F. 1961. Rational expectations and the theory of price movements[J]. Econometrica, (29):315—335.

Naif Mansour M. Mathkur. 2015. The expectation gap in auditing [J]. Research Journal of Finance and Accounting, 6(8):45—64.

Najeb Masoud. 2017. An empirical study of audit expectation-performance gap: The case of Libya[J]. Research in international business and finance, (41):1—15.

OjO M. 2006. Eliminating the audit expectations gap: myth or reality? Munich Personal RePEc Archive. Retrieved from http://mpra.ub.uni-muenchen.de/232/1/MPRA_paper_232.

Olojede P., Erin O., Asiriuwa O., et al. 2020. Audit expectation gap: an empirical analysis[J]. Future Business Journal 6(9):7964—7971.

Paul N. Onulaka, Samy M. 2017. Influence of self-regulatory policy of auditing profession on audit expectation gap: A qualitative methodological approach[J]. Mediterranean Journal of Social Sciences, 8(1):96—104.

Pereira R., Fernando, Takamatsu T., Renata, Pinheiro T., Edith L. 2021. Audit expectation gaps in Brazil[J]. Revista Contemporânea de Contabilidade, (48):56—71.

Porter B. 1993. An empirical study of the audit-expectation-performance gap[J]. Accounting and Business Research, (24):49—68.

Report of the commission on study the public's expectation of audits. 1988. Canadian Institute of Chartered Accountants[R].

Sarget T. J., Wallance N. 1976. Rational expectations and the theory of economic policy[J]. Journal of Monetary Economics, (2):169—184.

Salehi M., Rostami V. 2009. Audit expectation gap: international evidence[J]. International Journal of Academic Research, 1(1):38—51.

Sikka P., Puxty A., Willmott H. and Cooper C. 1998. The Impossibility of Eliminating the Expectations Gap: Some Theory and Evidence [J]. Critical Perspectives on Accounting, (9):299—330.

Sniezek J. A., Swol V. L. M. 2001. Trust, confidence and expertise in a judge-advisor system[J]. Organizational Behavior and Human Decision Processes, 84(2):288—307.

Vroom V. H. 1964. Work and Motivation[M]. New York: Wiley.

Yaniv I. 2004. The benefit of additional opinions[J]. Current Directions in Psychological Science, 13(2):75—78.

附录 审计调查问卷

尊敬的女士/先生:您好!

本调查问卷旨在全面了解您对审计的满意度与预期状况,为审计预期管理相关政策的出台提供决策参考。

您所提供的信息非常重要。我们郑重承诺这些信息仅供本研究使用并严格承担保密责任。真诚感谢您如实填写本问卷,感谢您对我们研究工作的热情帮助和大力支持!

《审计预期论》问卷调查组

（直接在您认为适合的选项前面画√）

1. 您的性别是什么？［单选题］*

   A. 男　　　B. 女

2. 您的年龄段在哪个区间？［单选题］*

   A. 20～30 岁　B. 31～40 岁　C. 41～50 岁　D. 51～60 岁

   E. 60 岁以上

3. 您的职业身份是什么？［单选题］*

   A. 公务员　B. 事业单位人员　C. 企业单位　D. 自由职业者

   E. 农民　F. 在校学生　G. 街道社区普通公众　H. 其他

4. 您的学历是什么？［单选题］*

   A. 文盲　B. 小学　C. 初中　D. 高中　E. 大专　F. 本科　G. 硕士研究生　H. 博士研究生

5. 您当前的年收入、支出及资产积累有多少(元)？［填空题］*

　　A. 年收入＿＿＿＿＿万元　B. 年支出＿＿＿＿＿＿万元　C. 累积资产积累＿＿＿＿＿万元

6. 您对审计的了解程度如何？［单选题］*

　　A. 没听说过　B. 听说过,但不太了解　C. 基本了解　D. 非常了解

7. 您认为审计的必要性如何？［单选题］*

　　A. 完全没有必要　B. 必要性较小　C. 有必要　D. 必要性大

　　E. 完全有必要

8. 您对1983年审计署成立之初的审计监督效果满意吗？［单选题］*

　　A. 很满意　B. 较满意　C. 满意　D. 不满意　E. 很不满意

9. 您对2003年审计风暴时的审计监督效果满意吗？［单选题］*

　　A. 很满意　B. 较满意　C. 满意　D. 不满意　E. 很不满意

10. 您对2012年党的十八大前的审计监督效果满意吗？［单选题］*

　　A. 很满意　B. 较满意　C. 满意　D. 不满意　E. 很不满意

11. 您对目前的审计监督效果满意吗？［单选题］*

　　A. 很满意　B. 较满意　C. 满意　D. 不满意　E. 很不满意

12. 您对审计者承担责任的满意度如何？［单选题］*

　　A. 很满意　B. 较满意　C. 满意　D. 不满意　E. 很不满意

13. 您对审计绩效预期的看法如何？［单选题］*

　　A. 很满意　B. 较满意　C. 满意　D. 不满意　E. 很不满意

14. 您对审计绩效的看法如何？［单选题］*

　　A. 很好　B. 好　C. 一般　D. 不好　E. 差

15. 您对审计制度、规定等完备性的看法如何？［单选题］*

　　A. 很完备　B. 较完备　C. 完备　D. 不完备　E. 很不完备

16. 您对审计客观公正性的看法如何？［单选题］*

　　A. 很客观公正　B. 较客观公正　C. 中立　D. 不客观公正　E. 很不客观公正

17. 您对审计结果公告及时性、全面性的看法如何？［单选题］*

　　A. 很及时　B. 较及时　C. 及时　D. 不及时　E. 很不及时

18. 您对审计结果处理的看法如何？［单选题］*

    A. 很到位　B. 较到位　C. 到位　D. 不到位　E. 很不到位

19. 您对审计的期望是什么？［单选题］*

    A. 审计客观公正　B. 加大审计力度　C. 加大审计结果公开

    D. 加强审计预期管理　E. 无所谓

20. 您认为审计好的期望查出、发现或整改的金额是多少（亿元）？［单选题］*

    A. 0—1 000　B. 1 001—10 000　C. 10 001—20 000

    D. 20 001—50 000　E. 50 001—100 000

21. 您认为有必要缩小审计预期差距吗？［单选题］*

    A. 完全没有必要　B. 必要性较小　C. 有必要　D. 必要性大

    E. 完全有必要

22. 您对审计的预期如何？［单选题］*

    A. 非常悲观　B. 一般悲观　C. 中立　D. 乐观　E. 非常乐观

23. 您对审计预期管理满意吗？［单选题］*

    A. 很满意　B. 较满意　C. 满意　D. 不满意　E. 很不满意

24. 请您提出对审计改进的宝贵意见：［填空题］

感谢您的填写，祝您生活愉快！

后　记

此书是在 2022 年江苏省社科基金后期项目重点资助(项目批准号：22HQA5)成果的基础上修改而成的。

未知难解,已知难别。本书是作者长期研究预期理论与预期问题的第七本个人学术专著。此前出版的六本研究专著分别为《中国资本市场预期》《预期理论史考察》《预期作用于金融宏观调控的效率》《预期理论在宏观经济中的应用》《通货膨胀预期管理研究》《社会预期管理论》。今此书亦文成事毕,豁然开朗。预期是一个既吸引人又折磨人的问题,作为一种心理现象,其本身是难以进行量化分析的,涉及复杂的经济利益的审计预期尤是如此。作为一种特殊的审计心理,对其进行深入观察和长期关注是十分必要的。而为了对其进行深入量化,数据的量级当是莘莘大端。本书的数据源于历年《中国审计年鉴》《中国统计年鉴》,为成书而做的调查,亦如恒河沙数,不可搂指算了。对于长期的预期研究,好在众多的老师及同行(魏礼群、龚维斌、钟契夫、刘瑞、曾康霖、刘锡良、杨玉生、杨宜勇、杨继瑞、李建军、蒋南平、王擎、杜金沛、赵鹏飞等)提供了无私的帮助,在此一并表示感谢。

天道如弓,春秋八许。今终稿已成,回望漫漫来路,说短亦长。说短,八载来春秋不得出游,寒暑不得将息。书似青山,灯如红豆,终日埋首收集相关资料、数据、信息,不断构思、写作、修改。说长,此间八年多时间仅为作者研究预期理论与预期问题 20 余年经历的三分之一。今后当有更长的前路要走。

做学问不如做官,荀令留香,君子有或,有的仅是皓首穷经,焚膏继晷。需要的是甘于坐冷板凳的精神,在外面世界纷繁精彩的今天,尤其如此。

做学问不如做生意,盆满钵盈,堆金积玉,有的仅是草衣木食,饮冰茹蘖,需要的是甘于寂寞穷苦的奉献,在巨大利益的诱惑面前,特别如此。

官没有做到,钱没有赚到,此不足为惜。对于长期潜心学术,致力以一己之力对某些问题作出解释的学者来说,更是如此。老友杨天宗(原四川省委副秘书长)曾言:"浮世烟云皆过眼,不以身外比短长。"值得安慰的是,我能对一些社会经济现象,例如预期,获得粗浅的认识,此生足矣。

本书的写作得到了南京审计大学众多领导、同事、好友的支持,篇幅所限,不便一一列出,对于他们在成书过程中,尤其是数据调查方面的帮助和支持,不敢言报,磬折长揖。杨小玲、杨家钰、江楠提出了写作建议,张颖、冯瑞莹和王越提供了研究数据或资料。梁馨月、赵祎格、王越、姜俞、魏建华、蒋志远、何雨芹、宋术鸿、徐慧敏、顾佳康、陆纪一、王怡超、刘莹、马可、冯瑞莹、龙佳欣、程佳绮、朱廷菁、周萌、丛夕雯、殷一笑、陈月、李洁、谭晓宇和王子威等进行了文字校对或修改建议,在此也一并表示感谢。

《审计预期论》主要包括审计主体预期、审计客体预期、审计过程预期、审计结果预期等内容。审计预期是审计领域与预期领域交叉形成的一个新领域,是相关研究的一片蓝海,国内外学者都在审计期望差距领域进行了广泛研究,并取得了一些认识。由于审计监督效率无不受到审计预期等心理因素的影响,所以,为进一步提高审计监督的效率,对审计预期的研究还应进一步深入。

虽然经过尽详尽善的论证和核对,然受限于个人精力与实践经验,本书所阐述的认知仍有提高空间,错漏难免,甚至有的观点还需要进一步验证。但请读者与同行批评指正,共同探讨,以便在日后继续努力,持续完善。

最后,祝愿诸位,荡尽不平,理想长鸣。

江世银

2022 年 12 月于南京

图书在版编目(CIP)数据

审计预期论/江世银著.—上海:上海人民出版
社,2023
ISBN 978-7-208-18331-5

Ⅰ.①审… Ⅱ.①江… Ⅲ.①审计学-研究 Ⅳ.
①F239.0

中国国家版本馆 CIP 数据核字(2023)第 095958 号

责任编辑 王　琪
封面设计 谢定莹

审计预期论

江世银　著

出　　版　上海人民出版社
　　　　　　(201101　上海市闵行区号景路 159 弄 C 座)
发　　行　上海人民出版社发行中心
印　　刷　上海商务联西印刷有限公司
开　　本　720×1000　1/16
印　　张　21.25
插　　页　2
字　　数　310,000
版　　次　2023 年 10 月第 1 版
印　　次　2023 年 10 月第 1 次印刷
ISBN 978-7-208-18331-5/F·2813

定　　价　88.00 元